에코의 위대한 강연

에코의 위대한 강연

UMBERTO
ECO

움베르토 에코 지음 이세진 옮김

SULLE
SPALLE
DEI
GIGANTI

일러두기
• 옮긴이주는 각주로 넣었습니다.

이 책은 실로 꿰매어 제본하는 정통적인 사철 방식으로 만들어졌습니다.
사철 방식으로 제본된 책은 오랫동안 보관해도 손상되지 않습니다.

여기에 수록한 움베르토 에코의 글 열두 편이 작성된 연도는 각 장의 끝에 표시되어 있다. 이 글들은 특히 밀라노의 문화 축제 라 밀라네시아나La Milanesiana를 위해 쓴 것으로 2001년부터 2015년까지 렉티오 마지스트랄리스(대가의 강연) 형식으로, 때때로 도판과 함께 연재되었다. 2008년부터 『라 밀라네시아나』는 매 호마다 하나의 주제를 정해 출간되었는데(이 주제 또한 각 장의 끝에 나와 있다) 에코는 이 주제를 견지하여 글을 썼으며 때로는 자신이 주제 선정에 영감을 주기도 했다.

첫 번째 강연 「거인의 어깨 위에서」는 2001년에 도판 없이 실렸으며 여는 글에 해당한다. 이 글에서 에코는 고전이 현 시대와 지식인의 사명에 기여한다고 보는 부분에 의미를 부여한다.

마지막 강연 「성스러움」은 분명히 『라 밀라네시아나』를 위해서 쓴 글이지만 실제로 실리지는 않았다. 그래서 가장 마지막에 배치했다.

또한 원래 글에 있던 서지 사항들은 따로 참고문헌에 실었다.

움베르토 에코의 담론에는 계속 되돌아오는 주제들이 있다. 단순 반복보다는 라이트모티프에 가까운 이 주제들은 그가 가장 중요하게 생각하는 것들에 부단한 관심을 기울여 왔음을 보여 준다.

편집가의 개입은 주를 몇 개 추가하고 도판을 넣는 정도로 한정했으며, 이 과정 또한 저자의 동의하에 이루어졌다.

차례

거인의 어깨 위에서

나는 늘 난쟁이와 거인의 이야기에 마음이 끌렸다. 그렇지만 이 주제에 대한 역사적 논쟁은 아버지와 아들의 유구한 투쟁을 다룬 수많은 장 중 하나에 불과하다. 앞으로 보겠지만 그 투쟁은 오늘날의 우리와도 밀착되어 있다.

아들의 부친 살해 욕망을 인정하기 위해 정신분석학을 끌어들일 필요는 없다. 논의를 이 주제에 관한 문학으로 한정하기 위해 부친 살해만 다루겠다. 네로와 그의 어머니 아그리피나의 고약한 관계에서부터 사회면 기사에 이르기까지 모친 살해 또한 오랜 습속임을 나도 모르지 않는다.

문제는 아들만 아버지를 공격하는 게 아니라 아들에 대한 아버지의 공격도 늘 대칭적으로 이루어졌다는 것이다. 오이디푸스는, 자기 아버지인 줄 모르고 한 일이었지만, 라이오스를 죽였다. 반대로 사투르누스는 자식들을 잡아먹었다. 메데이아가 제 손으로 두 아들을 죽인 짓을 생각하건대 그의 이름을 딴 유치원은 절대 있을 수 없을 것이다. 모르고 자식의 인육으로 만든 빅맥을 먹은 가련한 티에스테스는 건드리지 않기로 하자. 비잔틴의 왕위 계승자들은 죄다 아버지의 눈을 멀게 했으나, 콘스탄티노플에는 아들이 너무 빨리 자기 뒤를 잇는 일이 없게끔 태어나자마자 아들을 죽여 버렸던 술탄들이 그만큼 있었다.

아버지와 아들의 갈등은 폭력 없이 매우 극적인 양상을 띠기도 한다. 아버지를 조롱함으로써 대적하는 아들도 있다. 『성경』에서 노아의 둘째 아들 함은 그 물난리를 겪은 아버지가 술을 좀 마시고 옷을 벗어던졌기로서니 아버지를 봐주지 않고 비웃었으며, 노아는 노아대로 불손한 아들을 인종 차별적으로 배척하여 개발도상국에 유배시켰다. 코가 삐뚤어지도록 술을 마신 아버지를 깔본 대가가 수천 년의 고질적인 기아와 노예살이라니 솔직히 너무했다. 자기 아들 이삭까지 바치려 했던 아브라함은 어떠한가? 아브라함을 신에 대한 절대적 복종의 탁월한 모범으로 간주한다지만 나는 아브라함이 아들을 자기 마음대로 해도 되는 소유물로 생각했기에 그런 행동을 했다고 본다(아들은 도살당하고 아비는 야훼의 은총을 입는다……. 이게 과연 우리의 도덕적 규준에 맞는 행동인지 나는 모르겠다). 야훼가 농담을 했던 것이기에 망정이지, 아브라함은 그 사실을 몰랐다. 나중에 이삭이 아버지가 되고 난 후에 일어난 일을 보건대, 그는 운이 나빴다. 아들 야곱은 물론 그를 죽이지는 않았으나 치졸한 속임수로 상속권을 가져갔다. 아버지의 실명(失明)을 이용했다는 점에서 그 술책은 단순한 부친 살해보다 훨씬 더 모욕적이라고 하겠다.

신구 논쟁의 뿌리를 찾아서

신구 논쟁은 언제나 대칭적인 싸움이다. 〈신구 논쟁querelle des anciens et des modernes〉이라는 표현이 유래한 17세기의 싸움에서 샤를 페로와 베르나르 퐁트넬은 동시대인의 작품이 옛사람들의 작품으로부터 성숙된 것이기에 더 훌륭하다고 주장했다(연애 시 인들poètes galants과 호기심 많은 정신의 소유자들esprits curieux은 이야기와 소설의 새로운 형식을 높이 샀다). 그러나 이 논쟁이 촉발하고 격화한 것은 고대 작품에 대한 모방을 중시했던 니콜라 부알로를 위시한 뭇 작가들이 권위적으로 근대파와 맞섰기 때문이다.

혁신가들은 언제나 가버린 시절을 찬양하는 자들laudatores temporis acti과 부딪힌다. 과거와의 단절과 새로움에 대한 예찬은 폭주하는 보수주의에 대한 반발에서 비롯되곤 한다. 우리 시대에도 노비시미Novissimi*(새로운 시인들)는 있지만 다들 학교에서 배웠듯이 2000년 전에도 새로운 시인들poetae novi이 있었다. 가이우스 발레리우스 카툴루스 시대에는 〈modernus〉(현재, 현 시대)라는 단어가 없었지만 라틴 전통에 맞서서 그리스 시를 표준으로 삼는 시인이 새로운 시인들로 통했다. 푸블리우스 오비디우스도 『사랑의 기술』(III, 121 이하)에서 〈과거는 다른 이들에게 맡긴다prisca

---

* 〈가장 최근에 나타난 자들〉이라는 뜻의 이탈리아어. 1961년에 발간된 동명의 시선 집에서 유래했다. 1960년대 이탈리아에서 반체제 이데올로기 실험 시 창작에 몰두했던 시인 집단을 가리킨다.

iuvent alios. 나는 이 시대에 태어난 것을 기쁘게 생각한다. 이 시대가 나의 취향에 더 잘 맞기 때문이다 ego me nunc denique natus gratulor; haec aetas moribus acta meis〉라고 말했다. 그러나 혁신가들이 과거의 찬미자들을 불쾌하게 했음은 퀸투스 호라티우스 플라쿠스의 증언으로도 알 수 있다. 그는 『서정시집』(II, 1, 75 이하)에서 어떤 책이 기품이 부족해서가 아니라 〈최근에 나왔다는 이유로 sed quia nuper〉 비난받아서는 안 된다고 말하면서 〈현 시대〉라는 단어 대신 〈최근에 nuper〉라는 부사를 썼다. 오늘날 평론가들이 젊은 작가들이 옛날 소설 같은 작품을 내놓지 못한다고 안타까워하는 것과 비슷하다.

〈modernus〉라는 단어는 우리가 아는 고대의 끝자락인 5세기경에 등장했다. 당시 유럽 전체는 카롤링거 르네상스* 이전의 암흑기, 우리가 그 어느 때보다도 요즘 시대와 비슷하지 않다고 여기는 시기였다. 과거의 위대함에 대한 기억은 흐려지고 황폐한 유적만 남은 〈어둠의〉 시대에, 혁신은 혁신가들이 의식도 못한 사이에 이루어졌다. 실제로 이 시기에 유럽의 새로운 언어들이 확실히 자리 잡기 시작했다. 지난 2000년간 문화적으로 이보다 더 창의적이고 위세를 떨친 사건은 없었다. 이에 맞게 고전 라틴어는 중세 라틴어가 되었다. 이때부터 혁신의 오만이 슬슬 드러나기 시작했다.

* the Carolingian Renaissance. 8세기 말 프랑크 왕국에서 발생해 9세기까지 이어진 일종의 고전 문화 부흥 운동.

오만의 첫 번째 표시는 고대인들과는 다른 라틴어를 만들고 있다는 인식이었다. 로마 제국이 몰락하자 구대륙은 농업 위기와 제국 대도시, 도로 및 수로의 파괴에 직면했다. 삼림으로 뒤덮인 영토에서 수도사, 시인, 채색 삽화가들은 세계를 괴물들이 사는 어두운 숲으로 보았다. 580년, 투르의 그레고리우스는 문학의 종말을 한탄했다. 정확히 기억나지는 않지만, 어떤 교황은 갈리아 땅에서는 성직자도 라틴어를 몰라서[〈아들〉(성자)의 남성형을 정확히 구사하지 못하는 까닭에] 〈성부와《성녀》와 성령의 이름으로〉 세례를 베푸는데 과연 그 세례가 유효한지 의문을 품었다. 하지만 7세기에서 10세기 사이에 〈히스페릭 미학〉*이라는 양식이 발달했다. 이 양식은 에스파냐에서 영국의 섬들에까지 뿌리를 내리고 갈리아에도 영향을 미쳤다. 고전 라틴어 전통은 이미 이 양식을 균형 잡힌 〈아티카〉 양식과 대립시켜 〈아시아적인〉 양식, 나중에는 〈아프리카적인〉 양식으로 기술했다(또한 비하했다). 아시아적인 양식은 고전 수사학에서 말하는 어설픈 모방kakozelon이나 나쁜 꾸밈mala affectatio으로 비난을 받았다. 교부들이 이 〈나쁜 꾸밈〉의 예들을 접하고 얼마나 분개했는지는 성 히에로니무스의 독설을 보면 알 수 있다(『요비니아누스에 대한 반박』, I).

---

* Hisperic aesthetic. 중세 라틴어 hispericus(서쪽의, 라틴 스타일의)에서 유래한 명칭으로 특히 영국을 기준으로 남서부 유럽에서 발달한 양식을 가리킨다. 균형과 비례 같은 전통적 미학의 법칙을 따르지 않는 아름다움, 무질서하고 측정 불가능한 것의 미학이라고 할 수 있다. 저자의 다른 책 『추의 역사』에서도 다루고 있다.

작가들이 너무도 상스럽다. 문체의 악습으로 담론을 어지럽게 펼치는 까닭에 누가 말을 하는지, 무슨 말을 하는지 알 수 없는 지경에 이르렀다. (이 작품들에서는) 하나하나 팽창했다가 쪼그라드는 모양이 기력 없는 뱀이 똬리를 틀려다가 아예 뼈가 부러지고 마는 형국이다. 모든 것이 풀려야 풀 수 없는 언어의 매듭에 묶여 있으니 플라우투스처럼 이렇게 되뇌어야 할 것이다. 「여기는 무녀 시빌레를 제외하고는 말을 알아듣는 자가 아무도 없구나.」이 마법의 주문은 다 뭔가?

하지만 고전주의 전통에서 〈악습〉으로 분류된 것이 히스페릭 시학에서는 미덕이 되었다. 히스페릭 양식은 전통적인 수사학과 구문론의 규칙을 따르지 않고 바로크적인 풍미로 표현하기 위해 리듬과 운율의 규칙을 위반한다. 고전주의 세계에서 불협화음으로 간주됐던 두음법의 연속이 이제는 새로운 음악성을 빚어냈다. 맘즈버리의 앨드헬름은 같은 문자로 시작하는 단어들로만 문장을 구성하면서 재미있어 했다(Epistula ad Eahfridum, PL, 89, 159). 〈Primitus pantorum procerum praetorumque pio potissimum paternoque praesertim privilegio panegyricum poemataque passim prosatori sub polo promulgantes…….〉

헤브라이즘과 헬레니즘에서 빌려 온 이색적인 혼합어들로 어휘는 풍부해졌고, 텍스트는 암호로 가득했다. 고전 미학의 이상이 명료성이라면 히스페릭 미학의 이상은 모호성이었을 것이다. 고전 미학은 비례를 이상으로 보았으나 히스페릭 미학은 복잡성, 만연한 수식어와 장황한 설명, 거대함, 흉측함, 걷잡을 수 없음, 과도함, 굉장함을 높이 샀다. 파도를 정의하는 형용사로 astriferus, glaucicomus가 등장하고 pectoreus, placoreus, sonoreus, alboreus, propriferus, flammiger, gaudifluus 같은 신조어들이 나타났다.

6세기 베르길리우스 그라마티쿠스가 『에피토마에』와 『에피스톨라에』에서 찬양한 것이 바로 이러한 어휘의 발명이다. 비고르 (지금의 툴루즈 지역) 출신의 이 미친 문법학자는 키케로나 베르길리우스(그와 이름이 같은 진짜 베르길리우스)를 인용했는데, 실제로 그 작가들이 결코 쓰지 않았을 표현들이 난무했다. 나중에 알게 된바, 혹은 적어도 우리가 예상하는 바로는, 그는 고전 작가를 사칭하여 고전 라틴어가 아닌 라틴어로 글을 쓰며 뽐냈던 수사학자 집단의 일원이었다. 비고르의 베르길리우스는 에도아르도 상귀네티*의 상상에서 튀어나온 것 같은 언어의 우주를 창조했다. 그에 따르면 라틴어에는 열두 종이 있어서 〈불〉이라는 단어가 각기 다른 이름(ignis, quoquinhabin, ardon, calax, spiridon, rusin, fragon, fumaton, ustrax, vitius, siluleus, aeneon)으로 불린다(에피토마에, I, 4). 전투는 바다에서 펼쳐지기 때문에 praelium이라고 한다(광대한 것은 지고함을 띠므로 praelum, 혹은 경이로운 곳이기에 praelatum이 된다)(에피토마에, IV, 10). 한편 라틴어의 규칙 자체에 의문이 제기되어 수사학자 갈분구스와 테렌티우스가 ego

---

* Edoardo Sanguineti. 1930~2010. 이탈리아의 시인이자 작가로서 신전위파 문학의 대표 인물이었다.

의 호격에 대한 논쟁을 14일 낮과 밤 동안 이어 나가기도 했다. 이 문제는 자기를 강조하면서 자기에게 말을 건네는 방식과 관련되어 있었기에 대단히 중요했다(오, 나여, 내가 잘하였는가?O egone, recte feci?).

속어로 넘어가자. 5세기 말의 민중은 이미 라틴어가 아니라 갈로-로망스어, 이탈로-로망스어, 이베로-로망스어, 발칸-로망스어를 썼다. 이 언어는 문자가 아니라 입말로 쓰였지만 스트라스부르 서약(842)과 카푸아 헌장(960~963) 이전에도 언어의 새로움이 환영받았음을 보여 준다. 언어의 수가 증가하자 바벨탑 이야기를 떠올리면서 으레 저주와 불행의 조짐으로 여기던 때가 바로 이 시대다. 그러나 어떤 이들은 이미 새로운 속어의 탄생에서 현대성과 개량의 징후를 보았다.

7세기에 아일랜드 문법학자들은 라틴어 문법과 비교하여 게일어 속어의 장점을 설명하려 했다. 『시인의 규율』이라는 저작에서 이 문법학자들은 바벨탑의 구조에 준해 탑을 건설하는 여덟 가지 혹은 아홉 가지 재료(판본에 따라 다르다)를 품사로 이해한다. 점토, 물, 양모와 피, 나무와 석회, 송진, 아마, 역청이라는 재료에 따라 게일어는 명사, 대명사, 동사, 형용사, 부사, 분사, 접속사, 전치사, 감탄사로 이루어졌다는 것이다. 이 대응은 시사하는 바가 많다. 먼 훗날 게오르크 빌헬름 프리드리히 헤겔이 등장하고서야 바벨탑의 신화에서 긍정적 모델을 재발견한 것이다. 아일랜드 문법학자들은 게일어를 언어들의 혼란을 극복한 최초의 예이자 유일한 예라고 보았다. 그 언어의 창조자들은 오늘날 〈잘라 붙이기〉라고 부르는 작업으로 각 언어에서 가장 좋은 것을 선별했고, 다른 언어들이 아직 명명하지 못한 것에 대해 단어와 사물이 형태적 동일성을 띠는 방식으로 어휘를 생성했다.

몇 세기 후에 단테 알리기에리는 자신의 기획과 권위에 완전히 다른 의식을 가지고 새로운 속어를 창시함으로써 혁신가를 자처할 터였다. 그는 이탈리아 방언이 지나치게 많다는 문제에 천착해 언어학자의 정확성으로, 또한 자신이 최고임을 의심하지 않는 시인의 자만과 멸시 어린 자세로 그 방언들을 분석했다. 그러고는 눈부시고(빛을 퍼뜨리고), 기본적이고(토대이자 규칙으로서 기능하는), 위엄 있는(이탈리아가 하나의 왕국이 된다면 그 왕국의 궁정에서 사용할 만한) 교구청의 속어(정부, 법, 지식의 언어)가 필요하다는 결론을 내렸다. 단테의 『속어론』은 유일하고 진정한 그 속어, 자신이 창시자임을 자랑스럽게 여기는 그 시어의 작문법을 추적한다. 단테는 이 속어가 혼돈의 언어와는 달리 사물과 근원적 유사성으로 결합해 있다고, 즉 아담의 언어가 지닌 속성을 띤다고 보았다. 그가 〈향기로운 표범〉을 쫓듯 추적했던 이 눈부신 속어는 바벨탑 이후의 상처를 치유하기에 적합한 에덴의 언어를 복구하는 의미였다. 단테는 완벽한 언어의 재건자라는 자기 역할을 굳건히 의식했기에 언어의 다양성을 비난하기보다는 거의 생물에 가까운 언어의 힘, 세월에 따라 변하며 자기 쇄신을 하는 언어의 역량을 강조했다. 그는 바로 이 언어의 창의성에서 출발했기에 잃어버린 원형들, 가령 원시 히브리어 따위를 좇지 않고도 자연스러우면서 완벽한 현대어를 제안할 수 있었다. 단테는 새로운 아담(게다가 완벽한)의 위치를 원했다. 그의 자부심이 어찌나 높은지, 훨씬 나중에 나온 〈완벽하게 현대적이어야 한다〉라는 장 니콜라 아르튀르 랭보의 말조차 구태의연하게 느껴진다. 아버지와 아들의 투쟁으로 보자면 〈우리 인생길의 한중간에서Nel mezzo del cammin di nostra vita〉가 〈지옥에서의 한철Une saison en enfer〉보다 더 확실한 부친 살해다.*

〈modernus〉라는 단어가 분명히 등장한 세대 간 갈등은 문학이 아니라 철학 영역에서 처음 일어났다. 중세 초기에는 후기 신플라톤주의 문헌, 아우렐리우스 아우구스티누스, 〈구논리학〉이라고 불렸던 아리스토텔레스의 텍스트들을 기본적인 철학의 자료로 삼았지만, 12세기경부터는 〈신논리학〉이라고 불리는 아리스토텔레스의 다른 텍스트들(『분석론 전서』, 『분석론 후서』, 『토피카』, 『소피스트적 논박에 대하여』)이 스콜라 철학 문화로 들어왔다. 이러한 압력은 순수한 형이상학·신학 담론에서 벗어나 온갖 미묘한 추론을 탐색하게 하는 결과를 낳았다. 현대 논리학은 바로 이 탐색을 중세 사유의 가장 생생한 유산으로 본다. 그리하여 〈근대 논리학Logica modernorum〉이라는 것이 (모든 혁신 운동의 특징인 자부심을 당연히 드러내며) 등장했다.

근대 논리학은 과거의 신학 사상에 비해 대단히 새로웠는데, 교회가 아오스타의 안셀무스, 토마스 아퀴나스, 보나벤투라를 떠

---

* 〈우리 인생길의 한중간에서〉는 『신곡』의 첫 구절이고, 〈지옥에서의 한철〉은 랭보의 시집 제목이다.

받들고 근대 논리학의 주창자들은 단 한 명도 높이 사지 않았다는 사실에서도 알 수 있다. 그 주창자들이 이단이어서가 아니었다. 과거의 신학 논쟁을 고려하건대, 그냥 그들의 관심이 다른 데 있어서였다. 오늘날 같으면 인간 정신의 작용에 관심을 두었다고 말할 수 있겠다. 그들은 어느 정도는 의식적으로 아버지를 죽이는 중이었다. 나중에 인문주의 철학이 근대를 자처하는 이미 구태의연해진 그들을 죽이려 했던 것과 마찬가지다. 다만 인문주의 철학은 그들을 대학 강단에 몰아넣고 겨울잠을 재우는 정도의 성공만 거두었다. 어차피 현대의 대학(진짜 이 시대의 대학 말이다)이 그들을 재발견할 터였다.

방금 언급한 예에서 모든 혁신 행위, 아버지에게 맞서는 행위는 아버지보다 뛰어난 조상에게 의지해 그 조상을 기준으로 삼아 이루어진다. 〈새로운 시인들〉은 그리스 작가를 기준 삼아 라틴 전통에 반발했다. 히스페릭 시인들과 베르길리우스 그라마티쿠스는 켈트어, 서고트어, 그리스어, 히브리어 어원들을 빌려와 그들만의 언어적 혼합물을 만들었다. 아일랜드 문법학자들은 라틴어에 맞서는 언어가 라틴어보다 더 오래된 언어들의 콜라주였기 때문에 떠받들었고, 단테는 푸블리우스 베르길리우스 마로처럼 강력한 조상을 필요로 했으며, 〈근대 논리학〉은 잃어버린 아리스토텔레스를 발견했기에 근대적이었다.

겸손인가, 오만인가

고대인이 더 잘생기고 키가 컸다는 생각은 중세에 매우 흔한 토포스*였다. 나폴레옹이 썼던 침대 길이만 봐도 답이 나오니, 요즘 같으면 결코 수긍할 수 없겠지만 중세에는 아마 허튼 생각만은 아니었을 것이다. 일단 우리에게 전해 내려오는 고대의 인물상들은 실제보다 신장을 몇 센티미터 늘려 제작한 것이다. 또한 로마 제국이 무너진 후 기근과 인구 감소가 수 세기나 이어졌으므로, 오늘날 영화에서 위풍당당하게 등장하는 십자군이나 성배 기사단은 사실 몸집이 작아야 유리한 요즘의 기수(騎手)보다도 작았을 공산이 크다. 알렉산드로스 대왕은 왜소한 몸집으로 유명하지만 베르생제토릭스**는 아서 왕보다 키가 컸을 것이다. 이에 대칭적으로 상응하는 또 다른 토포스는 『성경』에서부터 고대 후기와 그 이후까지 자주 언급된 〈늙은 젊은이puer senilis〉, 즉 젊음의 미덕과 노년의 미덕을 겸비한 청년상이다. 일견 고대인의 큰 키에 대한 찬양은 보수적이고, 루키우스 아풀레이우스가 칭송하는 〈신중한 젊은이의 모습을 한 노인senilis in iuvene prudentia〉(*Florida* IX, 38)은 혁신적으로 보일지 모른다. 하지만 그렇지 않다. 더 오래 전 사람들을 찬양하는 것은 혁신가들의 전형적인 태도다. 그들은 그들의 아버지가 잊었던 전통에서 혁신의 근거를 찾으려 했다.

* topos. 전통적 주제, 진부한 생각.
** Vercingétorix. 기원전 82~46. 율리우스 카이사르에 맞섰던 갈리아의 부족장. 프랑스의 대표적인 고대 영웅으로 통한다.

앞서 언급한 몇몇 예, 특히 단테의 자부심을 예외로 치자면 중세에 진리의 표명은 기존의 〈권위〉로 뒷받침되는 조건에서 가능했다. 그래서 권위가 새로운 사상을 지지하지 않는다고 생각하면 증언을 조작하기까지 했다. 12세기에 알랭 드 릴이 말했듯이 권위는 〈코가 밀랍으로 되어 있어서〉 상황에 맞게 얼마든지 주물러 댈 수 있기 때문이다.

이 점을 제대로 이해해야 한다. 르네 데카르트 이후로 철학은 기존의 지식을 백지화하고 〈절대적인 신인〉 — 자크 마리탱의 표현을 빌리자면 — 을 자처했다. 오늘날에는 사상가가(시인, 소설가, 화가는 말할 것도 없고) 진지한 관심을 받으려면 어떤 식으로든 자신의 직속 선배 사상가들과는 다른 무엇인가를 드러내야 하고, 그게 없으면 그런 척이라도 해야 한다. 그런데 스콜라 철학자들은 완전히 반대로 했다. 그들은 아버지들이 했던 말을 토씨 하나 다르지 않게 반복한다고 인정하고 그러한 모습을 보여 줌으로써 말하자면 가장 극적인 부친 살해를 자행한 셈이다.

아퀴나스는 당시 그리스도교 철학의 혁신가였지만 반박자들(그런 사람들이 있긴 했다)에게 자신은 이미 850년 전에 성 아우구스티누스가 했던 말을 되풀이했을 뿐이라고 응수할 수 있었을 것이다. 그런 말은 거짓도, 위선도 아니다. 단지 중세 사상가는 선조들 덕분에 생각이 명쾌해졌을 때는 선조들의 견해도 여기저기 수정할 수 있다고 여겼을 뿐이다. 바로 여기서 내 강연의 제목으로 삼은 난쟁이와 거인에 대한 아포리즘이 탄생했다.

샤르트르의 베르나르두스는 우리가 거인의 어깨에 올라선 난쟁이 같다고 했다. 그래서 우리는 거인보다 멀리 볼 수 있으나 이는 우리가 키가 크거나 시력이 좋아서가 아니요, 그들의 어깨 위에 서 있기 때문이다.

이 아포리즘의 기원을 알고 싶다면 에두아르 조노의 『거인 어깨 위의 난쟁이』(1968)에서 중세를 참조할 수 있겠다. 하지만 더 유쾌하게 엉뚱하고 종잡을 수 없이 흥미진진한 책은 이 시대의 가장 뛰어난 사회학자 중 한 명인 로버트 머튼의 『거인의 어깨 위에서』(1965)다. 머튼은 아이작 뉴턴이 1675년 로버트 훅에게 쓴 편지를 읽다가 이 아포리즘의 표현 방식에 매료되었다. 〈내가 만약 더 멀리 볼 수 있다면 그건 내가 거인들의 어깨 위에 서 있기 때문입니다.〉 그래서 머튼은 이 아포리즘의 기원을 찾아 시대를 거슬러 올라갔고 박식한 여담을 늘어놓으면서 이 아포리즘의 역사를 추적해 나갔다. 그는 이 책의 판본을 다시 찍을 때마다 주석과 자료를 추가했고, 급기야 이탈리아어 번역본까지 나왔다(*Sulle spalle dei giganti*, 1991. 영광스럽게도 내가 서문을 썼다). 그리고 1993년에는 내 서문을 포함해 〈이탈리아 신판The post-Italianate edition〉이라는 이름을 달고 새로운 영어 판본이 나왔다.

솔즈베리의 요하네스는 『메타로기콘』(III, 4)에서 난쟁이와 거인의 아포리즘을 베르나르두스가 남겼다고 말한다. 이때가 12세기다. 그렇지만 베르나르두스가 이 아포리즘을 창작했다고 볼 순 없는데, 그 이유는 (난쟁이의 은유는 아닐지언정) 이 개념 자체는

6세기 앞서 프리스키아누스에게서 이미 보였기 때문이다. 프리스키아누스와 베르나르두스의 연결 고리는 기욤 드 콩슈일 수도 있다. 기욤은 요하네스보다 36년 앞서『프리스키아누스에 대한 논평』에서 난쟁이와 거인을 다루었다. 하지만 여기서 흥미로운 점은 요하네스를 기점으로 그 후부터 이 아포리즘이 엄청나게 회자됐다는 사실이다. 1160년에 랑Laon 학파의 글에 실렸고, 1185년경에는 덴마크 역사학자 스벤 아게센이 언급했으며, 이후 캉브레의 게라르두스, 롱샹의 라울, 질 드 코르베이, 오베르뉴 백작 제라르, 그리고 14세기에는 아라곤 왕의 의사 알레산드로 리카트가 언급했고 2세기가 더 지난 후에는 앙브루아즈 파레의 작품들에서 발견되며, 다니엘 제너트 같은 17세기 과학자를 거쳐 뉴턴에까지 이르렀다. 툴리오 그레고리는『회의론과 경험론, 가상디에 대한 연구』(1961)에서 가상디가 이 아포리즘을 언급했다고 지적했고, 오르테가 이 가세트는『갈릴레오에 대하여』(1947, 45면)에서 세대 계승을 환기하면서 인간은 〈다른 사람의 어깨 위에 서 있고, 높이 서 있는 자는 다른 사람들을 내려다보는 기분이 들겠지만 그와 동시에 자신이 그들에게 매여 있음을 깨달아야 할 것이다〉라고 했다. 게다가 최근 작인 제러미 리프킨의『엔트로피』(1980)에서도 다음과 같이 맥스 글럭먼의 말을 인용하고 있다. 〈과학은 현 세대의 바보도 이전 세대의 천재가 도달한 지점을 뛰어넘을 수 있는 분야다.〉 이 인용문과 베르나르두스의 인용문 사이에는 8세기의 간극이 있고 그 세월 동안 뭔가가 일어났다. 철학과 신학에서 사상적 아버지들을 두고 한 말이 과학의 진보적 성격을 강조하는 말이 되었다.

원래, 그러니까 중세에 이 아포리즘은 세대 간 갈등을 과격해 보이지 않는 방식으로 해결했기 때문에 인기를 얻었다. 물론 고대인은 우리에 비해 거인이었다. 하지만 우리는 난쟁이였을지라도 그들의 어깨 위에 서 있었기에, 달리 말하자면 그들의 지혜를 이용해서 더 잘 볼 수 있다. 그렇다면 이 아포리즘은 겸손인가, 오만인가? 우리가 더 나은 이유는 옛사람들의 가르침 덕분이라는 건가, 아니면 옛사람들의 신세를 지긴 하지만 어쨌든 우리가 더 낫다는 건가?

중세 문화에서 거듭 등장하는 주제 중 하나는 세상의 점진적 노화였다. 고로, 베르나르두스의 아포리즘은 이렇게 해석될 수 있을 것이다. 세상이 늙어 가는mundus senescit 까닭에 가장 젊은 우리도 옛사람들에 비하면 늙었다. 그러나 적어도 우리는 그들 덕분에 그들이 하지 못했거나 이해하지 못했던 것을 능히 해내거나 이해할 수 있다. 베르나르두스는 이 아포리즘을 문법에 관한 논쟁의 맥락에서 제기했는데, 그 논쟁의 관건은 옛사람들의 문체에 대한 앎과 모방 개념이었다. 요하네스에 따르면, 베르나르두스는 옛사람들을 그대로 모방하는 제자들을 질책하면서 중요한 것은 그들처럼 쓰는 것이 아니라 그들만큼 잘 쓰는 법을 배우는 것이라고 했다. 그래야만 우리가 그들에게서 영감을 얻었듯 훗날 누군가가 우리에게서 영감을 얻을 것이기 때문이다. 요컨대 오늘날 우리가 이 아포리즘을 읽는 맥락에서는 보이지 않을지언정 여기에는 자율과 혁신의 용기에 대한 호소가 담겨 있다.

아포리즘은 〈우리는 옛사람들보다 멀리 본다〉라고 말한다. 분명히 이 은유는 공간적이고 어떤 지평으로 나아가는 전진을 암시한다. 우리는 미래를 향한 점진적 운동으로서의 역사를 교부들이 만들어 냈다는 점을 잊을 수 없다. 역사는 천지창조에서 구원으로, 그리고 구원에서 다시 그리스도의 영광스러운 재림으로 나아가는 여정이다. 그렇기 때문에 좋든 싫든 헤겔도 카를 마르크스도 그리스도교를 빼놓고는(이면에는 유대교의 메시아주의가 깔려 있지만) 역사가 과연 〈눈부신 운명과 진보〉인지 자코모 레오파르디가 회의적으로 보았던 역사를 논할 방도가 없었다.

이 아포리즘은 12세기에 출현했다. 그리스도교 세계에서 「요한 묵시록」의 초기 해석에서부터 첫 밀레니엄인 1000년의 공포에 이르는 논쟁이 가라앉은 지 100년이 지나서였다. 1000년 공포는 주로 민중의 동향과 관련하여 기승을 부렸지만 밀레니엄 문학과 다소 은밀히 성행한 수많은 이단 사상에도 분명히 나타나 있다. 아포리즘이 등장한 시점에서 천년왕국설 또는 말세에 대한 신경증적인 기다림은 사실상 이단 운동들에만 남아 있었고 정통 논쟁에서는 자취를 감추었다. 인류는 그리스도의 재림을 향해 나아갔지만 이제 재림은 역사의 이상적 종착점으로서 긍정적으로 표현되었다. 난쟁이들은 이 미래를 향한 전진의 상징이 된다.

중세에는 난쟁이들의 출현과 함께 혁신으로서의 근대성의 역사도 시작된다. 근대성은 아버지들이 잊었던 본보기들을 재발견하기에 혁신적이다. 가령 초기 인문주의자들과 피코 델라 미란돌라, 마르실리오 피치노 같은 철학자들이 처했던 희한한 상황을 보

라. 학교에서 다들 배웠겠지만 그들은 중세와 맞서는 투쟁의 주역이었다. 그리고 바로 이 시기에 〈고딕〉이라는 단어가 그리 좋지 않은 의미를 가지고 등장했다. 그렇지만 르네상스 시대의 플라톤 주의자들은 달랐다. 플라톤과 아리스토텔레스를 대립시키고,『코르푸스 헤르메티쿰』혹은『칼데아 성서』를 발견하고, 그리스도보다도 선행하는 〈고대의〉 앎을 바탕으로 새로운 지식을 수립했다. 인문주의와 르네상스는 둘 다 혁명적인 문화 운동으로 간주된다. 만약 철학적 반동주의가 시대를 초월한 전통으로 회귀하는 것을 뜻한다면 인문주의와 르네상스의 혁신 전략만큼 반동적인 실력 행사는 일찍이 없었다. 따라서 우리는 지금 할아버지에게 의지해 아버지를 죽이는 부친 살해를 목도하고 있다. 우리는 할아버지의 어깨 위에서 인간을 우주의 중심으로 삼는 르네상스식 관점을 재건하려 할 것이다.

서양 문화에서는 17세기 과학이 세계를 뒤흔들고 지식에 일대 혁명을 일으켰다고 생각할 것이다. 하지만 그 출발점이었던 코페르니쿠스 가설은 플라톤주의와 피타고라스주의를 상기함으로써 수립되었다. 바로크 시대의 예수회는 고대의 글과 동아시아 문명을 재발견하면서 코페르니쿠스 모델에 대항하는 대안적 근대성을 수립하려 했다. 악명 높은 이단자 이자크 드 라 페레르는 (『성경』의 연대표를 무너뜨리고) 아담이 등장하기 전에 중국의 바다에서 세상이 시작됐고 그렇게 보면 그리스도의 강생은 지구의 역사에서 부차적인 일화에 불과하다는 것을 보여 주려 했다. 잠바티스타 비코는 인류의 역사 전체가 과거의 거인들에게서 출발해 마침내 순수 정신으로 사유하게끔 하는 과정이라고 했다. 계몽주의는 스스로 급진적이리만치 근대적이라고 생각했는데 그 부수 효과는 루이 16세를 제물로 삼은 명실상부한 부친 살해로 나타났다. 『백과전서』를 읽기만 해도 알 수 있는바, 계몽주의자들은 자주 과거의 거인들을 기준으로 삼았다. 『백과전서』는 새로운 제조 산업을 떠받들고 기계들을 삽화로 많이 보여 주면서도 고대 학설을 되짚어 보는 〈수정주의자〉(역사를 다시 읽는 능동적인 난쟁이를 뜻한다)들의 글을 멸시하지 않았다.

19세기의 코페르니쿠스적 혁명도 여전히 앞서간 과거의 거인들을 내세웠다. 이마누엘 칸트는 데이비드 흄이 있었기에 독단의 잠에서 깰 수 있었다. 낭만주의자들은 중세의 성과 안개를 재발견함으로써 〈질풍노도Sturm und Drang〉 운동을 마련했다. 헤겔은 역사를 버릴 것도 없고 아쉬운 것도 없는, 계속 개선되어 가는 운동으로 보았으므로 새것이 옛것보다 우수하다고 선언했다. 마르크스는 인류의 정신사 전체를 다시 읽으면서 석사 논문에서 다뤘던 고대 그리스의 원자론에서 출발해 자신의 유물론을 세웠다. 찰스 다윈은 유인원을 거인의 반열에 올려놓음으로써 『성경』 속의 아버지들을 죽였다. 인간은 나무에서 내려와 유인원의 어깨 위에서 여전히 야만과 경악에 가득 찬 자신을 발견했고 맞서는 엄지*라는 경이로운 진화의 산물을 지배해야 했다. 19세기 후반에는 라

---

* 맞서는 엄지opposable thumb란 엄지를 다른 네 손가락과 자유자재로 맞댈 수 있는 인간의 고유한 능력을 가리킨다. 이 능력이 도구의 발달과 예술 활동에 지대한 영향을 미친 것으로 보인다.

파엘 전파에서 퇴폐주의까지 거의 전부가 과거로의 회귀로 요약될 수 있는 예술 혁신 운동이 일어났다. 먼 과거의 아버지들을 재발견함으로써 방직 기계들로 인해 타락해 버린 직속 선대 아버지들에게 반항할 수도 있었다. 조수에 카르두치는 『사탄 찬가』로 근대성의 기수가 되었지만 코무네(자치제) 시대 이탈리아의 신화에서 이상과 근거를 부단히 추구했다.

20세기 초의 역사적 아방가르드는 근대적 부친 살해의 극단을 나타낸다. 이들은 과거에 대한 모든 숭상에서 자유로워지고 싶다고 했다. 이것은 경주용 자동차가 사모트라케의 니케에게 거둔 승리다. 달빛 살해.* 전쟁이 세상의 유일한 보건 위생 규칙으로서 숭배되었다. 입체파의 형태 해체, 추상에서 하얀 화폭으로 나아감. 소리나 침묵, 혹은 실험적인 음계가 음악을 대체했다. 환경을 지배하지 않고 흡수하는 커튼월, 〈미니멀 아트〉를 표방하는 순수한 평행 육면체 비석 같은 건물, 그리고 문학에서는 대화의 흐름과 이야기의 시제 파괴, 콜라주, 백지가 등장했다. 하지만 새로운 거인들이 옛 거인들의 유산을 완전히 거부하려 했던 이 시점에서도 난쟁이들의 숭배가 다시 부상했다. 달빛 살해를 용서받고자 이탈리아 아카데미에 들어간 (달빛을 무척 좋게 보았던) 필리포 마리네티의 얘기가 아니다. 파블로 피카소는 고전주의와 르네상스의 모범들을 깊이 고찰하는 데서 출발해 인간의 얼굴을 일그러뜨리

---

* 마리네티의 「미래파 선언」은 경주용 자동차가 「사모트라케의 니케」 같은 예술 작품보다 아름답다고 주장했다. 또한 달빛 살해는 마리네티의 시 「달빛을 죽이자」를 암시한다.

게 되었고 결국은 고대 미노타우로스의 재해석으로 돌아갔다. 마르셀 뒤샹은 모나리자에 수염을 그렸지만 그러기 위해서는 레오나르도 다빈치의 모나리자가 필요했다. 르네 마그리트는 자기가 그린 것이 파이프임을 부정하기 위해 아주 꼼꼼하게 사실적으로 파이프를 그려야만 했다. 끝으로, 소설의 역사적 본체에 대한 대대적 부친 살해는 제임스 조이스가 저질렀다. 이 부친 살해는 호메로스의 서사를 모델로 취했다. 그리고 이 새로운 오디세우스 역시 거인의 어깨 혹은 돛대 위에 서서 항해를 했다.

그리하여 우리는 이른바 포스트모더니즘에 이르렀다. 물론 이 단어는 아무 데나, 어쩌면 너무 많은 것에 갖다 붙일 수 있는 다용도 단어다. 그렇지만 소위 포스트모던하다는 다양한 활동에는 공통점이 있고 그 공통 요소는 프리드리히 니체의『반시대적 고찰 2』에 대한, 아마도 무의식적인 반작용으로서 탄생했다.『반시대적 고찰 2』는 역사적 의식의 과잉을 비판한다. 그러한 의식이 아방가르드의 혁명적 활동으로도 제거될 수 없다면 영향의 불안을 받아들이고 오마주의 형식을 취하되, 실제로는 빈정댈 수 있을 만큼 거리를 두고 과거를 다시 바라보아야 할 것이다.

어둠 속을 배회하는 거인들

끝으로, 세대 항거의 마지막 일화인 68혁명을 보자. 어른 사회에 반항하는 〈새로운〉 젊은이들의 분명한 예다. 그 젊은이들은 이제 서른 살 넘은 사람은 믿지 않겠다고 선언했다. 허버트 마르쿠제의 메시지에서 영감을 받은 미국의 플라워 파워는 별개로 하고, 이탈리아인 행렬이 외친 구호(마르크스 만세! 레닌 만세! 마오쩌둥 만세!)는 좌파 의회의 아버지들에게 배신감을 느낀 저항 세력이 얼마나 거인들의 회복을 필요로 했는지 보여 준다. 또한 〈늙은 젊은이〉 체 게바라 아이콘도 전면에 내세웠다. 체 게바라는 젊어서 생을 마감했으나 그 죽음으로 인해 모든 옛 미덕의 메신저가 되었다.

그러나 68혁명에서 현재 사이에는 변화가 있었다. 일부 사람들이 피상적으로 〈새로운 68혁명〉이라고 부르는 이 현상, 다시 말해 반세계화 운동을 잘 들여다보면 그 점을 알 수 있다. 언론은 곧잘 이 운동의 가장 젊은 주축들을 조명한다. 하지만 이들이 반세계화 운동 전체를 대표하지는 않으며, 나이 많은 고위 성직자들도 상당 부분 이 운동에 참여하고 있다. 68혁명은 진정한 세대적 산물이었다. 더러 부적응자 어른들이 상징적으로 넥타이와 애프터셰이브를 버리고 티셔츠와 아무렇게나 덥수룩하게 자란 체모를 선택하긴 했다. 하지만 68혁명의 초기 구호 중 하나가 서른 살 넘은 사람은 아무도 믿지 말라는 것이었다. 반세계화 운동은 젊은이들이 주도권을 쥔 현상이 아니라는 점에서 경우가 다르다. 이 운동의 지도층은 나이가 꽤 있는 사람들, 조제 보베나 그 외 혁명 투쟁 경험이 있는 어른들이다. 반세계화 운동은 세대 갈등도, 전통과 혁신 간의 갈등도 아니다. 그렇지 않다면 (역시 피상적으로 보면) 혁신가들은 세계화의 기술 관료들이고, 시위자들은 러다이트 운동Luddite Movement 성향의 〈가버린 시간을 찬양하는 자들〉밖에 되지 않을 것이다. 시애틀에서 2001년 제노바까지 G8 정상 회의를 둘러싼 여러 사건은 분명히 새로운 형태의 정치 투쟁이었지만 다양한 세대와 이데올로기를 온전히 아울렀다. 단지 두 입장, 세상의 운명을 바라보는 두 시각, 그리고 내가 보기에는 두 힘이 대립했을 뿐이다. 한쪽은 생산 수단의 소유에 바탕을 둔 힘이고, 다른 쪽은 새로운 소통 수단의 발명에 바탕을 둔 힘이다. 그렇지만 친세계화 진영과 투테 비안케*의 싸움에서 젊은이와 늙은이는 양편에 고르게 분포해 있다. 〈신(新)경제〉를 지향하는 혈기 왕성한 30대가 좌파 사회단체들의 30대와 대치하면서 양쪽 모두 뜻을 같이하는 연장자들을 곁에 두고 있다.

사실 68혁명과 G8 정상 회의 반대 투쟁 사이에는 30년 넘는 시간의 간극이 있었고, 아주 일찌감치 시작된 어떤 과정이 이 시간을 거쳐 완성된 것이다. 이 과정의 내적 메커니즘을 파악해 보자. 어느 시대든 아버지와 아들의 변증법에는 아주 강력한 아버지 모델이 있었다. 이 모델에 대한 아들의 도발이 너무 심해서 아버지는 도저히 봐줄 수 없었고 그 도발에 옛 거인들의 재발견이 포함되는 것 또한 용납할 수 없었다. 호라티우스의 말마따나 새로운 시인들은 〈최근에 나왔기〉 때문에 받아들여지지 않았다. 속어는 대학에서 현학을 과시하던 라틴어 학자들에게 받아들여지지 않

* Tute Bianche. 〈흰색 튜닉〉이라는 뜻의 이탈리아어로, 무력시위를 불사하는 반세계화 운동을 뜻한다. 이들은 경찰의 무력 진압에 맞서기 위해 방역복 비슷한 흰색 비닐 가운과 방독면을 착용했다.

았다. 토마스와 보나벤투라는 아무도 혁신인지를 깨닫지 못하기를 바라며 혁신을 수행했지만 그들을 적대시했던 파리 대학교의 탁발수도회는 모든 것을 알아채고 그들의 가르침을 배척하려 했다. 이런 식이다 보니 마리네티의 자동차까지도 사모트라케의 니케와 대적할 수 있었다. 생각이 똑바로 박힌 사람들은 아직 경주용 자동차를 시끄럽고 무시무시한 쇠붙이로밖에 보지 않았기 때문에, 단지 그 이유로만 대결이 가능했던 것이다.

따라서 모델은 세대적 특성을 지녀야 한다. 아버지 세대는 루카스 크라나흐의 거식증 걸린 듯한 비너스를 숭배했기 때문에 페테르 파울 루벤스의 풍만한 비너스를 아름다움에 대한 모욕으로 느낀다. 아버지 세대는 로런스 알마타데마의 그림을 좋아했기 때문에 후안 미로의 낙서 같은 그림, 혹은 아프리카 미술의 재발견이 무슨 의미가 있는지 자식들에게 물어본다. 아버지 세대는 그레타 가르보에게 홀딱 빠졌기 때문에 아들 세대에게 브리지트 바르도처럼 못생긴 여자가 무슨 매력이 있냐고 물어본다.

그런데 오늘날의 대중매체, 그리고 (이제 과거를 전혀 몰라도 관람할 수 있는) 박물관의 매체화는 모든 가치까지는 아니어도 모든 모델을 공존시키고 융합적으로 받아들이게 한다. 슈퍼모델 메건 게일이 빌바오 구겐하임 미술관의 둥근 지붕과 소용돌이 장식 사이에서 훌쩍 뛰어다니는 모 통신사 광고에서 예술적 모델과 성적 모델은 온 세대의 마음을 사로잡았다. 미술관은 메건만큼 성적 매력이 넘쳤고, 메건은 미술관 못지않은 문화적 대상이었다. 그 둘이 과거에 실험 영화에서나 볼 수 있었던 미학적 대담성과 광고의 그악스러운 호소력을 결합한 영화적 창작물에 공존했기 때문이다.

텔레비전은 새로운 제안과 노스탤지어의 자극을 오가며 체 게바라, 캘커타의 마더 테레사, 다이애나 왕세자비, 오상의 비오 성인, 리타 헤이워드, 브리지트 바르도, 줄리아 로버츠, 1940년대의 상남자 존 웨인, 1960년대의 매력적인 배우 더스틴 호프먼 등을 세대를 초월하는 모델로 만들었다. 1930년대의 날씬한 프레드 아스테어가 1950년대에도 다부진 몸매의 진 켈리와 함께 춤을 춘다. 스크린은 「로베르타」 같은 영화에서 볼 수 있는 화려한 여성미 넘치는 의상들과 샤넬 패션쇼의 중성적인 모델들을 동시에 꿈꾸게 했다. 리처드 기어의 세련된 남성미를 좋아하지 않는다면 알 파치노의 부서지기 쉬운 매력이나 로버트 드니로의 서민적인 호감에 빠질 수 있도록 했다. 마세라티 같은 대단한 자동차를 가질 수 없는 이에게는 미니 모리스의 우아한 실용성을 보여 준다.

대중매체는 이제 통일된 모델을 제시하지 않는다. 딱 일주일짜리 광고에서도 아방가르드의 모든 실험과 19세기의 아이콘들을 동시에 회유할 수 있다. 대중매체는 롤플레잉 게임의 기막힌 사실주의와 마우리츠 코르넬리스 에스허르의 역설적 원근법을, 매릴린 먼로의 풍만함과 요즘 모델들의 깡마른 매력을, 나오미 캠벨의 비(非)유럽적인 미모와 클라우디아 쉬퍼의 전형적인 북유럽 미모를, 「코러스 라인」의 전통적인 탭댄스의 우아함과 「블레이드 러너」의 차갑고 미래적인 건축물을, 조디 포스터의 중성적인 매력과 캐머런 디아즈의 자연스러운 매력을, 람보와 드랙퀸 플라티네

테를, 조지 클루니(모든 아버지가 꿈꿀 만한, 의대를 갓 졸업한 아들)와 금속 가면 얼굴에 색색의 머리채를 무성하게 늘어뜨린 새로운 사이보그를 동시에 제시한다.

이 관용의 난장판, 걷잡을 수 없는 절대적 다신론에도 아버지와 아들을 갈라놓는 경계선이 있다면 무엇일까? 아들이 (반역인 동시에 오마주인) 부친 살해를 저지르게 하고 아버지는 아들을 잡아먹는 사투르누스가 되게 하는 그런 것이 있을까?

우리는 그저 새로운 경향의 시작점에 있을 뿐이지만, 개인용 컴퓨터와 인터넷의 출현에 대해서 잠시 생각해 보자. 아버지는 자신이 번 돈으로 컴퓨터를 집에 사들였다. 아들은 컴퓨터를 거부감 없이 익히고 어느덧 아버지보다 훨씬 능숙하게 다룰 수 있게 된다. 하지만 아버지와 아들 모두 이것을 반항이나 저항의 상징으로 보지 않는다. 컴퓨터는 세대를 나누지 않고 되레 하나로 묶는다. 아들이 인터넷 서핑을 한다고 악담을 퍼붓는 아버지는 없으며, 그건 아들도 마찬가지다.

오늘날 혁신이 일어나지 않는 것이 아니다. 거의 항상 기술적으로만 이루어질 뿐이다. 그래서 오늘날 혁신은 나이든 사람들이 이끄는 국제적인 생산 중심지에서 나온다. 이 혁신이 유행을 만들어 내고 젊은이들은 그 유행을 따라간다. 휴대전화와 이메일이 젊은이들의 새로운 언어를 만들었다고 하는데, 나는 10년 전에 나온 글들을 보여 주고 싶다. 새로운 도구를 만든 장본인들과 그들을 연구한 나이 지긋한 사회학자, 기호학자들은 그때 이미 그런 도구가 새로운 언어와 표현을 낳고 실제로 널리 퍼뜨릴 것이라고 예견하는 글을 썼다. 빌 게이츠가 일을 벌이기 시작한 젊은 시절(지금은 젊은이들에게 어떤 언어를 사용해야 하는지 일러 주는 원숙한 사내가 되었다), 그는 세대 반란을 꾀하지 않았다. 오히려 아버지와 아들을 동시에 사로잡을 수 있는 방안을 주도면밀하게 연구했다.

주변화된 청년들이 마약으로 도피하면서 가족에 대항한다고 생각하는 사람들도 있다. 하지만 그런 도피도 19세기의 인공 낙원에서 기원한, 아버지들이 제안했던 모델이다. 신세대는 국제적인 마약 조직원들에게서 정보를 얻는데, 그 조직원들도 어른이다.

확실히, 모델들 사이의 충돌 없이 대체가 가속화되고 있다고는 말할 수 있을 것이다. 그래도 바뀌는 것은 없다. 아주 잠깐, 젊은 세대가 채택한 모델(피에르 파올로 파솔리니의 영화에서부터 나이키 운동화까지)에 아버지 세대가 분개할 수는 있지만 대중매체의 신속한 전파력 덕분에 아버지도 그 모델을 금세 받아들이게 된다. 그래서 아들에게 되레 우스꽝스러워 보일 위험도 있지만 말이다. 하지만 아무도 이 릴레이 경주를 알아차리지 못할 것이고 그 전반적인 결과는 절대적 다신론, 모든 가치의 융합적 공존일 것이다. 뉴에이지에 세대적 특징이 있었던가? 뉴에이지는 내용상 오래된 밀교(密敎)들의 콜라주다. 처음에야 젊은이들이 거인들을 재발견하는 자세로 천착했을 것이다. 그러나 음반, 출판, 영상, 종교를 통한 뉴에이지 특유의 이미지, 소리, 믿음의 확산은 대중매체 업계의 고참들이 주도했다. 어쩌다 젊은이들이 동양으로 달아나긴 했지만, 그 또한 수많은 애인과 그만큼 많은 고급 승용차를 소유한 늙은 스승의 품에 뛰어들기 위해서였다.

차이의 마지막 경계로 보이는 코나 혀의 피어싱, 파란색 머리마저 몇몇의 전유물이 아니라 일반적 모델이 된 것도 국제 패션계의 노인 거물들이 젊은이에게 그런 것을 제안했기 때문이다. 대중매체의 영향력은 신속하게 이 유행을 부모 세대에게도 강요할 것이다. 젊은이와 늙은이 모두 쇳조각을 박은 혀가 아이스크림을 먹을 때 불편하다는 사실을 깨닫고 그냥 피어싱을 포기하지 않는다면 말이다.

어째서 아버지는 계속 아들을 잡아먹어야 하고, 아들은 계속 아버지를 죽여야 하는가? 누구의 잘못이 아니라 모두 마찬가지인 바, 끊임없이 혁신이 일어나고 모든 개인들이 그 혁신을 수용하는 것은 다른 난쟁이들이 바글바글 올라서기만 하는 위험 상황이기 때문이다. 더욱이 현실을 직시하자. 예전 같으면 세대 교체가 일어나고, 나는 지금쯤 현역에서 물러났어야 한다.

잘됐다고 말할지도 모르겠다. 우리는 새로운 시대에 들어섰다. 이데올로기는 쇠퇴하고 진보와 보수, 좌파와 우파의 전통적 경계가 흐려지고 세대 갈등 또한 완전히 희미해졌다. 하지만 아들의 반란이 아버지가 제시한 반항 모델에 피상적으로 순응한 결과일 뿐이거나, 아버지가 아들에게 잡다한 주변화의 여지를 제공함으로써 아들을 잡아먹는 것은 생물학적으로 바람직할까? 부친 살해의 원칙 자체가 위태로울 때 〈나쁜 시기가 닥친다 mala tempora currunt〉.

사실 어느 시대나 최악의 진단은 그 시대에 속한 사람들이 내리는 법이다. 나의 거인들은 좌표 없는 과도적 공간, 미래가 잘 보이지 않고 이성의 간계나 시대정신의 교묘한 음모가 아직 파악되지 않는 그런 공간이 있다고 가르쳐 주었다. 어쩌면 부친 살해의 건실한 이상은 이미 다양한 모양새로 떠오르고 있을지도 모른다. 미래 세대에는 복제인간 아들들이 아직은 예측할 수 없는 방법으로 그네들의 적법한 아버지이자 정자 기증자에게 반항을 할지도 모른다.

어쩌면 우리가 알지 못하는 거인들이 이미 우리 난쟁이들의 어깨에 올라탈 태세로 어둠 속에서 배회하고 있을지도 모른다.

2001

미

아름다움은 인간이
아름다움이라고 부르는
모든 것이다

　1954년에 나는 토마스 아퀴나스의 저작에 한정된 것이긴 해
도 미의 문제를 다룬 미학 박사 논문 심사를 통과했다. 1962년에
는 도판을 곁들여 미의 역사를 다루는 저작 프로젝트에 돌입했는
데, 작업을 4분의 1인지 5분의 1인지 진행했을 때 출판사가 그렇
고 그런 경제적 이유로 프로젝트를 포기했다. 몇 년 전 시디롬 작
업을 하느라 프로젝트에 다시 매달렸고 단지 내가 일을 하다 마는
것을 싫어한다는 이유로 기어이 한 권의 책이 나왔다. 내가 미 개
념을 몇 번이나 다시 숙고했던 지난 50여 년의 기간을 고려하건
대, 그때나 지금이나 아우구스티누스가 시간이 무엇이냐는 질문
을 받고서 했던 대답을 나 역시 반복할 수 있다는 것을 안다. 〈누
가 물어보지 않을 때는 아는데, 막상 질문을 받고 설명하려고 애
쓰는 순간부터는 알 수가 없습니다.〉
　1973년에 디노 포르마조의 예술에 대한 정의를 읽고서 미의
정의에 대한 나의 불확실성에 위안을 얻었다. 『ISEDI 철학 사

전』이라는 작은 책에서 그는 예술 개념을 이렇게 정의했다. 〈예술은 인간이 예술이라고 부르는 모든 것이다.〉 그래서 나도 말해 보련다. 〈아름다움은 인간이 아름다움이라고 부르는 모든 것이다.〉

물론 이는 상대주의적 접근이다. 아름답다고 하는 것은 시대와 문화에 따라 다르다. 이것은 현대의 이설(異說)이 아니다. 콜로폰의 크세노파네스도 이 유명한 문구를 남겼다. 〈소와 말과 사자에게 손이 있어서 인간처럼 그림을 그리고 작품을 만들 수 있다면 말은 말과 비슷하게, 소는 소와 비슷하게 신들을 그려낼 것이다.〉 (알렉산드리아의 클레멘스, 『스트로마』, V, 110) 〈두꺼비도 두꺼비가 보기에는 아름답다〉라는 말도 있다.

아름다움을 위하여

미는 결코 절대적이고 불변적인 것이 아니었고, 역사적 시대와 나라에 따라서 다양한 면모를 띠었다. (남성, 여성, 풍경 등의) 외적 아름다움에 대해서만이 아니라 신, 성인, 사상의 아름다움에 대해서도 그 점은 마찬가지였다.

귀도 귀니첼리의 시를 거의 같은 시대의 아름다운 고딕 조각상 「우타 폰 발렌슈테트」(나움부르크의 우타라고도 한다)와 비교해 보기만 해도 알 수 있으리라.

(위) 나움부르크 대성당의 「유타 폰 발렌슈테트」 조각상 세부, 13세기
(아래) 오딜롱 르동, 「환영」, 1250~1260, 개인 소장

동 트기 전에 나타나는
샛별이 빛나는 것을 보았네
(……)
검붉게 물든, 눈처럼 새하얀 얼굴,
애정을 가득 담아 쾌활하게 반짝이는 눈,
그리스도교 세계에
그토록 충만한 아름다움과 가치가 있었을 줄이야.

그리고 쥘 바르베 도레비이의 『레아』(1832)에서 한 대목을 보면
서 오딜롱 르동의 그림 「환영」으로 넘어갈 수 있겠다. 〈그럼, 그렇
고말고! 나의 레아, 너는 아름다워, 너는 모든 피조물 가운데 가장
아름답다! 나는 얻어맞은 눈, 창백한 얼굴, 병든 육체의 너를 하늘
의 아름다운 천사와도 바꾸지 않을 거야.〉이 아름다움의 두 관념
사이에서 어떤 관계를 찾을 수 있는가?

또 다른 문제는 우리 시대의 취향에 넘어가서는 안 된다는 것
이다. 귀와 코에 피어싱을 한 젊은이들도 인도산 대마초에 머리가
핑 돌도록 그윽하니 취하면 산드로 보티첼리의 미인상이 매혹적
으로 보일 것이다. 그렇지만 보티첼리의 동시대인들은 그와 다른
이유로 「봄」의 비너스 얼굴에 감탄했으리라.

더욱이 우리는 아름다움이라는 말을 무슨 뜻으로 쓰는가? 우
리 시대 사람들은, 적어도 이상주의 미학에 영향을 받은 우리 이
탈리아인들은 아름다움을 거의 항상 예술적 아름다움과 동일시
한다. 그러나 수 세기 동안 사람들은 주로 자연, 사물, 인체, 혹은

신의 아름다움을 이야기했다. 예술은 〈사물이 만들어지는 정확한 이유recta ratio factibilium〉, 사물을 잘 만드는 방법이었다. 반면 화가가 선박 건조업자나 이발사처럼 해내는 일은 〈아르스ars〉 혹은 〈테크네techne〉라고 했다[미술Belle Arti(프랑스어의 Beaux Arts)이라는 말은 매우 뒤늦게야 나왔다].

어떤 특정 역사적 시대의 미적 이상에 대한 증언은 세 종류밖에 없는데, 그 세 종류는 모두 〈교양 있는〉 출처에서 나왔다. 오히려 외계인이 이 시대에, 혹은 3,000년 후 지구에 도착한다면 영화, 도판이 있는 신문, 텔레비전 프로그램 따위를 자료 삼아 우리 시대의 배운 것 없는 서민들이 선호하는 인체, 복식, 사물의 미적 유형을 추론할 수 있을 것이다. 그러나 오로지 파블로 피카소만을 자료 삼아 우리의 이상적 여성미를 규정하려는 외계인을 상상해 보라. 과거의 미적 이상을 파악하는 우리의 입장은 그와 비슷하다.

우리에게는 글로 된 자료도 있다. 하지만 이때도 글은 우리에게 무엇을 말하는가? 마르셀 프루스트가 『잃어버린 시간을 찾아서』에서 엘스티르의 그림을 보여 주는 장면 ─ 우리가 제대로 읽은 것이라면 ─ 은 인상파를 연상시킨다. 그런데 전기 작가들은 프루스트가 열세 살 때 작성했다는 설문지에서 가장 좋아하는 화가로 군대와 전투를 주로 그린 고전주의 화가 에르네스트 메소니에를 꼽았고 그 후에도 평생 이 화가를 우러러보았다고 전한다. 요컨대 프루스트는 상상적 엘스티르의 예술적 미 개념을 환기했지만, 그가 실제로 생각했던 아름다움은 그의 글이 독자들에게 연

파블로 피카소, 「도라 마르의 초상」, 1937
파리, 피카소 미술관

상시켰던 바와 달랐을 것이다.

　게다가 이 에피소드는 찰스 샌더스 퍼스를 본받아 〈상호적인 기호 해석interpretance의 기준〉이라고 부를 만한 기준(전문가들의 기호학에 해당하긴 하지만 그 귀하신 무리에게는 면해 주고 싶은)을 연상시킨다. 어떤 기호의 의미는 언제나 다른 기호에 의해서 밝혀진다. 그 기호를 다른 기호가 해석한다고 할 수 있다. 따라서 미를 다루는 텍스트를 미를 나타낸다고 하는 그 시대의 이미지들과 비교할 수가 있다. 그렇게 하면 어느 한 시대의 미학적 이상에 대한 생각이 명확해질 수 있다.

그렇지만 비교는 때때로 잔인하리만치 실망스럽다. 심란할 정도로 매혹적인 미녀에 대한 묘사를 한번 보자. 외젠 쉬의 『파리의 신비』(1842~1843)에서 크리올 여인 세실리는, 적어도 화자가 말하는 바로는, 그런 미녀다.

크리올 여인은 검푸른 묵직한 머리채를 드러냈다. 자연스럽게 구불거리는 머리칼은 이마 정중앙에서 갈라져 목에서 어깨까지만 늘어져 있었다. (……) 세실리의 이목구비를 잊기란 불가능했다. 대담한 이마 (……) 아래 완벽한 타원형 얼굴, 윤기 없는 하얀 피부, 햇살의 금빛을 은은하게 머금은 동백 꽃잎처럼 보드라운 청신함. (……) 가늘고 곧은 콧날 끝 두 개의 콧구멍은 사소한 감정에도 커지곤 했고, 당돌한 사랑의 입술은 짙은 자줏빛을 띠었다.

우리가 이 글을 이미지로 옮긴다면 눈부시게 아름다운 세실리를 어떤 모습으로 떠올릴 것인가? 브리지트 바르도 같은 여인이나 벨에포크 시대의 팜파탈? 글쎄, 이 소설의 초판 삽화가는(그리고 아마 당시의 독자들도) 세실리를 이런 모습으로 보았다(다음 면 그림을 보라). 우리는 〈이〉 세실리를 못내 받아들이고 환상을 품어야 한다. 적어도 외젠 쉬와 그의 독자들이 어떤 미의 이상에 대해 색정증이 도졌는지 이해하려면 그래야 한다.

크리올 여인 세실리, 외젠 쉬의 『파리의 신비』 삽화, 1851

글과 이미지의 비교는 생산적일 때가 많다. 한 세기에서 다른 세기로 넘어가면서, 가끔은 불과 10년 사이에도 동일한 언어가 다양한 시각적·음악적 이상에 상응할 수 있다는 것을 보여 주기 때문이다. 고전적인 예인 비례를 보자. 고대부터 미는 비례와 동일시되었다. 피타고라스는 만물의 원리가 수(數)라고 주장한 최초의 인물이었다. 피타고라스의 등장으로 미학적-수학적 세계관이 탄생했다. 만물은 질서가 잡혀 있기에 존재한다. 그 안에 수학적이고 음악적인 법칙들이 구현되어 있기에 질서가 잡혀 있다. 그러한 법칙들은 존재의 조건인 동시에 미의 조건이다. 비례에 대한 이런 생각은 고대를 관통하고 5~6세기 보에티우스의 작품들을 통해 중세까지 전해졌다. 보에티우스는 어느 날 피타고라스가 대장장이의 망치가 모루를 내리칠 때 각기 다른 소리가 나는 것을 관찰하고서 망치 무게와 음계를 이루는 음 사이의 관계를 알아냈다고 전해진다. 그리스 신전들의 크기, 기둥 사이의 간격을 정하는 비율이나 파사드의 서로 다른 부분 사이의 비율 역시 음악적 간격을 정하는 비율에 상응한다. 플라톤은 『티마이오스』에서 세계가 기하학적으로 일정한 도형체(圖形體)들로 구성되었다고 했다.

인문주의와 르네상스 시기에는 플라톤적인 균일체들을 이상적 모델로 연구하고 떠받들었다. 레오나르도 다빈치가 그러했고, 피에로 델라 프란체스카의 『회화의 원근법』, 루카 파치올리의 『신성한 비례』(1509)도 그러했다.

파치올리가 말하는 신성한 비례는 황금률이다. 가령 두 개의 직사각형이 있을 때 큰 직사각형의 한 변(a)과 그에 상응하는 작은 직사각형의 한 변(b) 사이의 비율이 그 두 변의 길이를 합친 것(a+b)과 큰 직사각형의 한 변(a)의 비율과 일치하면 황금률이다. 황금률이 잘 구현된 작품으로는 피에로 델라 프란체스카의 「채찍질」이 있다.

그렇지만 보에티우스에서 파치올리에 이르는 이 10여 세기 동안 〈비례〉라는 단어가 늘 같은 뜻으로 쓰였을까? 결코 그렇지 않다. 보에티우스에 주석을 단 중세 초기 필사본에서 황금률을 무시하는데도 비례가 잘 잡힌 이미지와 페이지 배치를 볼 수 있다.

13세기에 완벽한 그림을 그렸던 빌라르 드 오네쿠르는 비례에 대한 매우 직관적이고 양적인 규칙들을 제공했다. 폴리클레이토스의 『카논』에 영감을 주었고 나중에 알브레히트 뒤러 같은 화가에게도 영감을 준 수학적으로 더 정교한 규칙들과는 전혀 무관한 규칙이었다.

이 다양한 인체의 표상들을 보면서 어떤 타협점을 찾을 수 있는가?

다른 한편으로, 13세기에 성 토마스는 단지 수학적 비율만 염두에 두고 〈비례〉를 미의 세 기준 중 하나로 꼽았던 것이 아니다. 그에게 비례는 단순히 질료가 적절하게 배치된 것이 아니라 질료가 형상에 완벽하게 적응된 것이다. 이런 의미에서 인간의 이상적 조건에 잘 맞는 인체는 비례가 맞는 셈이다. 또한 비례에는 윤리적 가치도 있다. 덕행은 이성의 법에 따라 말과 행동의 비례를 구현한다. 이 때문에 우리는 도덕적 미(혹은 도덕적 추)도 언급해

피에로 델라 프란체스카, 「채찍질」, 1455, 우르비노, 마르케 국립미술관

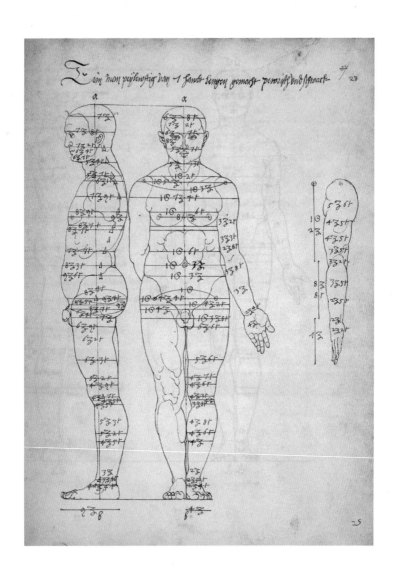

알브레히트 뒤러, 인체 비례도, 『인체 균형론』, 1528, 런던, 영국 박물관

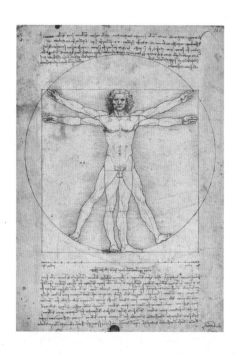

(위) 레오나르도 다빈치, 「인체 비례도」(일명 비트루비우스 인간),
1490년경, 베네치아, 아카데미아 미술관
(아래) 르 코르뷔지에, 「모듈러」, 1950, 파리, 퐁피두센터 국립 현대 미술관 산업 미술 센터

야 한다. 비례는 사물의 의도된 목적에 맞는 것이다. 그래서 토마스는, 수정 망치는 겉보기에 아름답지만 망치 본연의 기능에 부적합한 소재로 만들어졌으므로 추하다고 본다. 비례는 사물들 간의 합력(合力)이므로 서로 떠받쳐 주면서 건물을 견고하게 지탱하는 돌들의 상호 작용은 〈아름답다〉고 할 수 있다. 비례는 지성과 그 지성이 이해하는 사물 간의 관계다. 요컨대 비례는 우주의 통일성 자체를 설명하는 형이상학적 원리다.

이와 같이 토마스 시대의 예술은 대부분 비례의 의미를 부분적으로만 설명한다. 우리의 해석이 쉽지 않은 이유는, 예술과 철학 사이에, 혹은 한 시대에 나타나는 예술의 다양한 측면 사이에 발전의 격차가 있기 때문이다. 비례를 수학적 규칙으로 보았던 르네상스 시대의 논문들을 보면 이론과 현실의 관련성은 건축과 원근법에서만 만족스럽게 보인다. 수많은 예술가가 아름답다고 보았던 인물들의 공통된 비례 기준은 과연 뭘까?

미의 전통적인 또 다른 속성인 광휘 혹은 명확성claritas에 대해서도 동일한 문제가 제기된다. 광휘의 미학은 여러 문명에서 신을 빛과 동일시한 데서 비롯되었을 것이다. 신플라톤주의 덕분에 이 이미지들은 아레오파고스의 위(僞) 디오니시우스를 통해 그리스도교 전통으로 들어왔다. 위 디오니시우스는 『천상의 위계』와 『신명론』(6세기)에서 신을 빛, 불, 빛나는 샘과 동일시했다. 이러한 이미지들은 중세 신플라톤주의의 가장 주요한 인물 요하네스 스코투스 에리우게나에게서 찾아볼 수 있다.

그렇다면 중세는 빛과 색의 아름다움으로 무엇을 말하려 했나? 한 가지는 우리도 확실히 안다. 중세는 암흑의 시대라 불리고 중세 성과 수도원의 방과 복도, 농민들의 오막살이는 어둠침침했지만, 중세인은 자신이 오히려 환히 빛나는 곳에 있다고 상상했다는 것을. 적어도 회화나 시에서는 그렇게 표현했다.

중세에는 기본색, 미묘한 음영 없이 뚜렷하게 구별되는 색채를 즐겨 썼다. 빛으로 명암을 드리워 색이 형태의 윤곽을 벗어나게 하기보다는 전체적인 조화를 통해서 빛을 만들어 내는 색 배합을 선호했다. 조르주 드 라 투르의 작품 같은 바로크 회화를 보면 사물이 빛을 받아 양감의 작용으로 환한 구역과 어두운 구역으로 나뉜다. 반면 중세 세밀화에서는 빛이 사물에서 퍼지는 것처럼 보인다. 아름답다고 하는 사물은 그 자체로 빛난다.

중세는 빛을 사랑했고, 바로 이 시대에 선명한 단색과 그 색을 투과하는 선명한 빛을 가장 잘 결합하는 구상예술 기법이 발달했다. 고딕 대성당의 스테인드글라스가 그런 기법이다. 고딕 성당은 분할된 구조로 쏟아져 들어오는 빛에 맞게 건축되었다.

힐데가르트 폰 빙엔의 신비주의 저술에도 찬란한 빛의 이미지가 나타나 있다. 이 책에 수록된 세밀화 역시 그 이미지를 아주 잘 표현해 준다.

나는 눈부신 빛을 보았다. 그 빛 속에 사파이어색의 사람 형상이 있었는데 그 형상은 그윽한 붉은빛으로 타오르고 있었다. 눈부신 빛이 붉게 타오르는 불길로 번지고 붉은 불길은 눈부신 빛 전체로 번지면서 눈부신 빛과 붉은 불이 함께 사람의 형상

조르주 드 라 투르, 「회개하는 막달레나」, 1638, 파리, 루브르 박물관

힐데가르트 폰 빙엔의 「성부, 성자, 성령」, 『스키비아스』, 루페르츠베르크 코덱스,
1150년경, 체코 공화국 독사니 수도원

을 침범해 유일한 권능을 지닌 유일한 빛 하나를 이루었다.

단테의 「천국편」에서 볼 수 있는 눈부신 빛은 굳이 거론할 필요
도 없으리라. 희한하게도 그러한 빛은 19세기 화가 귀스타브 도
레의 삽화에서 잘 표현되었다. 하지만 나는 도레가 한두 세기 전
에 쓴 글처럼, 혹은 자기에게 영감을 주었던 신플라톤주의 문헌을
다수 떠올리면서 단테를 읽었을 거라 생각한다. 단테 시대의 세밀
화는 훨씬 더 절제되어 있었다고나 할까. 그래서 폭발적인 빛, 연
극의 조명 효과를 보여 주지 못하고 물체 자체에 속한 듯한 밝은
색을 드러낸다.

단테는 빛을 신비하고 우주적 현상으로 떠받드는 신학 전통을
꾸준히 파고들었지만 그는 토마스 이후의 인물이었고, 앞서 12세
기에서 13세기 사이에 광휘를 표현하는 방식에 근본적인 변화가
있었다. 12세기에 로버트 그로스테스트가 제안한 빛의 우주론을
보라. 그는 빛나는 에너지의 유일한 흐름으로 구성된 우주의 이미
지를 구상했다. 미와 존재의 원천인 이 에너지는 빅뱅을 연상시킨
다. 모든 것은 유일한 빛에서 비롯되었다. 점진적인 응축과 희박
화를 통해 천체, 그리고 자연의 원소들이 생겼고 그 결과 무한히
다채로운 색들과 사물의 크기들이 생겼다. 따라서 세계의 비례는
수학적 질서와 다르지 않다. 창조적 확산을 하는 빛은 이 질서 속
에서 질료가 가하는 저항에 따라 구현된다.

이제 천국의 영광을 바라보는 다른 시각으로 넘어가자. 조토
디 본도네의 그림을 보라. 이제 위에서부터 내려오는 빛은 없다.

빛은 관능적으로 잘 구성된 신체 — 나는 건강한 신체라고 말하고 싶다 — 에서 나온다. 실제로 그 사이에 토마스는 광휘 혹은 명확성을 그로스테스트처럼 천상에서의 우주적 폭발에서 오는 것으로 보지 않고 아래에서부터, 혹은 사물의 내부에서부터 오는 것으로 보았다. 마치 사물을 이루는 형상이 자기 발현을 하는 것처럼 말이다. 일찍이 토마스의 스승 알베르투스 마그누스는 미란 질료가 질서정연하게 배치된 부분들에 대한 형상의 광휘라고 했다. 여기서 그가 말하는 형상은 플라톤의 이데아가 아니라 질료를 〈내부에서부터〉 적절한 비율로 구체적 형태로 이끄는 바로 그것이다. 이로써 신플라톤주의적 틀에서 아리스토텔레스적 틀로의 이행이 일어났다. 복된 신체들의 명료성조차도 영광스러운 영혼이 신체적인 면에 주는 빛이다. 그렇기 때문에 조토의 그림에서 우리는 빛이 인물의 몸에서 나오는 것을, 추상적이지 않고 건실한 신체성을 통해 표현되는 것을 볼 수 있다. 따라서 수 세기 동안 빛과 명료성, 세계관과 미에 대한 시각을 논하였으되 그 용어들이 늘 같은 의미로 쓰이지는 않았다.

이미지와 글의 비교는 좀 더 복잡한 문제들에 대해서도 대답할 여지를 준다. 추의 미학, 혹은 어느 한 시대로 논의를 국한하기 위해 중세 〈괴물들의 아름다움〉이라는 난제vexata quaestio에 접근해 보자.

귀스타브 도레, 「천국편」 제12가, 삽화, 1885

조토 디 본도네, 「최후의 심판」, 뽑힌 자들 세부, 1303~1305, 파도바, 스크로베니 성당

아름다운 공포

중세는 비례와 광휘 외에도 미의 세 번째 기준으로 완전성을 꼽았다. 어떤 존재가 아름답기 위해서는 그 종의 개체가 갖추어야 마땅한 모든 것을 갖춰야 한다. 따라서 일부가 잘려 나간 신체나 난쟁이는 아름답지 않다(중세인들은 정치적으로 올바르지 않았으므로). 그런데도 중세는 괴물들에게 매혹되었다.

일단 중세에는 추한 사물과 존재가 있더라도 예술은 그것들을 아름답게 표현할 힘이 있다는 원칙을 받아들였다. 우리는 이것이 현대적 규준이라고 생각하지만 이미 성 보나벤투라도 〈악마의 추악함을 잘 표현하면 그 악마의 형상도 아름답다〉라고 했다.

헬레니즘 시대부터 머나먼 지역과의 접촉이 늘면서 미지의 땅과 존재들에 대한 묘사들, 대놓고 전설에 불과하거나 과학적 엄정성을 표방하는 묘사들이 널리 퍼졌다. 대(大)플리니우스의 『박물지』(77년 추정)부터 [저 유명한 『피지올로구스』(2~5세기 사이)를 위시한] 동물 우화집들을 거쳐 『알렉산드로스 이야기』(3세기)까지 다 여기에 해당한다. 그리고 이국적인 것은 늘 괴물의 모습을 취했다. 중세에는 머리는 없고 가슴에 입이 달린 블레미에스, 하나뿐인 발을 햇살을 피하는 용도로 쓰는 스키아푸스, 외눈박이, 키노케팔로스, 유니콘, 온갖 종류의 용에 매료되었다. 이 괴물들은 성당의 기둥머리를 장식했을 뿐 아니라 필사본의 여백을 채웠다. 그런 여백은 봉헌의 성격을 띠었으나 전혀 다른 것을 다루었다. 노아의 방주를 표현한 일부 그림들에서도 볼 수 있듯이 괴물들은 홍수에서도 구원되었다.

중세는 괴물을 필요로 했다. 적어도 부정주의 신학에 따르면 그렇다. 이 신학은 신의 절대적이고 인식 불가능한 초월성을 감안하건대 신을 마땅한 이름으로 부르기란 불가능하다고 본다. 따라서 신을 전혀 닮지 않은 이름들, 곰, 벌레, 표범, 그냥 괴물을 이용해 명명해야 한다. 따라서 당시의 신비주의·신학 사상은 창조된 세상 속에 이 괴물들이 존재하는 것이 정당함을 증명해야 했고, 두 가지 길을 택했다. 하나는 괴물을 보편적 상징의 전통에 삽입하는 것이다. 그 상징에 따르면 지상의 모든 것 — 동물, 식물, 광물을 막론하고 — 은 도덕적 의미(덕분에 우리는 미덕과 악덕에 대해서 배운다) 혹은 유비적 의미(형태나 행동을 통해서 초자연적 실체들을 상징적으로 나타낸다)가 있다. 이 때문에, 이를테면 〈교화적인〉 동물 우화집에서도 유니콘을 잡으려면 숲속에 처녀가 가 있어야 한다는 이야기가 나온다. 유니콘이 처녀의 향기에 이끌려 와서 옷자락에 머리를 눕히면 그때 사냥꾼이 와서 잡아야 한다는 것이다. 이런 의미에서 유니콘은 흠 없는 처녀의 배에서 태어난 구세주를 상징한다.

이런 이유로 아우구스티누스부터는 신비주의자, 신학자, 철학자들이 괴물도 어떤 식으로든 자연의 신적 섭리에 속하고 전체의 아름다움과 대비되는 역할을 할지언정(마치 그림에서 그림자와 명암의 역할처럼), 우주의 조화라는 거대한 교향악에 이바지한다고 말하게 되었다. 그 질서 전체가 아름다운 것이고, 이런 시각에서는 괴물의 흉측함마저도 그 질서의 균형에 참여하기 때문에 구원받을 수 있다.

하지만 신도가 자기 도시의 대성당이나 수도원에 들어가 이 우습고 기형적이고 불안한 표상들을 보면서 정말로 우주의 질서를 생각했을까? 일반적인 사람에게 이 괴물들은 (신학적 사유와는 별개로) 보기에 즐거웠을까, 혐오스러웠을까, 두려움을 불러일으켰을까? 혹은 낯선 환경에서 애매한 감각을 부추겼을까?

성 베르나르가 그 답을 우리에게 간접적으로 주었다. 신비주의 자이자 원칙주의자였던 그는(성당을 호화롭게 꾸미기를 노골적으로 좋아했던 클뤼니의 성직자들과는 원수지간이었다) 수도원 경내와 지붕머리에 괴물이 너무 많다고 비난한다. 그는 비난의 어조를 취하지만 그 악에 대한 묘사는 매혹으로 가득 차 있다. 마치 자기도 그 희한한 것portenta의 유혹에서 벗어날 수는 없었다는 듯이 말이다. 그가 비난하는 대상에서는 거의 관능적인 이끌림이, 그리고 스트립쇼를 보지 말라면서 무희들의 몸짓을 세세하게 설명하는 모럴리스트의 위선이 느껴진다.

하지만 수도원 경내의 (……) 우스꽝스러운 괴물, 흉측한 아름다움, 아름다운 공포는 무엇을 의미하는가? 이 지저분한 원숭이, 잔인한 사자, 기괴한 켄타우로스, 반인반수, 얼룩덜룩한 호랑이, 싸움하는 군인, 나팔을 든 사냥꾼은 이 장소에 왜 있는 걸까? 우리는 여기서 하나의 머리에 달린 여러 개의 몸과 여러 개의 머리가 달린 한 몸을 본다. 한쪽에는 뱀 꼬리를 가진 네발 짐승이 보이고, 다른 쪽에는 네 개의 머리가 달린 물고기가 보인다. 앞에서 보면 말인데 뒤는 염소의 모습을 한 괴물, 또는 뿔 달린 짐승의 모습인데 뒤는 말처럼 생긴 괴물도 있다. 요컨대 이런 형상들이 어찌나 많은지, 그리고 얼마나 매혹적이고 다양하기 이를 데 없는지, 필사본을 읽기보다 이 대리석 조각들을 바라보는 편이 더 즐겁고 하느님의 법을 묵상하기보다는 이것들을 보면서 감탄하고 싶어진다.

이렇듯 성 베르나르는 〈경이롭지만 사악한 기쁨mira sed perversa delectatio〉을 짜증스럽게 토로하며 이 괴물들의 형상이 상당히 보기에 즐겁다고 고백한다. 적어도 우리가 공상과학 영화에서 호감형 외계인을 볼 때, 나아가 무시무시한 것이 굉장히 멋있게 표현될 때 우리가 느끼는 만족감에 비할 만하겠다. 게다가 중세 후기와 르네상스는 소위 예술의 악마성에 대한 취향을 드러낼 것이다.

사실 고대나 고대풍을 추구하는 시대에도 미의 기준이 항상 동일하거나 비례와 빛만을 추구하지는 않았다. 이 사실을 고백할 용기는 신학자, 낭만주의 이전의 낭만주의자, 독일에서 추구하던 〈숭고〉라는 미의 형제를 찬양하는 자 들밖에 없었다. 숭고 관념은 예술보다는 자연과 관련된 경험, 또한 비정형, 고통, 끔찍한 것을 높이 사는 경험과 연관되어 있다. 18세기 초에 새프츠베리는 『도덕론』에 이렇게 썼다. 〈거친 바위들, 이끼 긴 굴과 불규칙한 모양의 동굴, 끊어진 폭포들, 그 모든 야생의 무시무시한 아름다움이 자연을 그 무엇보다 잘 표현하고 마음을 끌어당긴다. 그 웅장함에 비하면 자연을 모방한 왕궁의 정원은 가소로워 보인다.〉

그리하여 고딕 건축에 대한 취향이 탄생했다. 신고전주의의 잣대로 보면 고딕 건축은 비례도 맞지 않고 불규칙하지만 바로 그 불규칙성과 비정형에 대한 취향 덕분에 폐허는 새로이 평가받았다.

에드워드 버크(『숭고함과 아름다움의 기원에 관한 철학적 탐구』, 1757)는 비례에 아름다움이 있다는 생각에 정면으로 맞섰다.

아름다운 신체에서 목은 다리의 체지방을 기준으로 측정되어야 하며 손목 둘레의 두 배에 해당해야 한다. 이런 유의 관찰을 대화와 글에 쏟아낸 사람들이 참으로 많기도 하다. 하지만 말해 보라, 다리의 지방층이 목과 무슨 관계가 있으며 그 둘 가운데 어느 한쪽이 손목과 무슨 관계가 있단 말인가? 물론 아름다운 신체에는 그러한 비례가 존재한다. 그러나 추한 신체에도 그러한 비례는 있으며 그 점은 누구나 직접 확인해 볼 수 있다. (……) 가장 아름답다고 생각하는 인체의 비례를 제시해 보라. 나는 화가가 그 비례를 아주 면밀하게 준수하면서도 (……) 대단히 추한 모습을 그려 낼 수 있다고 대답하겠다. 또한 화가는 그 비례를 완전히 무시하고서도 아주 아름다운 모습을 그려 낼 능력이 있으리라.

비례가 맞지 않지만 그래서 매혹적인 숭고는 어둠, 밤, 폭풍, 모호함, 공허, 고독, 침묵에서 번성한다.

미 개념의 상대성을 계속 고찰하기 원한다면 바로 이 18세기에 숭고의 현대적 개념이 탄생했고 신고전주의 취향이 발달했다는 점을 기억해야 한다. 그렇지만 중세에도 지붕머리의 괴물 조각상 취향과 성당 내부 홀의 건축학적 비례는 공존했고, 히에로니무스 보스(1450~1516)는 안토넬로 다 메시나(1430~1479)와 동시대를 살았다. 그런데도 이전 세기들을 살펴보다 보면 각 세기가 〈멀리서〉 보면 고유한 특징이 있기라도 한 것처럼, 혹은 기껏해야 근본적인 모순 하나 정도가 있는 것처럼 생각하기 쉽다.

20세기도 미래의 해석자들이 〈멀리서〉 본다면(혹은 200년 후에 화성인이 지구에 와서 본다면) 이 세기만의 특징을 잡아낼 수 있을지 모른다. 그들은 가령 피카소나 피에트 몬드리안을 무시하고 20세기의 「사모트라케의 니케」라고 할 만한 예술품은 최신 경주용 자동차였다고, 그러니 마리네티가 옳다고 할지도 모른다. 우리는 그렇게 거리를 두고 볼 수가 없다. 우리는 그저 20세기 초에 도발적 미 또는 아방가르드 예술이 소비의 미와 극적인 각축을 벌였다고 말하는 정도로 만족해야 한다.

미의 경험

아방가르드 예술은 미의 문제를 제기하지 않고 그때까지 존중되었던 모든 미적 규범을 침해했다. 예술은 이제 자연스러운 미의 이미지도, 조화로운 형태를 관조하는 기쁨도 제공하려 들지 않았다. 오히려 세계를 다른 시선으로 해석하는 법을 가르치고 싶어 했다. 의고적이거나 이국적인 모델들로의 회귀, 꿈 혹은 환각의 세계, 질료의 재발견, 일상적 사물을 전혀 일상적이지 않은 맥락에서 다시 볼 때의 충격 등을 음미하는 법을 말이다. 심지어 수와 비례의 미학으로 〈신(新)피타고라스주의적으로〉 회귀한 듯한 추상예술도 일반인이 생각하는 아름다움과 충돌했다. 마지막으로, 현대 예술의 다양한 흐름들(예술가가 자기 몸에 그림을 새겨 넣는다거나 신체를 훼손한다든가, 또는 관람자를 빛이나 음향 현상에 개입시킨다든가 하는 행위예술)은 예술이라는 이름으로 고대신비 의식과 그리 다르지 않은 리추얼이 있는 의식들을 행한다. 디스코텍이나 록 콘서트에서 군중이 겪는 음악적 경험에도 신비적 성격은 있다. 플래시 조명과 귀청이 찢어질 듯한 음량 속에서 군중은 〈하나가 되는데〉, 그러한 방식이 외부에서 보기에는 (고대의 원형 경기장에서 통하던 전통적인 의미에서는) 〈아름답게〉 보일지도 모르겠다. 하지만 외부에서 바라보는 자는 내부에서 바라보는 자처럼 느끼지 못한다.

게다가 미래의 방문객은 또 하나 흥미로운 점을 놓치지 않을 것이다. 아방가르드 미술 전시회를 관람하고 〈이해할 수 없는〉 조각품을 구매하거나 해프닝에 참여하는 사람들도 옷은 유행에 맞게 입는다. 그들은 브랜드 의상이나 청바지를 입고 대중매체가 제안하는 미의 모델에 맞게 화장을 한다. 그렇게 상업적 소비 세계가 띄워 주는 미의 이상을 그대로 따르는데, 사실 그 세계야말로 아방가르드 예술이 50년 넘게 맞서 싸워 왔던 상대다.

움베르토 보치오니, 「웃음 I」, 1911, 뉴욕, 현대 미술관

이 단계에서 미래의 방문객은 대중매체가 제안한 미의 모델이 무엇인가를 생각해 보아야 할 것이다. 그러면 대중매체가 그레타 가르보나 리타 헤이워드 같은 팜파탈 모델과 도리스 데이로 대표되는 〈옆집 아가씨〉 모델을 동시에 제시한다는 것을 알아차릴 것이다. 체격이 좋고 남성적인 매력의 존 웨인도 모델로 제시하지만 온화하고 왠지 여자 같기도 한 프레드 아스테어, 더스틴 호프먼 같은 모델도 제시한다. 미래의 방문객은 대중매체가 완전히 민주적이라고 생각할 것이다. 아니타 에크베르크처럼 풍만한 매력이 없다면 트위기처럼 깡마른 멋을 내세우면 된다.

미래의 방문객은 이 모델들, 그 외 가능한 모든 모델들 중에서 무엇이 우리 시대의 전형적인 미적 이상인지 알아볼 수 있을까?

그는 이 관용의 대향연, 전적인 융합, 걷잡을 수 없는 미의 다신론 앞에서 체념할 수밖에 없으리라.

그렇긴 해도 나는 이런 유의 상대주의적 표류에 종지부를 찍고 싶다. 이러한 표류는 미의 개념들이 아주 다양하고 때로는 그 개념들을 비교하는 것은 불가능하다는 생각을 낳는다. 어떤 식으로든, 아주 희미하게라도, 미에 대한 다양한 경험을 아우르는 공통점이 정말 전혀 없단 말인가? 다시 말해, 시대를 막론하고 아름답다고 간주되는 것은 정녕 없는가?

미를 다루는 다양한 글들을 선집으로 엮는다면 적어도 한 가지 공통 요소는 보일 거라 생각한다. 〈아름다운〉, 그리고 〈매혹적인〉, 〈숭고한〉, 〈경이로운〉은 언제나 뭔가 우리 마음에 드는 것에 붙이는 형용사다(성 토마스는 〈보아서 기분 좋은 것을 아름답다

앤디 워홀, 「재키」, 1963, 슈투트가르트, 프룈리히 컬렉션

고 한다pulchra dicuntur quae visa placenti⟩라고 했다). 우리는 그런 것을 가지고 싶어 할 수도 있지만 소유하지 못한다고 해서 불쾌해지지는 않는다. 일반적으로 어떤 것이 아름답다, 경이롭다고 하면 좋다는 뜻으로 통한다. 그래서 ⟨아름다운⟩(아주 좋았던) 성적 경험이라든가 ⟨아름다운⟩(아주 좋았던) 숲속 산책이라는 표현이 나온다. 그렇지만 좋은 것과 아름다운 것의 구별은 수 세기에 걸쳐 추적 가능하다. 내가 좋다고 여기는 것(음식, 근사한 집, 동류 집단의 인정과 찬탄)이 내 것이 아닐 때는 빈곤감이 생긴다. 반면에 아름다운 것에서 느끼는 기쁨은 소유와 완전히 별개인 것처럼 보인다. 시스티나 성당은 내 소유가 아니지만 아름답게 보인다. 영양 관리사는 내게 케이크를 먹으면 안 된다고 하겠지만 제과점 진열창 안에 있는 슈크림을 쌓아 올린 케이크는 내가 보기에도 참 아름답다.

미의 경험은 늘 이해관계를 초월하는 요소가 있다. 나는 어떤 사람과 결코 관계를 맺을 수 없으리라는 것을 알면서도 그 사람을 아름답다고 볼 수 있다. 그러나 내가 누군가를 욕망하는데 (그가 추하게 생겼더라도) 그와 결코 맺어질 수 없다면 괴로울 것이다.

당연히, 이것은 서양 전통에 유효한 얘기다. 우리는 알타미라 동굴의 들소 벽화가 아름답다고 생각하지만 무슨 이유 — 마법이나 속죄 의식이었을까 — 로 그 그림이 동굴 벽에 새겨졌는지, 당시 사람들은 그걸 보고 감탄했는지, 아니면 일부러 어두운 동굴에 내버려 두었는지, 그걸 그린 사람들이 자기 작품을 자랑스럽게 여겼는지는 알지 못한다. 원시 사회의 예술품들은 대개 다 사정이 마찬가지다. 작품을 텍스트와 비교할 수 있을 만큼 자료가 충분하지 않다. 글은 대개 남아 있지 않거나 해독 불가능하다. 유럽의 아방가르드 화가와 조각가를 사로잡았던 의식용 가면도, 중세 세밀화 속의 괴물들이 그렇듯, 겁을 주려고 만든 건지 보기에 즐거워서 만든 건지 알 수가 없다. 우리는 단지 성 베르나르가 그런 괴물들을 겁내기는커녕 매혹적이라고 생각했고, 바로 그런 이유로 괴물들을 비난했다는 것만 안다. 나머지에 대해서는, 굳이 역사와 문자 없는 사회들까지 살펴보지 않더라도, 오늘날의 전문가들도 인도어 rasa를 〈취향〉으로 번역하면 되는지 아니면 우리가 아예 모르는 뜻이 있는지 의견이 엇갈리는 실정이다.

말리 바마코 민족지 박물관에서 서구형 외모의 여성 모델들이 매우 아름다운 전통 의상을 입은 모습을 본 적이 있다. 그중 어떤 여성은 굉장히 날씬하고 민첩해 보였던 반면, 또 어떤 여성은 아주 뚱뚱했다. 프랑스에서 공부하고 말리에서 대학 교수로 재직 중인 사람이 가이드 노릇을 해주었는데 우리에게 대뜸 윙크를 하면서 날씬한 모델은 유럽 관광객을 위해서 데려다 놓았다고 했다. 그쪽 사람들에게는 (적어도 서구의 유혹에 물들지 않은 어르신 세대에게는) 뚱뚱한 쪽이 미인으로 통했다. 우리의 가이드는 두 가지 미적 이상을 비판적으로 의식하고 있었으나 나는 파리에서 유학하고 유럽의 영화와 텔레비전을 더 많이 접했던 그 사람이 여전히 뚱뚱한 여성을 더 예쁘다고 생각하면서 성적으로는 마른 여성에게 더 끌리는지, 혹은 그 반대인지 궁금했다.

그렇지만 그 사람 역시 자기가 갖고 싶은 대상과 소유와는 별

첼리스트이자 행위예술가인 샬럿 무어먼이 비닐만 몸에 두른 채 첼로의
엔드핀을 모르는 사람의 입에 넣고 연주한 행위예술, 백남준, 뉴욕, 1966년 1월 18일

개로 아름답다고 생각하는 대상을 구분할 수 있었을 것이다.

나는 맹위를 떨치는 공포나 자연의 장엄한 사건들을 숭고의 경험으로 떠받들었던 바로 그 시대에 미적 초연함이 가장 강조되었음을 지적하면서 이 글을 마무리하고 싶다. 공포조차도 우리에게 너무 가까이 오지만 않으면 기분 좋은 것일 수 있다. 숭고미에 대해서도 이렇게 말할 수 있을 것이다. 〈보아서 기분 좋은 것을 아름답다고 한다.〉 겪지 않고 보기만 할 때는 아름답다. 숭고의 경험을 가장 높이 산 화가는 아마도 카스파르 다피트 프리드리히일 것이다. 그는 숭고미를 표현할 때 거의 항상 자연을 바라보면서 숭고미를 만끽하는 인물을 화폭에 배치했다.

인물은 뒷모습만 보인다. 일종의 무대 연출에 따라서 숭고가 무대를 차지하고 인물은 무대 전면에 놓인다. 그는 장면 안에 있으면서도 — 관객의 입장에 있는 우리가 보기에는 — 장면 밖 사람들의 입장을 대변한다. 우리는 그를 통해 보고, 그의 자리에서 보며, 그가 보는 것을 보기 때문에 장면과 거리를 두게 된다. 이로써 우리 자신도 그 인물처럼 대자연 앞에서는 미미한 존재임을 느끼는 동시에 우리를 위협하거나 파괴할 수 있는 자연의 힘으로부터 벗어난다.

그렇다, 나는 유구한 세월 속에서도 아름다움은 늘 이런 식으로 체험되었다고 생각한다. 뒤돌아서서, 우리에게 속하지 않고 어떻게든 소유하려고 하지도 않는 것을 마주하면서. 바로 이 거리에 미의 경험과 다른 종류의 정념(情念)을 구분하는 희미한 선이 있다.

라 밀라네시아나, 2005

추

예술에서의 추와
삶에서의 추

세기마다 철학자와 예술가들은 미에 대한 글을 써왔으나 추의
관념에 대해서는 ─ 카를 로젠크란츠의 『추의 미학』(1853)을 비
롯한 몇몇 텍스트를 제외하면 ─ 중요한 글을 그리 많이 남기지
않았다. 그렇지만 추는 언제나 미와의 관계 안에서 ─ 〈미녀와 야
수〉의 온갖 형태로 ─ 고찰되어 왔다. 말하자면, 일단 미의 기준
이 정립된 다음에는 늘 자동으로 추에 상응하는 기준이 정해졌던
것 같다. 〈오직 미만이 대칭을 부여하고 추는 반대로 대칭을 흐트
러뜨린다.〉(이암블리코스, 『피타고라스의 삶』) 미는 이미 세 가지
특질 ─ 통합성 혹은 완전성을 필두로 하는 ─ 을 지닌 반면, 불완
전한 것들은 그 자체가 추하다turpia sunt(토마스 아퀴나스). 오베르
뉴의 기욤은 이렇게 설명한다. 〈눈이 셋 달렸거나 하나뿐인 사람
을 우리는 추하다고 말할 것이다.〉
　요컨대 미와 마찬가지로 추도 상대적인 개념이다.
　마르크스는 『경제학-철학 수고』(1844)에서 미를 돈과 관련지

어 아주 잘 정의해 주었다. 하지만 이 견해는 권력과 관련지어 이해할 수도 있을 것이다.

마르크스는 이렇게 말한다.

나는 못생겼지만 가장 아름다운 여성을 살 수 있다. 따라서 나는 못생기지 않았다. 추의 효과, 추의 불쾌한 위력을 돈이 상쇄하기 때문이다. 개인으로서 나는 절름발이일지라도 돈이 나에게 스물네 개의 다리를 준다. 따라서 나는 절름발이가 아니다. 나는 고약하고 정직하지 않고 양심 불량에 재능도 없으나 사람들이 돈을 숭상하기 때문에 돈을 소유한 (……) 나는 재능이 없다지만 돈이 만물의 실질적 재능인데 돈 가진 자가 어찌 재능이 없겠는가? 더욱이 그는 재능 있는 자들을 돈으로 살 수 있다[그렇지는 않다. 수많은 부자가 어리석은 자들만을 샀다. 하지만 이건 또 다른 얘기다]. 재능 있는 자들에게 권력을 휘두르는 자는 재능 있는 자보다 더 큰 재능이 있는 게 아닌가?

수 세기 동안 미와 마찬가지로 추도 상대적임을 말하는 텍스트가 여럿 나왔다. 13세기에 비트리의 제임스는 이렇게 썼다. 〈눈이 하나뿐인 키클롭스가 눈이 두 개인 우리 인간을 보면 우리가 그들을 보고 놀라는 것과 마찬가지로 놀랄 것이다. (……) 우리는 피부가 검은 에티오피아인을 보고 놀라지만 (……) 그들 사이에서는 피부가 가장 검은 사람이 가장 아름다운 사람으로 통한다.〉 몇 세기 후에 볼테르도 맞장구를 쳤다. 〈두꺼비에게 미가 무엇인지

78

물어보라. (······) 그러면 작은 머리통에서 튀어나온 왕방울 같은 두 눈, 넓적하고 평평한 낯짝, 노란 배, 갈색 등의 암컷 두꺼비가 아름답다고 할 것이다. (······) 악마에게 물어보라. 그러면 뿔 한 쌍, 발톱 네 개, 꼬리 하나가 아름답다고 할 것이다.〉 찰스 다윈은 경멸, 멸시, 혐오를 표현하는 다양한 몸짓이 세계 어느 곳에서나 동일한 듯하다고 했다. 〈극도의 혐오는 토하기 일보 직전과 비슷한 입의 움직임으로 표현된다.〉 하지만 그는 이 말도 덧붙인다. 티에라델푸에고에서 〈한 원주민은 내가 야영지에서 먹고 있던 통조림 냉육 조각을 손가락으로 건드려 보고는 그 물렁한 감촉에 진저리를 치며 극심한 혐오를 드러냈다. 나는 나대로 벌거벗은 야만인이, 비록 그의 손이 더러워 보이지는 않았지만, 내 먹을거리를 만지자 심한 반감이 들었다.〉

추의 다양성

미를 대하는 보편적인 표현도 있을까? 아니, 없다. 미는 초연함이자 정념의 부재다. 반면 추는 정념이다. 이 점을 이해해 보자. 바로 이 때문에 어떤 이들은 추에 대한 미적 판단이 불가능하다고 보았다. 달리 말하자면, 미적 판단에는 초연함이 있다. 나는 내가 소유하지 못하는 것이어도 아름답다고 생각한다. 나의 정념은 배제되었다. 반면 추는 반드시 어떤 정념을, 정확하게는 혐오나 반감을 동반하는 듯 보인다. 고로, 초연할 수가 없는데 추에 대한 미

아돌프 히틀러, 「꽃이 있는 정물」, 1909, 개인 소장

적 판단을 어떻게 내린단 말인가?

그 이유는 아마도 예술에서의 추와 삶에서의 추가 따로 있기 때문일 것이다. 가령 다음의 꽃병 그림을 보고 미의 이상에 부응하지 못하는 추에 대한 판단을 내릴 수 있다. 이 그림은 아돌프 히틀러가 젊을 때 그린 것이다. 추하다고 간주되는 것에는 어떤 정념 어린 반응이 있다. 불쾌하다, 반감이 든다, 무섭다, 혐오스럽다, 그로테스크하다, 고약하다, 따분하다, 역하다, 끔찍하다, 비천하다, 괴물 같다, 무시무시하다, 잔혹하다, 역정 난다, 흉악하다, 기괴하다, 겁난다, 악몽 같다, 싫다, 추잡하다, 기형적이다, 변형적이다, 망가졌다, 원숭이 같다, 짐승 같다……(사전에는 미에 대해서보다 추에 대해서 같은 뜻으로 쓸 수 있는 단어가 더 많다).

플라톤은 추에 대한 묘사를 삼가기를 권했으나 아리스토텔레스 이후로 모든 시대는 삶의 추마저도 아름답게 표상될 수 있고 미를 돋보이게 하거나 어떤 도덕적 주장을 떠받칠 수 있다고 받아들였다. 그래서 성 보나벤투라의 말마따나 〈악마의 추악함을 잘 표현하면 그 악마의 형상도 아름답다〉.

그리하여 예술은 사악한 것의 추함을 나타내는 데 최선을 다했다. 그러나 추를 더 잘 표현하려는 경쟁을 보건대, 드러내지는 않을지라도 지옥의 다양한 비전에서만이 아니라 추에서 실제로 느끼는 쾌가 있다고 짐작할 만하다. 어떤 지옥은 신자들에게 공포감을 주기 위해 구상되었을 뿐이라고 말하지 말라. 해골의 아름다움을 그려 낸 다양한 「죽음의 승리」 속에서, 그리고 멜 깁슨의 영화 「패션 오브 크라이스트」에서도 그렇지만, 끔찍함이 쾌를 불러일으킨다. 다른 한편으로, 프리드리히 실러도 이렇게 쓰지 않았던가 (『비극 예술에 대하여』, 1792).

슬프고 두렵고 끔찍한 것조차 거부할 수 없는 유혹으로 다가온다는 것이 만인에게 공통된 현상이다. 우리는 비참하고 무서운 장면을 보면서 마치 대등한 두 힘의 영향을 받듯이 혐오를 느끼는 동시에 매혹된다. (……) 아무리 소설적 상황이라고 해도, 유령 이야기라면 우리는 좋아서 사족을 못 쓴다. 그 이야기가 머리를 쭈뼛 서게 할수록 더 좋아한다. (……) 처형장으로 향하는 죄수를 따라가는 군중은 얼마나 많은가!

형벌을 묘사한 수많은 글 중에서 — 〈죄인은 처형당했다〉라는 말로 족하므로, 형벌을 자세히 묘사하는 취미가 있지 않은 한 그런 묘사는 필요하지 않았다 — 니케타스 코니아테스의 『연대기』 중 13세기 초 비잔틴에서 안드로니코스 황제가 폐위당한 후 고문받는 장면을 보자.

이렇게 이사키오스 황제 앞에 끌려온 그는 따귀를 맞고, 발길질을 당하고, 수염과 이를 뽑히고, 머리카락을 쥐어뜯긴 채 군중의 웃음거리가 되었다. (……) 이어서 그의 오른손을 도끼로 자르고 감방에 처넣은 후 먹을 것도, 마실 것도 주지 않았다. (……) 며칠 후에 한쪽 눈마저 뽑고 옴에 걸린 낙타에 태워 아고라에서 수치의 개선 행진을 시켰다. (……) 어떤 자들은 몽둥이로 그의 머리를 내리쳤고 또 어떤 자들은 그의 콧구멍에 소똥을 집어넣었으며 개중에는 해면을 사람과 소의 배설물에 적셔서 그의 얼굴에 대고 흐르게 했다. (……) 사람들이 그의 옆구리를 꼬챙이로 찔렀다. (……) 어리석은 군중은 그를 거꾸로 매단 후에도 만신창이가 된 안드로니코스에게서 떨어지지 않고 그의 살을 잡아 뜯고 튜닉을 찢어발긴 후 생식기도 잡아 뜯었다. 어떤 악당은 기다란 칼을 그의 목구멍에 집어넣어 내장까지 들쑤셨다. 사람들은 (……) 그의 주위에 몰려들어 항문에 긴 검을 두 손으로 박아 넣은 뒤 어느 칼이 가장 잘 드는가를 시험했고 절단이 잘 이루어지면 저마다 자기 솜씨를 자랑했다.

몇 세기 후 매카시즘의 예찬자이자 하드보일드 소설의 대가인 미키 스필레인이 1950년대에 발표한 소설 『원 론리 나이트』에서는 공산주의자 간첩들을 죽인 수법에 대한 설명이 나온다.

경기관총도 자기 언어로 답을 토해 냈다. 오실로프의 머리가 날아가면서 축축한 덩어리들이 사방에 흩어지는 것을 보았다. 지하철의 키 작은 사내가 총알을 튕겨 내려는 듯 나를 향해 두 손을 뻗었다가 이내 시퍼런 구멍투성이가 되어 쓰러졌다. 〈가죽 모자〉만이 자기 총을 꺼내 반격을 하려 했다. 나는 처음으로 수고스럽게 조준을 해야 했고 전기 드릴이라도 쓴 것처럼 어깨선을 따라 그의 팔을 날려 버렸다! 자기 팔이 발밑에서 뒹구는 모습을 바라볼 시간을 그에게 충분히 주었다. 그는 다름 아닌 자기에게 그런 일이 일어났다는 것을 믿지 못하는 눈치였다.

하지만 다시 과거로 돌아가자. 그리스인들은 미를 선과 동일시했기에 신체적 추도 도덕적 추와 동일시했다. 이 때문에 『일리아스』에서 〈일리오스에 온 사람들 가운데 가장 못생긴 자. 안짱다리에 한쪽 발을 절었고 어깨까지 굽어서 가슴 쪽으로 오그라져 있었던〉 테르시테스는 나쁜 사람이고, 크고 역겨운 새를 닮은 세이렌도 사악한 존재다. 유럽의 퇴폐주의가 빼어나게 아름다운 여인의 모습으로 묘사한 세이렌과는 영 딴판이다. 『신곡』에서 자살자의 숲에 사는 하르피아도 흉측한 미노타우로스, 흉측한 메두사, 흉측한 고르곤, 흉측한 외눈박이 폴리페모스가 그랬듯 악한 존재다.

안드레아 다 피렌체(1346?~1379), 「연옥에 내려간 그리스도」,
악마의 세부 묘사, 피렌체, 산타마리아노벨라

카탈루냐 화파, 「죽음의 승리」, 1446년경, 팔레르모, 팔라조 아바텔리스

고르곤을 표현한 테라코타 판, 기원전 6세기,
시라쿠사 고고학 박물관

　그렇지만 그리스 문화는 플라톤 시대부터 이 문제를 상대해야
했다. 소크라테스는 위대한 영혼을 지녔는데 왜 못생겼는가? 이
솝이 또 왜 그렇게 추남이었단 말인가? 헬레니즘 시대에 나온『이
솝의 생애』를 보면 이 인물은 〈노예였고 (……) 보기에 심히 불쾌
하고, 흉측하고, 배가 나왔고, 머리는 툭 튀어나왔고, 들창코에, 허
리가 굽었고, 피부가 검고, 땅딸막하고, 평발이고, 팔이 짧고, 다리
길이가 안 맞고, 털이 많은 것이 그야말로 자연의 실패작〉이었다
고 하지 않는가? 게다가 이솝은 말까지 더듬었다. 글을 알았던 게
천만다행이다.
　그리스도교에서는 일견 모든 것이 아름답다. 게다가 우주론,
즉 우주의 아름다움을 바탕으로 펼쳐진 신학은 괴물이나 추한 것

도 마치 그림에서 빛을 돋보이게 하는 명암처럼 우주의 질서에 이바지한다고 보았다. 이러한 주장을 펼친 글은 무수히 많은데, 아우구스티누스도 여기에 속한다. 하지만 그리스도교로 인해 예술에 추가 들어왔음을 우리에게 알려 준 사람은 헤겔이다. 〈그리스도는 회초리를 맞고 가시관을 쓰고 십자가에 못 박혀 서서히 고통스럽게, 순교자의 모습으로 죽었는데 이런 것은 그리스적인 미의 형식으로는 표현될 수 없었기〉 때문이다. 그리스도는 고통받았기에 추하게 보였다. 헤겔은 또 이렇게 말한다. 〈신과 대적하면서 그리스도를 단죄하고, 조롱하고, 괴롭히고, 십자가에 매단 적들은 악의가 가득한 자들로 묘사될 것이요, 그러한 악의가 외적으로는 추함, 상스러움, 야만, 일그러진 얼굴, 증오와 분노로 표현될 것이다.〉 그래서 언제나 극단적인 프리드리히 니체는 이렇게 말하기까지 했다. 〈세상을 추하고 악하게 보는 그리스도교의 결단이 세상을 추하고 악하게 만들었다.〉

특히 이 추의 세계에서 신체적 고행은 특별한 의미를 지녔다. 그러한 고행이 중세에만 있었다는 착각을 하지 않도록 17세기에 쓰인 글을 소개한다. 세녜리 신부가 로욜라의 성 이그나티우스의 고행과 자해를 이야기하는 이 글을 나는 루카스 크라나흐의 「그리스도의 수난, 채찍질」과 함께 제시한다.

거친 넝마를 입고 그 위에 미늘 달린 사슬을 걸치셨다. 찌르는 쐐기풀, 가시 돋친 풀, 또는 뾰족한 쇠로 옆구리 맨살에 대셨다. 일요일을 제외하면 물과 빵 외의 것을 입에 대지 않았고 일

루카스 크라나흐, 「그리스도의 수난, 채찍질」, 16세기 초,
목판, 스트라스부르, 판화와 데생 보관소

요일에는 재나 흙에 담가 놓은 쓴 약초를 기꺼이 드셨다. 사흘, 엿새, 때로는 여드레를 금식하시기도 했다. 매일 낮과 밤에는 적어도 다섯 번 스스로 채찍질을 하셨는데 그것도 늘 사슬로 피가 날 때까지 하셨으며 벌거벗은 가슴을 부싯돌로 세게 치시는 습관이 있었다. (……) 하루 일곱 시간은 무릎을 꿇고 묵상에 깊이 잠기시곤 했고, 결코 울음을 멈추시거나 스스로에게 고통을 가하기를 그치시지 않았다. 이런 것이 그분이 만레사 동굴에서 변함없이 생활하시는 모습이었다. 심지어 오랜 질병으로 고통스러워하는 와중에도, 몸이 뻣뻣해지고 기운이 빠지고 떨리고 경련하고 기절하고 고열에 시달리는 동안에도, 결코 고행을 누그러뜨리는 법이 없었다.

적에 대한 관상학

중세에는 괴물들이 자연스럽게 만연했다. 미에 관한 글에서 이미 언급했듯이, 중세의 괴물들을 추한 존재로 보게 되는 것은 우리의 감수성 때문이다. 괴물은 이상하다. 발이 하나만 있거나 가슴팍에 입이 달렸거나 하는 식으로 정상적 규칙에서 벗어나 있다. 그것들은 〈희한한 것〉이지만 초자연적인 의미를 전하기 위해 신께 지음 받았다. 모든 괴물은 고유한 영적 의미를 지닌다. 이런 면에서 중세는 괴물들을 추하게 볼 수 없었고, 결과적으로 흥미롭고 공상적인 것으로 여겼다. 요즘 아이들이 공룡을 대하듯, 공룡 이름을 줄줄 외우고 티라노사우루스와 스테고사우루스를 구분하듯, 바로 그런 식으로 중세는 괴물을 대했다. 괴물은 중세인들의 길동무였다. 따라서 용도 충실한 상징이었기에 애정 어린 호기심의 대상이었다. 용은 노아의 방주에서도 한자리를 차지했다. 물론 특별 구역에 넣기는 했지만 그래도 보통의 동물들처럼 노아가 직접 홍수에서 구해 줬다는 얘기다.

반면 진짜 기형에 대한 학문적 관심이 16세기에서 17세기 사이에 발달하면서 기이한 출생, 기형아 출산, 자연의 못된 장난에 대한 흥미가 나타났다. 해골이나 증거 자료를 모으는 사람들이 있었고, 더러는 시신을 알코올 용액에 보존하기도 했다.

이런 분위기 속에서 사람의 낯과 동물의 낯의 닮음을 따지는 관상학이 자리 잡았다. 사자-인간 같은 몇몇 예를 제외하면 결과적으로 거의 항상 추를 읽어 냈던 이 관상학은 동물과의 닮음을 통해 개인의 성격을 파악하려 했다. 수 세기 만에 관상학은 체사레 롬브로소(1835~1909)로 이어졌는데, 여기에 그의 『범죄인론』(1876, 제16장)의 일부를 발췌해 싣는다.

선병질(腺病質), 발달 지체, 발육 부진이 범죄 성향의 촉발 혹은 변이에 얼마나 영향을 미치는지 누가 알까? 절도범이나 강간범이 대다수를 차지하는 범죄자 832명 중 열한 명은 꼽추였다. 비르질리오는 자기가 형을 집행한 사형수 266명 중에서 발육부진이 세 명, 뼈의 성장이 멈춘 경우가 한 명, 말더듬이가 여섯명, 언청이가 한 명, 사팔뜨기 다섯 명, 선병질 마흔다섯 명, 골양

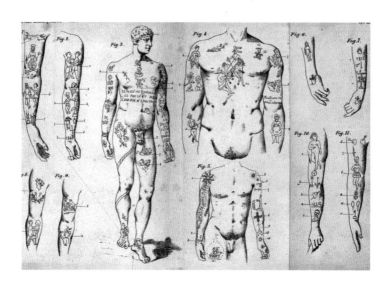

범죄자의 문신 유형, 체사레 롬브로소의 『범죄인론』에 수록된 도판, 개인 소장

(骨瘍)을 앓는 자가 스물네 명이라고 했다. 그의 말로는 사형수 266명 중 143명은 신체적 퇴행의 특징을 지니고 있었다. 범죄자 출신 수사관 비도크도 자기 손을 거쳐 간 거물 살인범들은 모두 다리가 휘었다고 했다. (……) 모든 범죄자, 특히 절도범과 살인범은 생식기가 일찍부터 발달하고 그중에서도 여성 절도범들은 성적으로 조숙하여 6~8세부터 매춘을 하는 경우도 있었다.

롬브로소 이전에도 적(敵)의 관상학이 오래전부터 발달해 있었다. 상대는 비밀의 적, 정적(政敵), 혹은 종교적인 적일 수도 있었다. 일례로 개신교 장식 그림에서 교황은 적그리스도로 표현되었다. 다양한 그리스도교 초기 문서 — 내가 간략한 모음집을 만들기도 했는데 — 에는 적그리스도론도 있었다. 〈그의 머리는 타오르는 불꽃같고 오른쪽 눈엔 핏발이 섰는데 왼쪽 눈은 고양이 눈 같은 초록색에 눈동자가 두 개다. 눈꺼풀은 희고 아랫입술이 두툼하고 오른쪽 넓적다리는 약하고 두 발이 크고 엄지가 짓눌려 있으면서도 길쭉하다.〉(『우리 주 예수 그리스도의 시리아 성서』, 14~15세기) 12세기에 힐데가르트 폰 빙엔도 〈패덕의 아들은 두 눈에 불이 있고 귀는 당나귀 귀 같고 사자의 코와 입을 지녔다. (……) 웃을 때마다 입이 크게 일그러지고 무시무시한 쇠이빨이 드러난다〉라고 썼다. 인종적 적, 가령 시칠리아 전통 인형극에 등장하는 사라센인은 추하게 표현되었다. 가난한 사람도 추하게 묘사되었다. 조각들은 정말로 만족스러운 예를 주지 못했다. 나는 에드몬도 데 아미치스의 『쿠오레』(1886)에서 프란티에 대한 묘사를 다시 읽어 보라고 제안할 수밖에 없다. 〈그 녀석이 싫다. 나쁜 놈이다. (……) 그 애의 좁은 이마와 탁한 눈은 왠지 기분 나쁘다. 그래서 걔도 거의 항상 방수포 모자챙으로 이마와 눈을 가리고 다닌다. (……) 그 아이의 책가방, 공책, 책은 전부 구겨지고 너덜너덜하고 지저분하다. 그 아이의 자는 완전히 휘었다. 걔는 펜대를 씹는 버릇이 있고 손톱도 물어뜯는다. 옷은 땟국물에 절었고 싸움박질에 찢겨 나간 데가 한두 군데가 아니다.〉

마지막으로, 인종적 적을 살펴보자. 제2차 세계 대전 때 파시스트 선전 운동에서 미국 흑인을 어떻게 그렸는지 생각해 보라. 1798년에 나온 『브리태니커 백과사전』은 〈흑인〉을 이렇게 설명한다.

지노 보카실레, 「군인과 밀로의 비너스」, 반미 선전 포스터, 1944

　뺨이 둥글고, 광대뼈가 높으며, 이마가 약간 넓고, 코는 짧고 낮고 펑퍼짐하며, 입술이 두툼하고, 귀가 작고, 생김새가 추하고 불규칙한 것이 특징이다. (……) 가장 잘 알려진 악덕들이 이 불행한 인종의 운명인 듯 보인다. 게으름, 배신, 복수심, 잔인함, 뻔뻔함, 도둑질, 거짓말, 외설, 방탕, 비열, 무절제가 자연법의 원칙들을 소멸시키고 양심의 질책을 침묵시켰다.

물론 좀 더 문명화된 시대에는 유대인이 그 적이었다.

염탐하는 그 눈은 언제나 거짓되기 때문에 흐리멍덩하다. 비틀린 웃음, 이빨을 드러낸 입, 하이에나가 따로 없다. 그러다 갑자기 눈빛이 무거워지고 멍해진다. 흑인의 피가 흐른다. 코와 입 사이 인중이 늘 불안해 보인다. 굴곡지고 선이 뚜렷하며 도드라지고 깊이 파인 인중은 바로 당신을 향한 증오와 혐오의 고랑이다! 없애야 할 저주받은 족속의 비천한 동물. 그들의 코, 그들의 사기꾼, 배신자, 매국노다운 〈주둥아리〉, 유대인 특유의 코. 모든 비열한 조합, 모든 배신 속에서 그들의 입, 썩은 바나나 같고 초승달 같은 그 가증스러운 아가리, 그 더러운 인상은 미인 대회 입상자들의 얼굴에서조차 어찌나 천박하고 역겨운지 흡혈귀의 흡관을 보는 것 같다. (……) 저주받은 자에게 화 있을진저! 그러니 죽어라, 있어서는 안 될 짐승아!

누가 이런 글을 썼을까? 히틀러? 아니, 이 글은 루이페르디낭 셀린의 『학살해 마땅한 것들』(1938)의 한 대목이다. 그리고 유대인은 배우나 음악가가 될 수 없다고 하는 이 사람을 보라.

등장인물이 고대인이든 현대인이든, 영웅이든 연인이든, 유대인이 연기를 하면 우리의 의지와 상관없이 볼썽사납게 느껴지기만 하니 그런 생각 자체가 우스울 지경이다. (……) 특히 유대인 악센트의 순전히 물리적인 표현이 반감을 자극한다. (……) 우리의 귀는 유대인 언어의 새되고 거슬리는 소리, 치찰음을 못 내고 질질 끌기만 하는 소리를 불쾌해 한다. (……) 현

(위) 『인종 방어』 창간호 표지, 텔레시오 인테르란디, 1938년 8월 5일자
(아래) 반유대주의 선전 영화 「영원한 유대인」(프리츠 히플러 감독, 1940) 포스터.
네덜란드의 독일 점령 지역에도 상영되었다.

대 유대인들의 음악 작품이 우리에게 미치는 인상을 설명하려면 이 사실을 인정하고 중요하게 고려해야 한다. (……) 개인의 감수성을 가장 생생하고 확실하게 표현하는 수단이 노래라고 한다면, 유대인은 타고난 성품이 무미건조하므로 그 삭막한 성격이 노래에서 가장 잘 드러나는 것도 당연하다. 비단 가창을 기본으로 하는 음악에서만이 아니라 예술의 모든 영역에서, 우리는 마땅한 순리를 따라 유대인의 예술적 역량을 부정해야 할 것이다.

이 사람은 또 누군가? 셀린? 아니다, 이 글은 리하르트 바그너의 『음악에서의 헤브라이즘』(1850)이다.
다른 한편으로 추는 뿌리 깊게 새겨진 것, 혈통적인 것이다.
이 글을 보라.

우리의 인종주의는 살과 근육의 인종주의라야 한다. (……) 그러지 않으면 결국은 혼혈과 유대인이 득을 볼 것이다. 유대인들은 너무 자주 이름을 바꿨기 때문에 우리와 잘 구분되지 않고, 그래서 훨씬 쉽게, 수고와 비용이 드는 훈련도 할 필요 없이, 성향이 바뀐 척할 수 있다. (……) 혼혈과 유대교를 종식시킬 증명서는 하나밖에 없다. 바로 혈통 증명서다.

이 사람은 누군가? 바그너? 아니, 조르조 알미란테가 이념적 유사인종주의pseudorazzismo 추종자들에게 맞서서 한 말이다.

당신의 흉측함을 사랑해요

그렇지만 역사의 어느 한 시점에서 — 시대를 막론하고 농민 서사 문학에는 늘 있었던 희극과 외설의 추를 제외하면 — 마니에리스모*를 기점으로 사람들은 흥미로운 요소에 천착했고 추에 대한 애정과 이해를 드러내는 글들을 보게 되었다. 윌리엄 셰익스피어의 『템페스트』에서 캘리번을 생각해 보라. 조아킴 뒤벨레가 아름답다고 한 은발, 후안 마로의 추하게 늘어진 젖가슴 찬양, 미셸 에켐 드 몽테뉴의 절름발이 여자 옹호론, 레오나르도 다빈치의 캐리커처에서 볼 수 있는 노년 탐구는 부오나로티 미켈란젤로가 자신의 늙어 버린 모습을 묘사하면서 했던 말을 생각나게 한다. 〈보랏빛이 도는 (……) 처맞고 늘어진 눈, [얼굴이라는] 악기의 키 같은 치아들이 두려움을 자아낸다.〉

연민 어린 이해 외에도, 아름다운 육신의 부패한 시신에 대한 매혹이 있었다. 이 매혹은 지옥과 영벌을 상세히 묘사했던 중세의 교육적 의도와는 무관하다. 부패한 것은 부패한 것일 뿐, 도덕적 교훈 따위는 없다. 독일 바로크 시대에 안드레아스 그리피우스는 「필로세트의 출토된 유골에 대하여」에서 이렇게 외친다.

오, 끔찍한 모습! 머리칼의 금빛은 어디로 사라졌나?

* manierismo. 〈방식, 수법〉을 뜻하는 이탈리아어 마니에라maniera에서 나온 말로, 여기에서는 르네상스에서 바로크로 넘어가는 과도기에 이탈리아를 중심으로 성행한 특정 미술 양식을 가리킨다.

흰 눈 같던 이마는? 뺨의 윤기는 어디 갔나?
피와 라일락으로 장식된 뺨이었는데?
붉은 장미 같던 입술! 그 많던 치아는?
별들은 어디로 가버렸나? 사랑이 아른거리던
한 쌍의 눈은? 시커먼 뱀들이
얼굴을 휘감았고, 상아도 견줄 수 없었던 코는
이미 남아 있지도 않구나.
어느 담대한 이가 보면서 떨지 않으랴?
두 눈은 구멍만 남았고 귀도 없는데.
이 이마가 무섭지 않을 이 누구인가?
그러나 누가 마음속으로 이제 곧
자신도 이처럼 스러질 것임을 생각할꼬. 죽음은
이미 그의 이목구비도 단단히 벼르고 있음이라.

그리고 17세기에 에드몽 로스탕이 우리에게 소개한 시라노의 추한 용모는 사실 너무 큰 코가 아니라 부엉이 부리 같은 입이 문제였다. 게다가 시라노는 자기 부친의 권리를 침범했으니 아주 너그러운 성품의 소유자도 아니었다. 그는 사실 동성애자였으므로 록산을 사랑한 게 아니었고, 매독을 앓고 있었다. 하지만 시인이 었음은 분명하다. 그러나 전승 속의 시라노는 실제와 달랐다. 그가 친구 르 브레에게 뭐라고 속을 털어놓았는지 보라.

나를 보게, 벗이여, 무슨 희망을

시라노 드베르주라크, 자샤리 엥스의 초상화에 의한 판화, 17세기

툭 튀어나온 이것이 내게 남길 수 있을지 말해 보시게!
오! 나에게 환상은 없네! 제기랄,
그래, 때로는, 푸른 밤에는, 내 마음도 약해지지.
시간이 향기를 입는 어떤 정원에 들어가
이 빌어먹을 큰 코로 냄새를 맡지.
4월. 은빛 월광 아래, 내 눈은 따라가네.
어느 기사의 품에 안긴 어떤 여인을.
달빛에 살금살금 걸어가 나 또한
여인을 안아 왔으면 하는 꿈을 꾸면서.
흥분하고, 망각하고…… 문득 알아차리지.
정원 담장에 비친 내 옆얼굴의 그림자를!

  나중에 질병의 미가 퇴폐적 의미를 갖게 되면서 폐병으로 죽
는 비올레타 발레리에서부터 여러 모습의 죽어가는 오필리아에
대해 쓴 바르베 도르비이의 「레아」 같은 시들이 대거 나왔다. 그
리고 악의로 인해 추해진 자, 추해서 악해진 자가 있다. 메리 셸
리의 『프랑켄슈타인』(1818)에서 괴물은 한탄한다. 「프랑켄슈타
인, 믿어 주시오. 나는 착하게 태어났소. 내 영혼은 사랑과 인간미
로 빛났소. 하지만 나는 혼자, 철저하게 혼자가 아니오? 내 창조자
인 당신마저 나를 미워하는데 당신의 동족에게 무엇을 바라겠소?
(……) 그들은 나를 멸시하고 싫어한다오.」
  예술사에서 진정으로 추를 의식하게 된 때는 숭고에 대한 낭만
주의 이전의 낭만주의적 감성이 싹트면서부터다. 숭고는 끔찍한

것, 폭풍우, 폐허의 위대함이다. 이 낭만주의적 정서를 가장 잘 표현한 글은 아마도 빅토르 위고의 『크롬웰』(1827) 서문일 것이다. 그는 그리스도교 사회가 들어서면서 〈인간은 거대한 불행 앞에서 자기를 돌아보면서 인류에게 연민을 품고 생의 쓰라린 능멸에 대하여 깊이 생각하기 시작한다. 이때까지 고대의 순수한 서사시적 뮤즈는 자연을 한 가지 측면에서만 탐구해 왔고 모방에 종속된 세상에서 어떤 유형의 미에 해당하지 않는 것은 모두 가차 없이 예술에서 내쳤다.〉

추의 표현에 있어서 소설 『웃는 남자』(1869)는 오래전에 각색되어 나왔던 영화보다 여전히 더 많은 것을 시사한다.

자연은 그윈플렌에게 많은 것을 베풀었다. 귀밑까지 찢어지도록 벌어지는 입과, 저절로 접혀 눈까지 닿는 귀, 점잖은 태를 부리는 사람도 안경이 흔들리게 할 만큼 보기 흉한 코, 바라보면 누구라도 웃지 않고는 못 배기는 얼굴을 그에게 베풀었다. (……) 하지만 그 일을 자연이 했을까? 혹시 누가 자연을 돕지는 않았을까? 이웃의 양해를 얻어 겨우 뜬 살창 같은 두 눈, 해부하기 위해 뚫어 놓은 듯한 입, 콧구멍이라고 하는 구멍 둘 갖춘 납작한 혹 하나, 완전히 으스러진 안면, 그리고 그 모든 것이 협력해 얻은 결과는 웃음인데, 자연이 홀로 그러한 걸작을 만들어 내지 않은 것임은 분명하다. (……) 아이들을 솜씨 좋게 다룰 줄 아는 사람들이 그 얼굴을 만들어 놓았음이 분명했다. (……) 절단과 폐색과 동여매기에 능했던 그 비술로 입을 찢고, 입술 테두리를 절개해 잇몸이 드러나게 하고, 귀를 당겨 늘어나게 하고, 연골을 제거하고, 눈썹과 볼을 흩어 놓고, 광대근을 확장시키고, 꿰맨 자국과 기타 상흔을 흐릿하게 하고, 안면을 갈라진 상태로 유지하며, 그 상처 위로 다시 표피를 끌어다 덮었을 것인바, 그윈플렌이란 가면은, 그러한 강력하고 오묘한 조각 기술의 산물이었다.

오늘날의 많은 사람에 대한 묘사 같지 않은가……. 하지만 그윈플렌은 추하기 때문에 퇴폐적이고 타락한 레이디 조시언의 성적 열정을 자극했다. 그녀는 그윈플렌이 사실은 귀족 클랜찰리 경이라는 사실을 알기 직전에 그에게 자기 애인이 되어 달라고 하면서 이렇게 말한다.

「내가 당신을 사랑하는 것은 당신의 얼굴이 흉측하기 때문만은 아니에요. 당신의 신분이 천하기 때문이기도 해요. 모욕당하고, 우롱당하고, 괴이하고, 흉측한 애인. 창피한 애인은 특별한 맛이 있어요. 낙원의 사과가 아니라 지옥의 사과를 깨무는 맛이 나를 유혹해요. 나는 그런 짓에 대한 허기와 갈증을 느끼지요. 나는 그런 이브예요, 심연의 이브. 그윈플렌, 나는 옥좌이고 그대는 이동 극장의 연예대예요. 우리 둘을 수평으로 놓아요. 그대는 추하지 않아요, 그대는 기형이에요. 추는 미의 이면에 있는 마귀의 찡그림이에요. 기형은 숭고의 이면이지요. 당신은 티탄이에요. 당신을 사랑해요!」 그녀는 비명을 지르듯

메리 필빈과 콘라트 파이트, 영화「웃는 남자」(폴 레니 감독, 1928년경)

소리쳤다. 그러고는 깨물듯 그에게 키스를 했다.

18세기부터는 추한 자들과 저주받은 자들이 있었다. 나는 천성이 점잖은 사람인지라 마르키 드 사드의 『소돔의 120일』(1785) 중에서는 퀴르발 씨 — 퀴르발 판사 — 에 대한 묘사 부분을 고를 수밖에 없었다.

독보적인 방탕으로 닳고 닳은 그는 해골과 다름없는 모습이었다. 큰 키에 삐쩍 말랐고, 광택 없는 파란 두 눈과 병적인 납빛 입술, 튀어나온 광대뼈, 긴 코를 하고 있었다. 머리칼은 사티로스 같고 등은 납작했으며 축 처진 엉덩이는 허벅다리 위쪽으로 늘어져 펄럭이는 두 개의 더러운 자루 같았다. 엉덩이 피부가 채찍질 때문에 괴사해서 딱딱해진 탓에 한 움큼 쥐고 주물러도 아무것도 못 느낄 정도였다. (……) 나머지 면들도 비슷하게 혐오스러운 이 판사는 외모만큼 취향도 추접스러웠고 가까이 가면 안 좋은 냄새가 났으므로 누구에게도 좋게 보일 리 없는 인물이 되어 있었다.

나는 제임스 본드의 적수들의 이미지를 보여 줄 수 없다. 영화에서 그들은 아주 근사하게 등장하기 때문이다. 하지만 이언 플레밍의 소설 속 묘사는 훨씬 더 정확하다. 소설은 〈전반적으로 골드핑거는 흡사 여러 사람의 몸에서 떼어 온 신체 부위들을 끼워 맞춘 것 같은 인상을 풍겼다〉라고 했는데 영화에서는 그렇지 않다.

로사 클레브는 〈세상에서 가장 늙어 빠진 창녀〉 같다. 닥터 노는 또 어떻게 묘사되었던가.

박박 깎은 머리에 턱은 삐죽하니 길었다. 그 모습은 마치 물방울, 아니 기름방울을 뒤집어 놓은 것 같았다. 그 이유는 그의 피부가 반투명한 노란색에 가까웠기 때문이다. 눈썹은 그린 것처럼 매끈한 검은색으로 날렵하게 위로 올라가 있었다. 그 밑으로 치켜 올라간 새까만 눈에는 속눈썹이 없었다. 두 개의 작고 검은 구슬 같은 두 눈은 깜박이지도 않고 정면을 응시할 뿐 아무 표정이 없었다. 닥터 노가 그들로부터 몇 걸음 떨어진 곳에서 고개를 까딱했다. 그러고는 더욱더 참을 수 없는 미소를 보였다. 「악수는 못하니 양해해 주시오. 어디까지나 못하는 겁니다. 나는 손이 없습니다.」

미스터 빅에 대한 묘사도 보자.

그의 머리를 보면 어쩔 수 없이 축구공이 생각났다. 일반적인 크기의 두 배인 데다가 완벽한 구에 가까웠다. 피부는 흙 같은 검회색이었다. 일주일쯤 물에 처박혀 있던 얼굴처럼 번들거리고 퉁퉁 부어 있었다. 귀 위쪽의 회갈색 솜털을 제외하면 머리에 털이라곤 전혀 없었다. 눈썹도 없고 속눈썹도 없으며 미간이 너무 넓어서 양쪽 눈을 동시에 똑바로 바라볼 수가 없을 정도였다.

피노키오와 불을 먹는 사나이, 카를로 콜로디의 『피노키오의 모험』,
루이지와 마리아 아우구스타 카발리에리의 삽화, 1924

아이들의 유년기는 적어도 17세기부터, 그 후에는 18~19세기에 처음 등장한 우화 작가들에 의해 악몽으로 들끓었다. 『빨간 두건』의 늑대, 『피노키오』의 불을 먹는 사나이, 신비롭고 두려움을 주는 숲이 등장한다. 이 심란한 것들에 대한 생각이 그때까지는 아동 문학이 주로 다루었던 흡혈귀, 골렘, 유령 등을 성인을 위한 문학에도 등장시켰다.

현대 도시에서의 추함

증기기관과 기계화의 시대가 오면서 문화는 현대 도시의 추함에 주목하기 시작했다. 그 최초이자 가장 유명한 글은 찰스 디킨스에게서 나왔다.

코크타운은 사실의 승리였다. 그곳은 붉은 벽돌로 지어진, 아니 더 정확히 말하자면 연기와 재로 뒤덮이지 않았다면 붉은색이었을 벽돌로 지어진 도시였다. (……) 그곳은 얼룩덜룩 색칠한 야만인의 얼굴처럼 부자연스러운 붉은색과 검은색의 도시, 그리고 기계와 높은 굴뚝들의 도시였다. 굴뚝에서는 연기가 절대 완전히 빠져나오지 못하는 뱀처럼 구불구불하니 쉴 새 없이 피어올랐다.

산업 세계의 추에 대한 묘사는 디킨스를 필두로 하여 돈 드릴

로와 그의 동시대 작가들에 이르기까지 인상적이리만치 차고 넘친다. 그리고 거의 같은 시기에 산업의 추에 대한 반발을 가장하여 순수한 탐미주의로 도피하려는 경향으로서 미의 종교가 탄생했다. 그렇지만 이 미에 대한 종교 또한 무시무시한 것에 대한 종교이기도 했다.

샤를 피에르 보들레르를 생각해 보라(「시체」, 1857).

기억해 보라, 내 영혼아, 우리가 보았던 것을,
그토록 화창하고 아름답던 여름 아침,
오솔길 모퉁이 조약돌 깔린 자리에
드러누워 있던 추악한 시체를.

음탕한 계집처럼 두 다리를 쳐들고
독기를 뿜어내며 불타오르고
태평하고 파렴치하게, 썩은
냄새 풍기는 배때기를 벌리고 있었다.

태양이 이 썩은 시체 위로 내리쬐고 있었다.
알맞게 굽기라도 하려는 듯,
위대한 자연이 합쳐 놓은 것을
백 곱절로 되돌려 주려는 듯.

이탈리아의 시인 중에서는 올린도 구에리니의 「증오의 노래」

(1877)를 보라.

당신이 기름진 흙 아래, 잊힌 채
잠들고 신의 십자가가
당신 관 위에 똑바로 세워질 때,
흔들리는 치아들 사이로
당신의 뺨이 썩어 흘러내리고
악취 나는 빈 눈구멍 속에서
벌레들이 들끓을 때,
다른 이들에게 평화인 잠은
새로운 고통이 되고
차갑고 집요한 후회가
당신의 뇌를 씹어 먹으리라.
통렬하게 사무치는 후회가
당신의 무덤을 찾아와
신이 무색하게, 신의 십자가가 무색하게,
당신의 뼈를 갉아먹으리.
(······)
오, 크나큰 기쁨으로 내 손톱을
당신의 염치없는 배에 박아 넣으리!
당신의 썩은 배에
나는 영원히 달라붙어 있으리,
복수와 죄악의 유령으로서

지옥의 공포로서.

애도 예찬은 아방가르드 작품에 두드러진다. 여기서 미래파를 파블로 피카소와 비교하거나 초현실주의를 앵포르멜*과 비교하는 것은 중요하지 않다. 고전적인 것과 정말로 대등하게 대결하려는 의지가 탄생했다. 일단 로트레아몽의 『말도로르의 노래』(1868)부터 보자.

나는 더럽다. 이들이 나를 뜯어먹는다. 돼지들이, 나를 바라볼 때면, 구토한다. 나병의 상처 딱지와 욕창이 누르스름한 고름으로 뒤덮인 내 피부를 비늘처럼 벗겨 놓았다. 나는 강물도, 구름의 이슬방울도 알지 못한다. 내 목덜미에는, 마치 비료에서처럼, 육각 미나리의 거대한 버섯 하나가 자라고 있다.

다음으로는 「미래파 문학의 기술적 선언」(1912)을 보자.

우리는 오히려 야만적인 소리, 우리를 둘러싼 격렬한 삶을 표현하는 외침을 사용할 것이다. 담대하게 문학에서 〈추한 것〉을 만들자. (……) 날마다 〈예술의 제단〉에 침을 뱉어야 한다.

---

* informel. 제2차 세계 대전 후 프랑스를 중심으로 일어난 새로운 회화운동. 예술가의 즉흥과 격정의 표현을 중시한다.

르네 마그리트, 「말도로르의 노래」를 위한 삽화, 1945, 개인 소장

알도 팔라체스키는 「콘트로돌로레 미래파 선언」(1913)을
썼다.

　　우리 아이들에게 거리낌 없이, 좀 더 무례하게 웃으라고 가
르쳐야 한다. (……) 우리는 아이들에게 교육적인 장난감을 줄
것이다. 기계 장치로 울기도 하고 비명도 지르는 곱사등이, 장
님, 괴저병 환자, 절름발이, 폐병쟁이, 매독 환자 인형을 줄 것이
다. 간질, 흑사병, 콜레라, 혈우병, 치질, 임질, 정신병 때문에 기
절도 하고 앓는 소리도 내고 죽기도 하는 인형을. (……)
　　주변에서 곱사등이, 사팔뜨기, 난쟁이, 절름발이 꼬맹이들이
기쁨의 신성한 탐구자로 자라는 행복을 생각해 보라. (……)
　　우리 미래파는 라틴족의 특성, 특히 우리 나라 사람들의 특
성을 치유하기 원한다. 의식적인 고통을, 만성적 낭만주의로
인해 악화된 순응의 매독을, 모든 이탈리아인을 낙담시키는 경
건한 감상주의와 괴상망측한 정서를 치유하기 원한다. (……)
　　아이들에게 한없이 다채로운 조롱, 얼굴 찡그리기, 신음, 한
탄, 고함을 가르쳐라. 향수의 사용 대신 악취의 사용을 가르
쳐라.

대중화된 세계는 당연히 이러한 아방가르드의 도발에 맞설 수
밖에 없었다. 그래서 나온 것이 키치Kitsch, 즉 예술의 허구였다. 키
치도 동화적(童話的) 키치, 성스러운 키치, 혹은 파시스트 시대에
나왔던, 아방가르드와 결합한 키치 등으로 나뉜다.

키치는 다수의 사물이다. 키치를 취향의 결여라고 할 수도 있다. 정원의 난쟁이들, 오로파의 성모상 위로 눈이 내리는 스노글로브, 혹은 귀도 고차노의 악취미 속의 좋은 것들(「스페란차 할머니의 여자 친구」, 1911)이 여기에 해당한다.

박제한 오리와 나폴레옹의 알피에리 흉상,
꽃 액자들(악취미 속의 좋은 것들!)

약간 칙칙한 벽난로, 사탕 없는 상자들,
종 모양 유리 덮개 속 대리석 과일들.

진귀한 장난감 몇 점, 조개껍데기 모양 케이스,
경고가 붙어 있는 물건들, 구원, 추억, 코코넛.

모자이크로 표현된 베네치아, 색 바랜 수채화들,
판화, 궤짝, 아네모네가 그려진 옛날 앨범들.

마시모 다첼리오의 그림들, 미니어처들,
은판 사진들, 어쩔 줄 몰라 하는 꿈꾸는 얼굴들.
(······)
진홍빛
다마스쿠스산 천을 두른 의자들. (······)

하지만 효과를 추구하는 키치도 있다. 내가 어떤 여성을 표현하면 그 여성은 내게 함께 자고 싶은 욕망을 불러일으킬 것이다. 키치의 본질은 윤리적 범주와 미학적 범주를 맞바꾸는 데 있다. 헤르만 브로흐(「예술의 가치 체계에서의 악」, 1933)가 말한 대로 키치는 《좋은》 작업이 아니라 《아름다운》 작업을 하기 원한다. 그래서 키치에서 중요한 것은 《아름다운 효과》다.〉

공연 예술에서는 효과가 본질적인 구성 요소, 미학적 구성 요소다. 특정 부르주아의 장르인 예술 장르, 다시 말해 작품에 있어서 그러한 효과가 기본 구성 요소인 장르가 존재한다.

그렇지만 사실에 다가가지 않고 예술의 조건을 꾸며 내는 키치도 있을 수 있다. 키치라는 단어에 의미가 있다면 그 이유는 이 단어가 효과를 노리는 예술만을 뜻하지 않기 때문이다. 위대한 예술도 효과를 노리는 경우는 얼마든지 있다. 키치는 그 자체로 형식적 균형이 없는 작품을 가리키는 것도 아니다. 그런 것은 추한 작품일 뿐, 다른 맥락에서 나타나는 문체소(文體素)들을 사용하는 예술의 특징을 드러내지 않기 때문이다. 그런 작품은 굳이 악취미에 빠지지 않아도 만들어 낼 수 있다. 키치는 효과를 자극하는 기능을 정당화하기 위해 다른 미적 경험들의 허울을 과시하며 예술을 자처해 팔리는 작품이다.

내 생각에 진정한 키치의 모델은 조반니 볼디니다. 볼디니는 초상화를 그리면서 인물의 허리 위쪽으로는 효과의 도발을 최대화하는 규칙을 따른다. 얼굴과 어깨(살이 드러나는 부분들)는 세련된 자연주의의 규준에 맞는다. 이 여성들의 입술은 도톰하고 촉촉하며, 살은 촉감이 느껴지는 것 같고, 눈빛은 다정하면서도 도발적이고 짓궂으면서도 몽상적이다. 그렇지만 의상으로 가면 코르셋에서 치맛자락까지 〈미식적(美飾的)인〉 기법은 폐기된다. 윤곽선은 불분명해지고, 소재감은 밝은 색 붓놀림으로 흩어진다. 사물은 색 덩어리가 되고 빛의 폭발 속에 녹아 버린다. 그림의 아래쪽은 오히려 인상파를 연상시킨다. 볼디니가 아방가르드한 그림을 그리고 자기 시대의 회화적 레퍼토리를 참조한 것은 확실하다. 그는 그림의 상부에서 분명히 효과를 노리고 문체소적 세이렌 같은 여인의 모습을 그렸다. 초상화 속 여인의 얼굴이 그림을 주문한 고객의 마음에 들어야 했지만 예술에 대한 태도라는 면에서도 고객을 만족시켜야 했기 때문이다.

키치의 애매성은 과거에 키치로 치부되었던 작품이 지금은 예술로 통할 수 있다는 데에도 있다. 수전 손택은 바로 그 점에 천착하여 〈캠프camp〉 이론을 전개했다.* 캠프는 어떤 것의 아름다움이 아니라 기교와 양식화의 정도로 가늠된다. 가장 좋은 예가 아르누보다. 아르누보는 조명 기구를 꽃으로, 거실을 동굴로(혹은 그 역으로) 바꾸고 엑토르 기마르의 파리 지하철 입구에서 볼 수 있는 것처럼 주철로 난초 줄기를 표현한다. 매우 널리 알려진 것들이 〈캠프〉의 기준에 부합하기도 한다. 티파니 램프에서 오브리 비어즐리까지, 「백조의 호수」와 빈첸초 벨리니의 작품들에서부터 루

---

* 저자는 여기서 수전 손택이, 특히 자신의 저서 『해석에 반대한다』에서 보여 준 관찰에 크게 영향을 받았다.

키노 비스콘티 감독의 「살로메」 미장센까지, 19세기 말의 그림엽서들에서부터 「킹콩」, 플래시 고든이 나오는 옛날 만화, 1920년대 여성복(거창한 타조 깃털 목도리, 술과 진주가 주렁주렁 달린 드레스)까지 다 그렇다. 있는 그대로 직접 제시되는 인물은 캠프 취향에 맞지 않는다. 인물의 서사 자체는 진짜 흥분을 자아내지 않는다. 그래서 캠프의 마르지 않는 보물창고는 발레와 오페라 쪽이다. 이 예술 형식들은 인간 본성의 복합성을 결코 제대로 표현할 수 없기 때문이다. 인물의 변화 과정이 심도 있게 그려지면 캠프적인 요소는 감소한다. 오페라 중에서도 인물들의 변화가 다소 있는 「라 트라비아타」는 그런 변화가 전혀 없는 「일 트로바토레」보다 덜 캠프적이다. 어떤 것이 캠프가 아니라 단순히 추하다고 보는 이유는 예술가의 야심이 너무 부족해서가 아니다. 예술가는 정말 괴상한 것을 만들어 보겠다는 마음이 없었다. 「와, 굉장해! 환상적이야! 믿기지가 않아!」 캠프의 열광은 전형적으로 이런 말로 표현된다. 천하장사 마치스테가 등장하는 이탈리아의 컬러 영화 시리즈에는 캠프적인 것이 있다. 안토니오 가우디의 사그라다 파밀리아 성당은 수 세대에 걸친 노력이 필요한 작업을 혼자 해내겠다는 야망이라는 면에서 캠프다. 어떤 것은 오래되어서가 아니라 우리와 덜 가까운 것이 되기에, 우리가 시도의 실패를 즐길 수 있고 그 결과에 구애받지 않기 때문에 캠프적이다.

캠프 취향은 평범한 미적 판단에 특징적인 미와 추의 구분을 거부한다. 이 취향은 상황을 뒤집지 않으며 아름다운 것을 추하다고 하거나 혹은 그 반대를 주장하지 않는다. 단지 예술과 삶에 다양하고도 보완적인 판단 기준들을 제공할 뿐이다. 20세기 예술의 주요 작품들을 생각해 볼 때, 그 작품들은 대개 조화를 빚어내기보다 점점 더 용해되지 않는 폭력적 시간을 도입하기 위해 매체를 최대한 과장하고자 했다. 캠프는 좋은 취향이 그저 좋은 취향만은 아님을, 오히려 악취미의 좋은 취향도 존재함을 주장한다. 캠프는 끔찍하기 때문에 아름답다.

이 단계에서 많은 관념이 예술에서 자취를 감추지만 실제 삶에서는 그렇지 않다. 우주에서 온 매혹적인 인물들이 추한지 아름다운지, 프랭크 프라제타가 그려 낸 인물들이 추한지 끔찍한지 말할 수 없기 때문이다. 살아 있는 시체들은 ─ 조지 로메로에게 경의를 표하자면 ─ 그냥 무시무시할 뿐인가, 아니면 감독이 암시한 대로 어떤 정치적 메시지를 전달하는가? 스플래터 영화는 추한가, 아름다운가? 피에로 만초니의 「예술가의 똥」(1961)은 아름답고자 하는 작품인가? 우리는 인터넷에서 추하게 변형시켜 놓은 예술품들을 보면서 어떤 것이 다른 것보다 아름답다고 말할 수 있는가? 예술에도 추는 분명히 있지만 『맥베스』의 마녀들 말마따나 아름다운 것이 추한지 아니면 추한 것이 아름다운지 구분하기란 실로 어렵다.

삶에서는 어떠한가? 삶 속에서는 모델들이 좀 더 확실해 보인다. 대중매체, 영화, 텔레비전은 무엇이 아름답고 무엇이 추한지 말하지만 거리에 나가 보면 아름답지 않은 사람들도 다양하게 보이고 그들도 결혼하고 섹스를 하면서 살아간다. 일부 페미니스트 작가들은 이것을 젠더, 성적 차이를 뛰어넘는 방식으로 제시하기도 한다.

단편소설 하나를 인용하면서 마무리를 짓고자 한다. 프레드릭 브라운의 「보초병」은 다들 알고 있겠지만 이 글에서 핵심들을 다시 한번 짚어 볼 가치는 있다.

그의 온몸은 축축한 진흙 범벅이었고, 배가 고팠고, 추웠고, 고향에서 5만 광년이나 떨어진 곳에 와 있었다. 기묘한 푸른 태양이 빛을 뿜어내고 있었고 중력은 그에게 익숙한 중력의 두 배였기에 간단한 움직임조차도 무척 힘들었다. (……) 이 빌어먹을 행성은 우주선이 그를 내려놓기 전까지는 들어본 적도 없는 곳이다. 그러나 외계인의 존재가 확인된 이상, 이 행성은 〈신성한 땅〉이 되고 말았다. 우리 은하에서 유일하게 지능을 가진 〈다른 존재들〉…… 잔인하고 가증스럽고 추악한 괴물들이다. (……) 그의 온몸은 축축한 진흙 범벅이었고, 배가 고팠고, 추웠고, 매서운 바람에 눈이 다 쓰라렸다. (……) 그는 경계 태세로 방아쇠에 손가락을 올려놓았다. 고향에서 5만 광년이나 떨어진 곳에서. (……) 그때, 외계인 한 마리가 그를 향해 슬금슬금 다가오는 것을 보았다. 그는 총을 쏘았다. 놈은 다른 외계인들처럼 기괴하고 끔찍한 소리를 지르고는 픽 쓰러져 꼼짝도 하지 않았다. 그 소리를 듣고 그 꼴을 보자 몸이 떨려 왔다. 이제는 익숙해질 법도 하건만 도저히 그럴 수 없었다. 그것들은 지독히도 흉물스러웠다. 팔은 두 개밖에 없고 다리도 겨우 두 개, 구역질나는 허연 피부에 비늘조차 없는 꼴이라니…….

브라운의 감수성은 우리를 추의 상대성이라는 최초의 주제로 데려간다. 어쩌면 미래의 지구 개척자들에게는 우리 인간이 흉물스러워 보일지 모른다. 그렇지만 추의 역사가 가르쳐 주었듯이 추는 파악되고 이해되고 정당화되어야 한다. 그래서 퀜틴 마세이스의 초상화와 함께 17세기의 이 놀라운 글을 보아 주기 바란다. 로버트 버턴의 『멜랑콜리의 해부학』(1624)에서 발췌한 글이다.

사랑은 눈이 멀었다. (……) 사랑에 빠진 남자라면 누구나 자신의 여인을 찬양한다. 그 여자가 아무리 이상하게 생겼어도, 못생겼든, 주름투성이든, 여드름이 많든, 창백하든, 불그스름하든, 누렇든, 그을렸든, 밀랍처럼 핏기가 없든, 얼굴이 넙데데하고 사기꾼처럼 부었든, 얼굴이 좁고 마르고 뾰족하든, 얼굴에 잡티가 많고 이목구비가 삐뚤어졌든, 대머리든, 소처럼 눈이 튀어나왔거나 눈빛이 흐리고 험상궂든, 찌그러진 고양이를 닮았거나 머리가 삐뚤어졌든, 눈이 움푹 들어가고 눈 주위가 시커멓거나 누렇든, 입이 귀까지 찢어진 것처럼 크든, 페르시아인의 매부리코를 가졌든, 코가 여우 콧등을 닮았거나 시뻘겋거나 중국인처럼 크고 납작하든 (……) 혹은 코가 깎아지른 절벽 같거나, 토끼 이빨이거나, 썩은 이, 시커먼 이, 삐뚤삐뚤한 이, 갈색 이든, 이마가 툭 튀어나왔거나, 마녀 수염이 달렸거나, 사방에 악취를 풍기고 다니거나, 여름이고 겨울이고 콧물을 줄줄 흘리거나, 턱 밑에 갑상선종이 있거나, 주걱턱이거나, 귀가 축 늘어졌거나 너무 길거나 삐뚤어졌거나, 젖가슴이 축 처졌거

퀜틴 마세이스, 「그로테스크한 늙은 여인」, 1525~1530, 런던, 내셔널 갤러리

나 (……) 손가락이 갈라지고 보라색을 띠거나, 손톱을 잘 깎지 않아 너무 길고 더럽거나, 손이나 손목이 궤양의 흔적으로 뒤덮였거나, 피부가 거무죽죽하거나, 매독에 걸렸거나, 몸을 아예 반으로 접고 걸을 만큼 등이 굽었거나, 다리가 휘어서 절름거리거나, 허리는 젖소 같고 통풍을 앓고 발목이 신발 밖으로 넘칠 만큼 굵거나, 발 냄새가 고약하거나, 기생충이 있거나, 자연에 위배되는 진짜 괴물, 완전히 혐오스러운 덜떨어진 난쟁이라 해도, 목소리가 걸걸하거나, 행동거지가 상스럽거나, 태도가 천박하거나, 몸매가 기름병 같거나, 박색이거나, 게으름뱅이거나, 술통 같거나, 뚱뚱한 암퇘지 같거나, 허수아비 같거나, 말라빠진 장작 같거나, 벌레 같거나 (……) 햇살 아래 드러난 똥처럼 역겨워 그 누구도 마음이 끌리기는커녕 미움과 혐오밖에 떠오르지 않을지라도, 그 얼굴에 침을 뱉거나 그 윗옷에 코를 풀고 싶어질지라도, (……) 다른 사람에게 그 여자는 사랑의 감정을 완전히 죽이는 년, 더러운 년, 갈보, 수다스럽고 어리석은 년, 더럽고 냄새나고 짐승만도 못한 못된 년, 외설적이고 천박하고 비굴하고 똥 같고 바보 같고 무식하고 고약한 년일 뿐이어도 (……) 사랑에 빠진 남자는 이 모든 것을 아랑곳하지 않고 그녀를 찬양한다.

라 밀라네시아나, 2006

절대와 상대

절대와 상대의
의미를 찾아서

다음의 그림은 르네 마그리트의 「절대 지식」이다. 여러분의 사기를 북돋우기 위해 이 그림을 제시했다. 더구나 여러분은 이미 만반의 각오를 했을 것이다. 절대와 상대 개념을 진중하게 다루는 강연은 족히 2,500년간 계속되었을 것이다. 실제로 논쟁이 그만큼 오래 이어졌으니 하는 말이다. 나는 〈절대〉라는 단어가 무엇을 의미하는지부터 생각해 보았다. 철학자가 스스로 제기해 마땅한 가장 기본적인 의문이니까.

절대를 표방한 예술 작품들을 찾아보았다. 철학적으로는 별로 시사하는 바가 없는 마그리트의 이 멋진 작품 외에도 「절대의 그림」, 「절대의 추구」, 「절대를 찾아서」, 「절대의 산책자」 등이 있었다. 발렌티노의 향수 〈압솔뤼〉, 햄버거스테이크 상표 〈압솔뤼〉, 〈앱솔루트 보드카〉 광고 이미지에서 볼 수 있었던, 광고가 이 단어를 두고 하는 생각은 굳이 다룰 필요도 없겠다. 〈절대〉는 분명히 잘 팔리는 듯 보인다.

르네 마그리트, 「절대 지식」, 1965, 개인 소장

절대는 그 반대편에 있는 상대 개념을 떠올리게 한다. 고위 성직자들과 세속 사상가들이 소위 상대주의에 맞서는 운동을 벌인 후로 이 개념은 아주 유행이 되었다. 실비오 베를루스코니가 아무나 〈공산주의〉로 몰아세우듯이, 〈상대〉도 테러에 가까운 목적으로 쓰이는 중상과 비방의 단어가 되었다. 이 때문에 나는 명쾌하게 설명을 하기보다는 오히려 이 용어들이 상황과 맥락에 따라 자못 다른 것들을 지칭할 수 있음을, 따라서 이 용어들을 야구방망이처럼 단순하게 쓸 수 없음을 강조함으로써 여러분의 생각을 혼란스럽게 할 것이다.

〈절대〉가 있는 곳

철학 사전에 〈절대〉는 연결과 한계에 거리끼거나 얽매이지 않는 모든 것, 타자에게 좌우되지 않고 그 자체에 자신의 근거, 원인, 설명이 있는 것이라고 되어 있다. 따라서 신과 아주 흡사한 것이다. 신은 〈나는 존재하는 자다Ergo sum qui sum〉라고 자기 자신을 정의하지 않는가. 신에 비하면 나머지는 모두 〈우연적〉이다. 그 자체에 자기 원인이 없으며 어쩌다 존재하게 되었을지라도 당장 내일 존재하지 않을 수도 있다는 얘기다. 그런 일은 태양계에도, 혹은 우리 각자에게도 일어날 수 있다.

반드시 죽고 말 우연적 존재인 우리는 사라지지 않을 무엇, 다시 말해 절대적인 어떤 것과 이어지기를 갈구한다. 말하자면 이 절대는 『성경』의 신 혹은 내재적 신처럼 초월적일 수 있다. 바뤼흐 스피노자나 조르다노 브루노는 제쳐 놓고 관념론 철학자들은 우리도 절대의 일부로 만들었다. (가령 프리드리히 셸링의 경우에는) 인식하는 주체와, 예전에는 주체와 이질적이라고 보았던 자연 혹은 세계의 분리 불가능한 통일성이 절대일 것이다. 절대 안에서 우리는 신과 동일시되고 아직 완전히 이루어지지 않은 그 무엇 — 과정, 전개, 무한한 성장과 무한한 자기규정 — 에 참여한다. 하지만 그렇다면 우리도 절대의 일부이기 때문에 우리가 절대를 정의하거나 인식할 수는 없을 것이다. 절대를 파악하려는 우리의 시도는 늪에서 빠져나가겠다고 자기 머리끄덩이를 잡아당기는 허풍선이 남작의 몸짓과 비슷할 것이다.

그렇다면 대안은 절대를 우리가 아닌 그 무엇, 다른 곳에 있어서 우리가 어찌할 수 없는 그 무엇으로 상정하는 것이다. 사유하는 자신을 사유하는 아리스토텔레스의 신, 혹은 제임스 조이스가 『젊은 예술가의 초상』(1916)에서 〈작품의 안이나 이면이나 너머나 위에 보이지 않게 존재하며 무심하게 손톱이나 다듬고 있기를〉 원했던 존재가 여기에 해당하겠다. 게다가 15세기에 니콜라우스 쿠자누스도 「학식 있는 무지에 대하여」에서 〈신은 절대적이다Deus est absolutus〉라고 했다.

하지만 쿠자누스에게 신은 절대적이기 때문에 완전히 도달할 수는 없는 존재다. 우리의 인식과 신의 관계는 다각형과 여기에 외접하는 원의 관계와 같다. 다각형은 변의 개수가 늘어날수록 원에 점점 가까워지지만 〈절대로〉 원과 일치하지 않는다. 쿠자누스는 신이 중심은 어디에나 있고 원주는 아무 데도 없는 원과 같다고 했다.

중심은 어디에나 있는데 원주는 아무 데도 없는 원을 〈생각할〉 수 있을까? 그럴 수 없다. 그렇지만 그것을 〈명명〉할 수는 있다. 내가 지금 그렇게 하고 있고, 여러분은 내가 기하학과 관련이 있으나 기하학적으로 상정 불가능한 것을 다루고 있다는 점을 이해할 것이다. 어떤 것을 이해할 수 있느냐 없느냐와, 어찌 됐든 어떤 것을 명명하고 의미를 부여할 수 있느냐는 다르다.

단어를 구사하고 거기에 어떤 의미를 부여한다는 것은 무슨 뜻인가? 여러 가지 뜻이 있을 수 있다.

A. 어떤 사물이나 상황이나 사건을 인식하는 방법에 대한 설명을 얻는다는 뜻이다. 가령, 〈개〉나 〈발을 헛디디다〉 같은 단어들은, 이미지의 형태로라도, 개를 고양이와 구별하고 발을 헛디디는 것과 폴짝 뛰는 것을 구별하게끔 기의signifié를 이룬다.

B. 정의, 그리고/또는 분류가 가능하다는 뜻이다. 나는 개에 대해서 정의하거나 분류할 수 있을 뿐 아니라 〈과실치사〉 같은 상황이나 사건에 대해서도 정의상 〈고의적 살인〉과 구분할 수 있다.

C. 어떤 본체에 대해서 〈사실적〉이거나 〈백과사전적〉인 여타의 속성들을 알 수 있다. 예를 들어 개는 충직하고 사냥을 잘하거나 보초를 잘 선다, 과실치사는 형법에 따라 어떠어떠한 처벌을 받을 여지가 있다 등등.

D. 해당 사물이나 사건을 생성할 수 있는 경우라면 생성에 대한 설명을 얻게 된다. 나는 옹기장이가 아니지만 항아리가 어떻게

만들어지는지 알기 때문에 〈항아리〉라는 단어의 기의를 안다. 〈참수형〉, 〈황산〉 같은 단어들도 마찬가지다. 반면 〈뇌〉라는 단어에 대해서 나는 기의 A와 B, 그리고 어떤 속성들 C를 알지만 뇌를 생성하는 방법에 대해서는 모른다.

내가 A, B, C, D 속성들을 아는 경우를 퍼스는 멋진 예를 들어 설명해 주었다. 그는 리튬을 이렇게 정의한다.

리튬의 정의를 화학 교과서에서 찾아본다면 원자량이 7에 근접한 원소라는 것을 알게 된다. 그러나 저자가 좀 더 논리적인 사고의 소유자라면 리튬은 유리를 만드는 회색 혹은 흰색의 반투명 광물로 매우 단단하고 깨지기 쉬우며 불용성이라고 설명할 것이다. 또한 무색의 불꽃에 진홍색을 더해 준다. 이 광물을 석회나 가루 쥐약과 함께 빻아서 염산에 섞으면 어느 정도는 녹는다. 이 용액을 증발시키고 남은 앙금을 황산 처리하여 고체 상태의 염화물을 얻을 수 있다. 이 염화물을 용해하고 여섯 개의 강력 전지로 전기 분해하면 그 농축물 위에 분홍빛이 도는 은색 금속 입자들이 뜬다. 이상의 과정에서 나온 물질이 리튬 표본이다. 이러한 정의의 특성은, 혹은 정의보다 유용한 처리 방법의 특성은 단어의 뜻을 설명하면서 그 단어가 가리키는 대상에게서 지각 가능한 지식을 얻기 위해 〈무엇을 해야 하는지〉 설명한다는 점이다.

어떤 단어의 기의에 대한 완전하고도 만족스러운 표상의 좋은

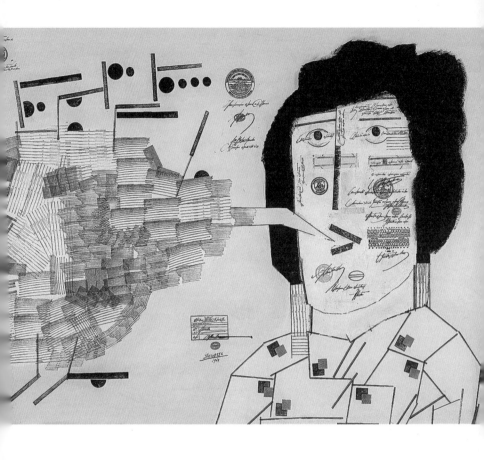

솔 스타인버그, 「담론 2」, 1969, 블룸필드 힐스(MI), 크랜브룩 아트 뮤지엄

예다. 반면 기의의 다른 표현들은 불분명하고 부정확하다. 명료성의 수준이 점차적으로 떨어진다. 그래서 〈가장 큰 짝수〉라는 표현도 우리가 이미 짝수는 2로 나눌 수 있다는 점을 알아야만(그래서 가장 큰 홀수와 구분할 줄 알아야만), 그래서 짝수의 생성법에 대해 대략이라도 알고 있어야만 의미가 있다. 그래야만 점점 더 큰 수를 세어 나가면서 짝수와 홀수를 구분할 게 아닌가. 이때 우리는 가장 큰 짝수에 영원히 도달할 수 없음을 깨닫는다. 뭔가를 거머쥘 수 있을 것 같은데 결코 그러지 못하는 꿈을 꾸는 것 같다고나 할까. 반면 〈어디에나 중심이 있고 원주는 아무 데도 없는 원〉이라는 표현은 아예 이 표현에 상응하는 대상을 만들어 낼 규칙이 없다. 이 표현은 어떤 정의도 떠받치지 않고 상상해 보려는 노력을 좌절시킨 채 현기증만 유발한다. 〈절대〉 같은 표현은 순전히 동어 반복적인 정의다(우연적이지 않은 것은 절대적이지만, 절대적이지 않은 것은 우연적이다). 그러나 이 표현은 기술, 정의, 분류를 암시하지 않으며 우리는 이 표현에 상응하는 것을 생성하는 방법에 대해서 생각할 수 없다. 그저 절대란 모든 속성을 갖추고 있으며 아오스타의 안셀무스가 말한 대로 〈그보다 더 큰 것을 상상할 수 없는 저 너머의 무엇id cuius nihil maius cogitari possit〉일 거라 짐작할 뿐, 특정한 속성을 아는 게 아니기 때문이다. 폴란드 출신 피아니스트 아르투르 루빈스타인이 했던 말이 문득 떠오른다. 「신을 믿느냐고요? 아뇨, 나도 뭘 믿기는 하는데 (……) 신보다 더 큰 것이지요.」 우리가 신을 이해하려는 시도에서 기껏 상상할 수 있는 거라고는, 모든 고양이가 회색인 전형적인 밤이다(게오르크 헤겔이라면 모든 소가 검다고 하겠지만*).

파악하지 못하는 것을 명명하고 시각적 이미지로 나타내기까지 할 수 있다. 그러나 그 이미지가 파악하지 못한 것을 〈표상하지는 않는다.〉 단지 상상할 수 없는 것을 상상해 보라고 부추겨 놓고는 우리의 기대를 좌절시킬 뿐이다. 그런 것을 이해해 보려 할 때 우리를 사로잡는 느낌, 그것은 단테가 『신곡』의 「천국편」 (XXXIII, vv, 82~96) 마지막 노래에서 신을 응시하고서 보았던 것을 설명하고 싶었지만 그러지 못했던 무력감이기도 하다. 그래서 단테는 무한한 페이지의 책이라는 매혹적인 은유에 의지할 수밖에 없었다.

오, 점점 더 높아지는 은총의 물결, 그로 인해 나 감히
영원의 빛을 똑바로 보아
시력을 잃었구나!
그 깊은 곳에서 나 보았노라,
온 우주에 흩어진 것들이
한 권의 책으로 묶인 것을.
실체, 우연, 그리고 그것들을
한데 엮어 내는 관습 있음에
내가 하는 말은 그저 빛일지니.

* 〈모든 소가 검은 것은 오로지 밤에만 가능한 일〉이라는 헤겔의 말을 염두에 둔 것으로 감각적 확실성에 의지한 현상 파악의 한계를 뜻한다.

그 매듭으로 엮인 우주의 형상을
나 보았다고 믿노니
마음속으로부터 벅차오른다.
눈 깜짝할 한순간이 내게는
어둠 속의 포세이돈을 심란케 했던
오래전 아르고호(號)가 지배한 스물다섯 세기보다 더 깊은
혼수상태였다.

이 무력감은 시인 자코모 레오파르디가 무한을 논하면서 표현했던 감정과 다르지 않다(〈그리하여 이 광대함 속으로 내 생각은 잠겨 들고 / 이 바다에서의 난파가 내게는 감미롭구나〉). 숭고의 경험을 표현하고자 했던 카스파르 다피트 프리드리히 같은 낭만주의 화가가 생각난다. 지상에서 절대의 경험을 가장 잘 환기할 수 있는 것이 바로 숭고이기 때문이다.

이미 아레오파고스의 위 디오니시우스는 유일신이 우리와 너무 멀리 떨어져 있어서 우리가 도달하거나 이해할 수 없으니 모름지기 은유와 암시를 써서 신에 대해 얘기할 수밖에 없다고 했다. 특히 우리의 담론이 얼마나 부족한지 분명히 드러내기 위해 부정적 상징, 닮은 데가 없는 표현을 통해서 말해야 한다고 했다. 〈어떨 때는 미미한 사물, 가령 좋은 냄새가 나는 향유나 모퉁잇돌을 통해서 신을 부른다. 심지어 성서에서도 신을 사자, 표범, 성난 곰에 비유하여 동물의 형상으로 제시한다.〉

일부 순진한 철학자들은 오직 시인만이 존재나 절대가 무엇인

카스파르 다피트 프리드리히, 「구름바다를 관조하는 여행자」, 1817년경, 함부르크, 쿤스트할레

지 우리에게 말해 줄 수 있다고 주장한다. 그러나 시인은 〈정의되지 않은〉 것만을 표현한다. 스테판 말라르메의 시학이 바로 그러했다. 그는 〈대지를 오르페우스교에 맞게 설명하고자〉 일생을 바쳤다. 〈나 말한다. 한 송이 꽃! 내 목소리가 아무 윤곽도 드러내지 못하는 망각의 밖에서, 익숙한 꽃받침과는 다른 그 무엇이 음악적으로 가뿐하게, 꽃망울 없는 그윽한 관념 자체로서 일어난다.〉 사실 이 글은 번역이 불가능하다. 백지에서 어느 한 단어를 고립시키고 명명함으로써, 말하지 않은 것non-dit 전체를 부재의 형태 아래 솟아나게 한다고 말해 줄 뿐이다. 실제로 〈어떤 대상으로《명명》함으로써 조금씩 짐작해 가는 행복으로 이루어진 시의 기쁨은 4분의 3쯤 사라진다. 대상의 암시, 그게 바로 꿈이다.〉 말라르메는 평생 이 꿈의 가호 아래서, 그와 동시에 실패의 기치 아래서 살았다. 단테는 무한을 유한한 방식으로 표현하는 것은 악마의 교만이라 생각했기에 처음부터 그 실패를 기정사실로 받아들였고 실패의 시를 씀으로써 시의 실패를 면했다. 실패의 시란 말할 수 없는 것을 말하는 시가 아니라 말하기의 불가능성을 말하는 시다.

단테가 (위 디오니시우스나 쿠자누스처럼) 신앙인이었다는 점을 생각해 보라. 절대를 믿으면서 절대는 생각할 수도 없고 정의할 수도 없다고 주장할까? 절대에 대한 사유 불가능성을 절대의 〈감정〉, 요컨대 〈바라는 것들의 실상이요, 보이지 않는 것들의 증거인〉* 믿음으로 대체하기로 한다면 응당 그럴 수 있다. 엘리 위

---

* 「히브리서」11장 1절.

젤은 어느 강연에서 신에 대해 말할 수 없으나 신과 함께 말할 수는 있다는 프란츠 카프카의 말을 인용했다. 절대가 철학적으로 모든 고양이가 회색으로 보이는 밤이라면, 십자가의 성 요한 같은 신비주의자에게는 〈어두운 밤〉(〈오, 나를 인도한 밤, 새벽보다 더 사랑스러운 밤〉)처럼 느껴진다. 그에게 절대는 형언할 수 없는 감정의 원천이다. 십자가의 성 요한(16세기)은 신비 체험을 시로 표현했다. 절대의 표현 불가능성을 대하면서, 그 불만족스러운 긴장이 실질적으로 완성형으로 해소될 수 있다는 사실에 마음이 놓인다. 그래서 존 키츠는 「그리스 항아리에 바치는 송가」(1819)에서 아름다움을 보는 것으로 절대에 대한 체험을 대신했다. 〈아름다움은 진리요 진리는 아름다움이니, 이것이 우리가 지상에서 아는 모든 것, 알아야 할 모든 것이다.〉

미의 종교를 따르고자 결심한 이들에게는 참으로 합당한 얘기다. 그러나 십자가의 성 요한은 절대에 대한 신비 체험만이 가능한 유일한 진리를 보장한다고 생각할 것이다. 그래서 절대의 인식 가능성을 부정하는 철학자들은 자동으로 진리의 모든 기준을 부정하는 셈이라고, 혹은 그들이 진리의 절대적 기준이 있음을 부정함으로써 절대에 대한 체험 가능성도 부정한다고 믿었던 신앙인도 많았다. 하지만 철학이 절대의 인식 가능성을 부정한다는 말과 진리의 기준을 부정한다는 말은 별개다. 우연한 세상과 관련해서도 진리, 그리고 절대에 대한 체험이 그렇게 불가분의 관계에 있을까?

Tomb of Keats.

프레더릭 윌리엄 페어홀트, 「존 키츠의 무덤」, 『덕Virtue』에 실린 삽화, 1873

진리에 대한 탐구

참된 그 무엇이 있다는 믿음은 인간의 생존에 필수적이다. 타인의 말이 참인지 거짓인지 생각하지 않고 듣는다면 사회생활 자체가 불가능할 것이다. 어떤 약에 〈아스피린〉이라고 쓰여 있으면 그게 맹독인 스트리키닌일 가능성을 배제해도 된다는 사실조차 믿을 수 없을지 모른다.

진리의 거울 이론은 진리가 〈사물과 지성의 일치〉라고 말한다. 우리의 정신이 마치 거울 같아서 왜곡되거나 흐려지지 않고 제 기능을 한다면 〈사물을 있는 그대로〉 비출 것이라나. 가령 토마스 아퀴나스가 그렇게 주장했고, 블라디미르 레닌도 『유물론과 경험 비판론』(1909)에서 그런 주장을 했다. 성 토마스가 레닌주의자일 수는 없으니 레닌이 철학적 관점에서는 일종의 신(新)토마스주의자라고 하겠다. 하지만 법열의 경지에 이른 상태를 제외하면 우리는 지성이 비추는 것을 〈말할〉 수밖에 없다. 그렇기 때문에 우리는 사물이 아닌 사물에 대한 진술을 참 혹은 거짓으로 규정한다. 〈눈은 희다〉라는 알프레드 타르스키의 유명한 정의는 눈이 실제로 흴 때만 참이다. 미국이 교토 의정서에 가입할 결심을 하지 않는다면 눈이 과연 흰색일지는 논란의 여지가 있으니 다른 예를 들자. 〈비가 온다〉라는 명제는 밖에 비가 오고 있을 때만 참이다.

홑화살괄호로 묶인 〈비가 온다〉는 그 자체 외에는 아무것도 표현하지 않는 언어적 발화체다. 그러나 실제 밖에 비가 온다는 말은 사물의 존재 방식을 나타내야 할 것이다. 그런데 실제 정황의 표현 역시 언어로 되어 있다. 우리는 이러한 언어의 조정을 피하기 위해 홑화살괄호로 묶은 〈비가 온다〉가 〈실제로 그러할 때만〉(혹은 아무 말 없이 그저 밖에 내리는 비를 손가락으로 가리키면서) 참이라고 해야 할 것이다. 하지만 비의 예는 자명한 감각에 의존해 해결한다고 쳐도 〈지구는 태양 주위를 돈다〉라는 발화체에 대해서는 그렇게 하기가 어렵다(우리의 감각으로는 오히려 그 반대처럼 느껴지기 때문에).

발화체가 실제 정황에 상응하는지 알려면 〈비가 온다〉라는 말을 해석하고 뜻을 규정해야 한다. 그냥 위에서 떨어지는 물방울을 맞았다는 사실만으로는 비가 온다고 말하기 뭐하다. 누가 저 위 발코니에서 화분에 물을 주고 있었을지도 모른다. 또한 물방울의 점도에 기준이 없다면 이슬이나 는개를 비라고 할지도 모른다. 비를 맞는 느낌이 일정 시간 지속되지 않는다면 비가 올 뻔했다가 오지 않았다고 해야 할 것이다. 그러한 규정이 이루어진 후에 경험적 검증으로 넘어갈 필요가 있다. 비의 예에서는 누구나 그 검증을 할 수 있을 것이다. 창밖으로 손을 내밀어 한동안 자기 감각을 믿으면 증명은 충분하다.

하지만 〈지구는 태양 주위를 돈다〉라는 발화체의 증명 과정은 훨씬 복잡하다. 〈참〉이라는 단어가 다음 발화체들에 대해서는 어떤 의미일까?

1. 나는 배가 아프다.
2. 간밤에 비오 성인이 나오는 꿈을 꾸었다.

안드레아스 첼라리우스, 『하르모니아 마크로코스미카』 중
프톨레마이오스의 지구 중심설 도판, 암스테르담, 1708

3. 내일은 분명히 비가 올 것이다.

4. 세상은 2536년에 끝날 것이다.

5. 사후에도 삶이 있다.

1과 2는 주관적으로 자명한 일을 말한다. 그런데 복통은 분명하고 강력한 감각이지만 어젯밤 꿈에 대한 기억은 확신이 없을 수도 있다. 게다가 이 두 명제는 타인이 즉각적으로 검증할 수가 없다. 물론 의사는 나에게 위염은 없는지, 우울증을 앓고 있지는 않은지 이런저런 검사를 할 수 있다. 하지만 정신분석학자는 꿈에서 비오 성인을 봤다는 내 말의 진위를 가리기가 쉽지 않다. 내가 거짓말을 했을 가능성도 있기 때문이다.

명제 3, 4, 5는 곧바로 증명할 수 없다. 내일 비가 올지는 내일이 되면 알 수 있지만 〈세상은 2536년에 끝날 것이다〉는 문제를 제기한다(우리가 예언자의 신뢰성과 텔레비전 일기 예보의 신뢰성을 별개로 보는 것도 이 때문이다). 4와 5의 차이는 4는 그래도 2536년에는 진위 여부가 판가름 나지만 5는 세세토록 경험적으로 불확실할 것이다.

6. 직각은 반드시 90도다.

7. 물은 늘 섭씨 100도에서 끓는다.

8. 사과는 속씨식물이다.

9. 나폴레옹은 1821년 5월 5일에 죽었다.

10. 태양의 이동을 따라가면 해안이 나온다.

11. 예수는 신의 아들이다.

12. 『성경』에 대한 올바른 해석은 교회의 권위로 정해진다.

13. 배아는 이미 인간이고 영혼도 있다.

이 발화체 중 일부는 우리가 정하는 규칙에 따라서 참이 되기도 하고 거짓이 되기도 한다. 직각은 유클리드 기하학의 공준 체계 안에서만 반드시 90도다. 물은 늘 섭씨 100도에서 끓는다는 명제도 귀납적 일반화로 도출된 물리학 법칙을 받아들이고 섭씨 온도에 대한 기본 정의를 받아들일 때만 참이다. 사과는 식물학 분류의 어떤 기준들을 토대로 할 때만 속씨식물이라고 말할 수 있다.

다른 발화체들은 우리 이전의 사람들이 행한 검증을 신뢰하느냐 마느냐와 관련이 있다. 나폴레옹이 1821년 5월 5일에 죽었다고 믿는 이유는 역사책에 그렇게 나오기 때문이다. 하지만 당장 내일이라도 영국 해군성 문서 보관소에서 나폴레옹의 사망일이 다른 날이었다는 증거가 나올 가능성을 인정해야 한다. 우리는 이따금 실리적인 이유로 거짓인 줄 알면서도 참으로 가정을 할 때가 있다. 가령 사막에서 방향을 잡으려면 태양이 진짜로 동에서 서로 움직이는 것처럼 생각해야 할 때가 있다.

종교적 성격의 명제라고 해서 진위를 알 수 없다고 말하지는 않겠다. 복음서의 증언을 역사적 사실로 받아들인다면 그리스도의 신성에 대한 증거들은 개신교에서도 받아들여질 것이다. 하지만 (가톨릭) 교회의 권위 문제는 다르다. 반면 배아에 관한 명제

윌리엄 블레이크, 「뉴턴」, 1795~1805, 런던, 테이트 갤러리

는 〈생명〉, 〈인간〉, 〈영혼〉 같은 단어의 기의들을 어떻게 규정하느
냐에 달렸다. 일례로 성 토마스는 배아가 동물과 마찬가지로 감각
적 영혼만을 지닌다고 했다. 따라서 배아는 이성적 영혼을 지닌
인간은 아니고 육신의 부활에도 참여하지 않을 것이다. 오늘날의
가톨릭은 이런 주장을 이단시하겠지만 매우 문명화된 그 시대는
토마스를 성인으로 받들었다.

　따라서 문제는 우리가 사용하는 진리의 기준을 그때그때 어떻
게 세우느냐다.

　진리의 검증 가능성 및 수용의 다양한 단계에 대한 이 인식을
토대로 관용 감각이 자리를 잡는다. 물이 직각 같은 90도에서 끓

142

는다고 말하는 학생이 있으면 — 시험을 치르는 상황에서 그런 답을 내놓는다면 — 낙제시키는 것이 과학과 교육의 의무일 수 있다. 하지만 그리스도교인은 알라가 유일신이고 무함마드가 그 신의 예언자라고 믿는 사람들이 있다는 것을 받아들여야 한다(물론 이슬람교도도 다른 종교에 대해서 그래야 한다).

그렇지만 최근의 논쟁에 비추어 보면 현대의 사유, 특히 논리적이고 과학적인 사유에 두드러지는 다양한 진리 기준의 구분이 현대 문화의 역사적 병폐라는 상대주의를 낳는다. 그런데 상대주의에 반대하는 사람들은 이 단어를 어떤 뜻으로 쓰고 있는가?

어떤 철학 사전에는 〈인지적〉 상대주의가 존재하며 이에 따라 사물은 인간의 능력이 미치는 조건에서만 인식될 수 있다고 말한다. 하지만 그렇게 보면 칸트도 상대주의자였다. 칸트는 보편적 가치의 법규를 말할 수 있음을 결코 부정하지 않았을뿐더러 도덕적 근거에서나마 신을 믿었는데 말이다.

나는 또 다른 철학 사전에서 상대주의의 뜻을 찾아보았다. 〈앎과 행동의 영역에서 절대 원리를 인정하지 않는 정신적 태도.〉 그런데 앎의 영역에서 절대 원리를 거부하는 것과 행동의 영역에서 절대 원리를 거부하는 것은 아주 다르다. 〈소아성애는 악이다〉라는 주장이 특정 가치 체계에서만 참으로 통하는 상대적 진리라고 여기는 사람이 있을 수 있다. 어떤 문명에서는 소아성애가 용인 혹은 묵인되었으니 말이다. 하지만 그 사람들도 피타고라스의 정리는 시대나 문화와 상관없이 유효하다고 말할 것이다.

알베르트 아인슈타인의 상대성 이론에 진지하게 상대주의 딱지를 붙일 사람은 아무도 없다. 척도가 관찰자의 운동 조건에 따라 달라질 수 있다는 말은 모든 시대, 모든 장소의 인간에게 타당한 원리로 제시되었다.

철학 교의라고 부를 수 있는 상대주의는 19세기 실증주의와 함께 등장했다. 실증주의는 절대를 파악할 수 없는 것으로 규정하고 단지 과학적 연구가 진행됨에 따라 인식의 한계는 변할 수 있다고 보았다. 그러나 객관적으로 검증 가능하고 모두에게 타당한 과학적 진리에 도달하는 것이 불가능하다고 말했던 실증주의자는 아무도 없었다.

개론서들을 수박 겉핥기식으로 읽었을 때 상대주의적으로 보이는 철학적 입장이 있다. 〈전체론holism〉이 바로 그런 입장이다. 전체론은 모든 명제가 소전제들의 유기적 체계인 어떤 개념 도식 안에서만 — 일부는 특정한 과학적 패러다임 안에서라고 표현하지만 — 참이라고 본다.

전체론자는 공간 개념이 아리스토텔레스의 체계와 아이작 뉴턴의 체계에서 각기 다른 의미를 지니기 때문에 두 체계는 공약 불가능하다고, 그래도 현상들을 설명해 준다는 점에서는 두 체계 모두 가치가 있다고 (옳은) 말을 할 것이다. 하지만 전체론자들이야말로 현상들 전체를 〈전혀 설명할 수 없는〉 체계도 있고, 길게 보았을 때 설명에 특히 적합한 체계도 있다고 최초로 말한 사람들이다. 따라서 전체론자조차도 관용적으로 보이는 자세를 취하면서도 설명해야만 하는 〈그 무엇〉을 직시했고, 그것을 규명할 수 없을 때조차 내가 〈최소 실재론〉이라고 부르는 입장, 즉 〈사물의 존재 혹은 진전에는 어떤 방식이 있어야 한다〉라는 입장을 고수했다. 어쩌면 우리는 결코 〈그 무엇〉을 알아낼 수 없겠지만 그런 것이 존재한다는 믿음조차 없다면 우리의 연구는 의미를 잃을 것이요, 세계를 설명하는 새로운 체계를 끊임없이 시도할 필요도 없을 것이다.

전체론자는 대개 〈실용주의자〉를 자처하지만 이 부분에서도 철학 개론서들을 너무 피상적으로 읽고 말해서는 안 될 것이다. 퍼스 같은 진짜 실용주의자들은 생각이 실효성을 보여야만 참이 되는 게 아니라, 오히려 참이기 때문에 실효성이 있는 것이라고 했다. 또한 퍼스는 우리의 모든 인식을 의심해 볼 수 있다는 〈오류 가능주의〉를 주장하는 동시에 인류 공동체가 인식을 부단히 바로 잡아 가면서 〈진리의 횃불〉을 전진시킨다고 했다.

이 이론들이 상대주의로 의심받는 이유는 다양한 체계들이 서로 〈공약 불가능〉하다는 사실에 있다. 프톨레마이오스 체계를 코페르니쿠스 체계와 같은 척도로 평가할 수는 없다. 주전원과 대원 개념은 프톨레마이오스 체계 안에서만 정확한 의미를 지닌다. 그러나 두 체계가 공약 불가능하다고 해서 〈비교까지 불가능하지는 않다〉. 그래서 우리는 두 체계를 비교하면서 프톨레마이오스는 천체의 현상들을 주전원과 대원 개념으로 설명했지만 니콜라우스 코페르니쿠스는 동일한 천체 현상들을 다른 개념 도식으로 설명하려 했다고 이해하는 것이다.

철학적 전체론은 언어학적 전체론과 비슷하다. 언어학적 전체론은 한 언어가 고유한 의미론 및 통사론 구조를 통해서 일정한 세계관을 제시한다고 본다. 그 언어의 사용자는 말하자면 그 세계관에 갇혀 있다고 할 수도 있을 것이다. 벤저민 리 워프 (1897~1941)는 서양 언어들은 사건을 대상화해서 분석하려는 경향이 있다고 했다. 영어에서 〈3일three days〉이라는 표현은 문법적으로 〈세 개의 사과three apples〉와 대등하다. 그러나 아메리카 원주민 언어들 중 일부는 〈과정〉을 분석하고 우리가 사물로 보는 것을 사건으로 간주한다. 따라서 현대 물리학이 연구하는 어떤 현상들을 정의하기에는 영어보다 호피어가 더 유용할지도 모르겠다. 워프는 이누이트족이 눈[雪]을 점도에 따라 각기 다른 네 단어로 지칭한다는 점도 지적했다. 따라서 그들은 우리가 하나의 사물로밖에 보지 못하는 것을 다양한 〈사물들〉로 볼 것이다. 하지만 서양의 스키 선수도 점도에 따라 눈의 종류를 구별한다는 이유로 이 견해는 반박되었다. 그리고 우리와 대화를 나누는 이누이트는 우리가 〈눈〉이라고만 말해도 이 단어가 무엇을 가리키는지 충분히 이해할 것이다. 그는 〈눈〉이라는 단어가 자신이 네 개의 각기 다른 단어로 지칭하는 네 개의 〈사물들〉에 해당한다는 것을 알 수 있다. 가령 프랑스어의 glace는 얼음, 고드름, 아이스크림, 거울, 창유리를 모두 지칭할 수 있다. 그렇지만 아침에 아이스크림 앞에서 면도를 할 정도로 프랑스인이 모어에 갇혀 있지는 않을 것이다.

마지막으로, 현대 사상이 모두 전체론적 시각에 동의하지는 않지만 이 시각은 인식의 전망성에 대한 이론들을 따른다. 그 이론들은 우리가 현실에 다양한 전망을 부여할 수밖에 없고 그 전망 하나하나는 아무리 풍부한 논의를 끌어내더라도 현실의 일면에만 들어맞는다고 말한다. 현실이 언제나 특정 관점(주관적이고 개인적인 관점이라는 뜻은 아니다)에서 정의된다는 주장은 전혀 상대주의가 아니고, 우리가 늘 〈어떤 설명에 입각해〉 현실을 바라보더라도 우리가 항상 〈동일한 것〉을 떠올린다고 믿거나 그렇게 기대할 수는 없다.

백과사전에는 인지적 상대주의 외에도 〈문화 상대주의〉 항목이 실려 있다. 다양한 문화는 다양한 언어 및 신화뿐만 아니라 (그 환경 안에서는 합리적인) 도덕에 대한 다양한 생각을 수반한다. 유럽은 좀 더 비판적인 태도로 다른 문화들을 접했던 시기에 미셸 에켐 드 몽테뉴, 이어서 존 로크가 이 사실을 이해하기 시작했다. 뉴기니 섬의 원주민은 지금도 식인(食人)이 정당하고 권장할 만하다고 생각하지만 영국인이라면 그 생각에 동의하지 않을 것이다. 이러한 관찰은 반박 불가능해 보인다. 어떤 나라는 여성의 간통을 우리보다 훨씬 가혹하게 처벌한다는 사실에 대한 관찰을 반박할 수 없듯이 말이다. 그러나 문화의 다양성을 인정한다고 해서 어떤 행동이 다른 행동보다 보편적이라는 사실(자식에 대한 사랑, 기쁨이나 혐오를 표현하는 표정 등)까지 의심할 수는 없다. 또한 문화의 다양성을 인정한다고 해서 자동으로 도덕적 상대주의로 넘어가지는 않는다. 도덕적 상대주의란 모든 문화에 통용되는 윤리적 가치관이 없으므로 우리의 욕망과 이해에 우리의 행동을 자유로이 맞춰 나갈 수 있다는 입장이다. 문화는 제각각 다르고 그 다양성을 존중해야 한다는 인식이 우리의 문화적 정체성을 포기한다는 의미는 아니다.

그렇다면 현대 문명의 병폐, 획일적인 이데올로기로서의 상대주의라는 환상은 어쩌다 구축된 것일까?

종교와 무관하게 상대주의를 비판한 견해들은 주로 문화 상대주의의 남용을 지적했다. 마르첼로 페라는 요제프 라칭거 추기경과 공동 집필한 책 『뿌리 없음』(2004)에서 문화적 차이가 존재한다는 점은 잘 알지만 서양 문화의 어떤 가치들(민주주의, 정교 분리, 자유주의 등)은 우월성이 드러났다고 말한다. 물론 이런 가치들과 관련해서는 서양 문화가 더 진보해 있다고 말할 만한 근거가 있다. 하지만 페라가 이 우월성이 보편적으로 자명하다고 주장하면서 펼치는 논증에는 이의를 제기할 만하다. 〈B문화의 구성원들이 A문화에 대한 선호를 자유로이 드러내고 그 반대의 경우는 없다면, 예를 들어 이슬람 문화권 사람들이 서양 문화권으로 대거 이주하는데 그 반대 방향의 이동은 거의 없다면, A문화가 B문화보다 낫다는 믿음에는 근거가 있다.〉 19세기에 미국으로 대거 이주한 아일랜드인들의 경우를 생각할 때 이 논증은 설득력이 약하다. 아일랜드인들은 가톨릭을 믿는 모국보다 개신교 국가 미국이 좋아서가 아니라, 감자 대기근 사태로 굶어 죽을 지경이었기에 이주를 선택했다. 페라의 문화 상대주의에 대한 거부는 다른 문화에 대한 관용이 항복으로 변질되고 이민자들이 쇄도한 결과 서양에서 외부 문화가 압도적으로 우세할지도 모른다는 염려에서 나왔다. 페라의 논점은 절대의 옹호가 아니라 서양의 옹호였다.

조반니 제르비스는 『상대주의에 반하여』(2005)에서 아무거나 구미에 맞게 끌어다 쓰는 상대주의자의 모습을 그린다. 후기 낭만

테오도르 드 브리, 「크리스토퍼 콜럼버스의 아메리카 상륙」,
『미국사』의 삽화, 저스틴 윈저 출판사, 1886

주의자, 니체를 원류로 삼는 포스트모던 사상가, 뉴에이지 신봉자
가 희한하게 합쳐진 모습이랄까. 제르비스에게 상대주의는 과학
과 대비되는 비이성주의의 한 형태다. 그는 문화 상대주의의 반동
적 성격을 고발한다. 모든 사회 형태를 존중하고 정당하게 보거나
이상화한다면 국민들의 고립을 조장하는 셈이다. 더욱이 문화인
류학자들은 여러 나라 사람들 사이의 생물학적 특성이나 일정한
행동 방식을 확인하는 대신 문화에만 집중하고 생물학적 요인을
무시한 채 문화에서 기인한 차이만 강조한다. 따라서 이 학자들은
물질에 대한 정신의 우위를 거듭 지지하고 종교적 사유의 입장과
결탁해 있다고 하겠다.

이러한 주장은 신자들을 당혹스럽게 할 것이다. 신자들의 두 가지 두려움은 다음과 같다. (1) 문화 상대주의가 필연적으로 도덕적 상대주의로 이어질지도 모른다(파푸아뉴기니인이 코에 못을 박을 권리를 인정하면 아일랜드인이 일곱 살 남자애를 성적으로 착취할 권리까지 필연적으로 인정하게 될지 모른다). (2) 어떤 명제의 진위를 검증하는 방법이 여러 가지가 있다면 절대적 진리의 인식 가능성이 의심받을 수도 있다. 하지만 그렇지가 않다. 루르드에 성모가 발현했다고 믿는 사람도 뉴질랜드에 서식하는 가마우지가 학명이라는 분류학적 약정에 의해서는 *Phalacrocorax carbo*로 불린다는 것을 이해한다.

문화 상대주의에 대해서 당시 라칭거 추기경* — 오늘날에는 앞일이 어찌 될지 모르기 때문에 나는 추기경들에게는 기꺼이 반박을 제기하겠으나 교황들에게는 그러지 않겠다 — 은 신앙 교리성의 교리 해석(2002)에서 문화 상대주의와 윤리 상대주의를 밀접하게 관련지었다.

문화 상대주의는 (……) 윤리적 다원주의를 옹호하고 이론화하면서 두드러지게 나타난다. 이는 이성과 자연 도덕률의 원리들이 퇴락하고 와해되고 있다는 증거다. 이러한 경향의 연장선상에서, 윤리적 다원주의가 민주주의의 조건이라는 주장과

* 당시에는 라칭거 추기경이었으나 2005년 4월 콘클라베에서 제265대 교황으로 선출되었다. 교황명은 베네딕토 16세다.

공공연한 선언은 안타깝게도 드물지 않게 보인다.

요한 바오로 2세는 회칙 「신앙과 이성」(1998년 9월 14일)에서 이미 이렇게 주장한 바 있다.

현대 철학은 존재에 대한 탐구의 방향을 잊은 채 인간의 인식에 대한 연구에 집중했다. 진리를 인식하는 인간의 역량에 기대기보다는 인식의 한계와 조건을 즐겨 강조했다. 그 결과로, 다양한 형태의 불가지론과 상대주의가 나타나 철학의 탐구는 전반적인 회의주의의 유사(流沙) 속에서 허우적대기에 이르렀다.

라칭거 추기경은 2005년에 한 강론에서 이렇게 말했다. 「상대주의의 독재가 수립되는 중입니다. 상대주의는 아무것도 확실히 알지 못한 채 자신의 에고와 욕망만을 척도로 삼습니다. 하지만 우리에게는 다른 척도가 있습니다. 하느님의 아들, 참된 인간이신 분 말입니다.」

보다시피 진리의 두 가지 개념이 대립적으로 드러난다. 하나는 발화체의 의미론적 속성으로서의 진리이고, 다른 하나는 신의 속성으로서의 진리다. 이 대립은 『성경』에서부터(적어도 우리가 이해하는 번역에 따르면) 진리가 두 가지 개념으로 제시되기 때문에 나온다. 어떨 때는 진리가 〈말하는〉 것과 사물이 존재하는 방식의 일치를 뜻한다(〈진실로 진실로 너희에게 이르노니〉에서는

〈내가 정말로 말한다〉라는 의미였다). 또 어떨 때는 진리가 신의 내재적 속성을 가리킨다(〈나는 길이요, 진리요, 생명이니〉). 이 때문에 초기 교부 중에도 라칭거 추기경이 상대주의라고 비난할 법한 입장을 취했던 이들은 꽤 많았다. 그 교부들은 진리라고 부를 만한 유일한 진리, 즉 구원의 메시지에 집중하는 것이 핵심이므로 세상에 관한 어떤 주장이 사물의 존재 방식과 일치하는지 아는 것은 중요하지 않다고 했다. 아우구스티누스는 지구가 둥근지 납작한지를 가리는 논쟁에서 둥글다는 주장에 좀 더 끌리는 듯했으나, 그런 앎은 영혼의 구원에 도움이 되지 않기 때문에 사실상 어느 쪽이든 마찬가지라고 했다.

반면에 라칭거 추기경의 여러 글에서 그리스도로서 강생하고 계시된 진리 외의 다른 진리에 대한 정의는 찾아보기 힘들다. 신앙의 진리가 계시의 진리라면 그 진리를 굳이 철학자와 과학자들의 진리와 대립적으로 볼 이유가 있을까? 후자의 진리는 목적과 성격이 다른 개념이지 않은가? 성 토마스를 참조하기만 해도 알 것이다. 「세상의 영원성에 대하여」에서 그는 세계에 대한 아베로에스의 주장을 지지하면 이단이 된다는 것을 잘 알고 있었기에 신앙의 이름으로 창조설을 받아들였다. 하지만 우주론적인 관점에서는 세계가 창조되었는지 영원부터 존재했는지 합리적으로 증명할 수 없다는 것도 인정했다. 그런데 라칭거 추기경은 본인이 집필에 참여한 『일신론』(2002)에서 모든 현대 철학과 과학 사상의 핵심이 다음과 같다고 했다.

흔히들 생각하는 진리는 인식될 수 없으나 검증과 반증의 작은 발걸음들을 통해서 조금씩 전진할 수 있다. 진리 개념을 합의(合意)consensus 개념으로 대체하려는 경향이 심해지고 있다. 하지만 이것은 인간이 진리에서 떨어져 나가고, 그로써 선악의 구별과도 유리된 채 다수의 원칙에 굴복한다는 뜻이다. (……) 인간은 정해진 기준 없이 세계를 투사하고 〈지어 올린다〉. 이로써 인간은 필연적으로 인간 존엄의 개념을 위반하게 된다. 이성과 합리성을 이렇게 파악하는 이상, 신의 개념이 들어설 여지는 없다.

과학적 진리를 부단한 검증과 교정의 대상으로 보는 신중한 입장에서 인간 존엄의 파괴에 대한 고발로 나아가는 이 일반화는 설득력이 없다. 혹시나 모든 현대 사상을 (앞으로 보겠지만) 〈사실은 없고 해석만 있다〉라는 주장과 동일시한다면 모를까. 만약 그렇다면 존재는 근거가 없을 것이요, 따라서 신은 죽었을 것이며, 신이 존재하지 않으니 뭐든 가능하다고 주장할 수도 있으리라.

그런데 라칭거 추기경이나 반(反)상대주의자들은 망상이나 음모론에 빠진 것이 아니다. 다만, 내가 중도적이거나 비판적이라고 보는 반상대주의자들은 사실은 없고 해석만 있다고 보는 극단적 상대주의만을 거부한다. 반면 급진적 반상대주의자들은 〈사실은 없고 해석만 있다〉라는 주장을 현대 사상 전반으로 확대함으로써 오류를 범하고 있다. 내가 대학에 다니던 때 같으면 그런 오류는 절대로 시험을 통과하지 못했을 것이다.

사실은 없고 해석만 있는가

사실은 없고 해석만 있다는 생각의 원조는 니체다. 그는 「도덕
의 틀 밖에서 본 진리와 거짓」(1873)에서 이 생각을 명쾌하게 설
명한다. 자연이 열쇠를 버렸기 때문에 지성은 진리라고 부르는 개
념적 허구들을 가지고 활동한다. 우리는 나무, 색깔, 눈, 꽃에 대
해서 말한다고 생각하지만 그것들은 모두 시원적 실체가 아닌 은
유들이다. 수많은 나뭇잎은 각기 다른 개체들이 모인 것인데 〈모
든 나뭇잎을 서툰 손으로 엮고, 스케치하고, 에워싸고, 색칠하고,
움켜쥐고, 그리게 하는 원형으로서의〉 시원적 〈나뭇잎〉은 존재하
지 않는다. 새나 곤충은 우리와 다른 방식으로 세계를 지각한다.
무엇이 가장 정당한 지각인지 아는 것은 의미가 없다. 〈정당한 지
각〉의 기준이 존재하지도 않는데 어떻게 알겠는가. 자연은 〈형상
이나 개념을 알지 못하기에 종류 구분도 모른다. 그저 우리가 다
가갈 수 없고 규정할 수도 없는 미지수일 뿐이다.〉 그래서 진리는
〈무리지어 떠다니는 은유, 환유, 의인화〉, 시적 창작물이 된다. 그
런 것들이 나중에 지식으로 굳어진다. 〈진리는 우리가 환영이라
는 것을 잊어버린 환영이다.〉

그렇지만 니체는 두 가지 현상을 고려하지 않았다. 첫째, 우리
는 우리의 의심스러운 지식의 한계에 적응해서 어쨌거나 자연을
상대한다. 누가 개에게 물렸다면 의사는 그 개를 겪어 본 적이 없
어도 환자에게 무슨 주사를 놔야 하는지는 안다. 둘째, 때때로 자
연은 우리가 우리 지식의 허상을 고발하고 대안을 선택하게끔 몰

아붙인다(이게 바로 인지적 패러다임의 혁명이다). 니체는 자연을 우리의 〈과학적〉 진리와 충돌하면서 끊임없이 우리를 압박하는 〈끔찍한 힘〉으로 어렴풋이 느꼈다. 하지만 그는 이 힘을 개념화하기를 거부했다. 우리는 그 힘을 피하려고 개념적 방어 수단을 구축했을 것이다. 변화는 가능하지만, 재편성 정도가 아니라 영구적인 시적 혁명이 필요하다. 〈만약 우리가 각자 성격이 다른 감각을 지녔다면 더러는 새처럼 지각하고 더러는 벌레처럼 지각하며 또 어떤 이는 식물처럼 지각할 것이다. 그래서 동일한 자극을 어떤 이는 빨간색으로 보고, 다른 사람은 파란색으로 보며, 또 다른 사람은 아예 소리로 지각한다면 아무도 자연에 법칙이 있다고 하지 않을 것이다.〉

그렇기 때문에 예술은 (그와 더불어 신화도) 〈끊임없이 새로운 치환, 은유, 환유를 도입하여 개념들의 구획과 항목을 어지럽힌다. 예술은 깨어 있는 인간의 현 세상에 매혹적이고 영원히 새로운 형상을, 꿈의 세계만큼이나 불규칙하고 엉뚱하며 부조리한 색색의 형상을 부여하려는 욕망을 부단히 드러낸다.〉

전제가 이러하다면 현실을 피하기 위해 꿈으로 도피할 가능성이 가장 먼저 떠오를 것이다. 하지만 니체는 예술이 삶을 지배한다면 더없이 즐겁긴 하겠지만 속임수일 것이라고 인정했다. 이는 니체가 후대인들에게 전한 진정한 가르침이었다. 예술은 어떤 근거 없이 그 자체로 존재하므로 어떤 정의도 받아들일 수 있고 자기가 할 말을 할 수 있다. 니체에게 이 존재의 소멸은 신의 죽음과 일치한다. 그래서 어떤 신자들은 이 죽음에서 가짜 도스토옙스키적 결론을 도출했다. 만약 신이 존재하지 않거나 이미 죽었다면 뭐든지 허용되리라는 결론을. 하지만 신앙이 없는 사람이야말로 천국과 지옥이 없기 때문에 지상에서 친절, 이해, 도덕법을 수립함으로써 우리를 구원해야만 한다는 사실을 잘 알고 있지 않은가. 2006년에 에우제니오 레칼다노의 『신 없는 윤리학』이 나왔다. 이 책은 엄선된 자료를 풍부하게 제시하면서 신을 제쳐 놓았을 때만 도덕적 삶이 가능하다는 주장을 편다. 내가 여기서 레칼다노와 그가 엄선한 저자들이 옳다고 말하려는 것은 아니다. 단지 신의 부재가 윤리적 문제를 제거한다고 주장하는 사람은 아무도 없음을 지적하고 싶다. 밀라노에 비신자들을 위한 설교를 마련했던 마르티니 추기경은 그 점을 알고 있었다. 그 후 마르티니 추기경이 교황이 되지 못했다는 사실은 콘클라베*의 신성한 영감을 의심하게 하지만, 이런 문제는 내 소관 밖이다. 나는 그저 이 사실을 환기하고 싶다. 엘리 위젤의 말마따나, 뭐든 허용된다고 생각했던 사람들은 신이 죽었다고 믿은 게 아니라 자기가 신이라고 믿었다(그게 크고 작은 독재자들의 공통된 결점이었다).

아무튼 모든 현대 사상은, 사실은 없고 해석만 있다고 보지는 않는다. 대부분은 니체와 그의 추종자들에게 다음과 같은 반론을 제기한다. (1) 사실은 없고 해석만 있다면 해석은 무엇에 대한 해석인가? (2) 해석에 대한 해석이 상호적으로 이루어지더라도 최초 해석을 불러일으킨 대상이나 사건은 있어야 할 것이다. (3) 나

---

* conclave. 가톨릭 교황을 선출하는 추기경단의 회의.

안드레아 만테냐, 「부부의 방」, 원형 천장화, 트롱프뢰유, 1465~1474,
만토바, 카스텔로 디 산 조르조

아가 존재가 정의될 수 없어도 존재를 은유적으로 말하는 우리가 누구인지는 밝혀야 할 것이다. 참인 것을 말하는 문제는 인식 대상에서 인식 주체로 이동할 것이다. 신은 죽었을 수도 있지만 니체는 그렇지 않았다. 그렇다면 니체의 현존은 어떤 근거로 입증할 것인가? 니체는 은유에 지나지 않는다고 말함으로써? 니체도 은유일 뿐이라면 그 은유는 〈누구〉에게서 나왔는가? 비록 우리가 현실을 자주 은유로 말한다고 해도 은유를 만들어 내려면 단어들이 필요하다. 그 단어들은 문자적 의미가 있고 우리가 경험으로 아는 사물을 외연적으로 지시할 수 있어야 한다. 예를 들어 사람 다리와 발의 형태 및 기능에 대해서 비은유적 개념을 갖고 있지 않다면 탁자에서 상판을 떠받치는 부분을 〈다리〉라고 부르지 못할 것이다. (4) 마지막으로, 증명의 상호 주관적 기준이 존재하지 않는다고 주장하느라 우리가 망각한 것이 있다. 〈때때로〉 우리 밖에 있는 것(니체가 〈끔찍한 힘〉이라고 부른 것)은 그것을 은유적으로라도 표현하려는 우리의 시도와 대립한다. 가령 염증 치료는 플로지스톤설(說)을 적용했을 때 효과를 보지 못했지만 항생제로는 효과를 보았다. 다른 것들보다 더 나은 의학 이론은 분명히 있다.

따라서, 절대는 존재하지 않을 수도 있다. 혹은 존재하더라도 생각할 수 없거나 도달할 수 없을 것이다. 그러나 우리의 해석을 떠받치거나 반박하는 자연의 힘들은 존재한다. 트롱프뢰유(트릭 아트) 기법으로 그려진 문을 진짜 문인 줄 알고 넘어가려고 한다 치자. 벽을 통과할 수 없다는 사실이 이 해석을 폐기할 것이다.

〈사물의 존재 혹은 진전에는 어떤 방식이 있어야 한다.〉 그 증거로, 모든 사람이 죽는다는 사실뿐 아니라 벽을 통과하려고 하면 코가 부러진다는 사실도 있다. 죽음 혹은 그 벽이 우리가 의심할 수 없는 유일한 형태의 절대다.

우리가 벽이 없다고 해석하려고 할 때 〈아니〉를 외치는 그 벽의 자명함이 절대의 수호자들에게는 너무 소박한 진리의 기준일지도 모르겠다. 그러나 키츠의 문장을 조금 바꾸어 말하자면 〈그것이 지상에서 알 수 있는 전부요, 알아야 할 전부〉다.

절대에 대해서 할 얘기는 좀 더 있겠지만 지금은 머릿속에 떠오르지 않는다.

라 밀라네시아나, 2007

불

불의 상징

4원소 중에서 내가 다루기로 한 주제는 불이다.

왜냐고? 4원소 모두가 우리 삶에 여전히 필수적이지만 불은 자칫 잊히기 쉬운 것이다. 우리는 늘 공기를 들이마시고 물을 사용하며 땅을 밟고 산다. 그러나 불에 대한 경험은 점점 축소되고 있다. 예전에 불이 담당했던 기능은 차츰, 보이지 않는 형태의 에너지로 넘어왔다. 불꽃과 빛을 따로 생각하게 되었기에 이제 우리는 불을 (거의 보이지도 않는) 가스 불, 아직도 담배를 피우는 사람이라면 성냥불이나 라이터로 켜는 불, 아직도 성당에 다니는 사람이라면 흔들리는 촛불 정도로만 경험한다.

아직 벽난로가 있는 집에서 사는, 특혜를 누리는 이들도 있을 터인데 바로 이 벽난로에서 출발해 볼까 한다. 1970년대에 나는 근사한 벽난로가 있는 시골집을 샀다. 당시 열 살, 열두 살이던 내 아이들에게 장작에서 이글이글 타오르는 불은 완전히 새로운 현상이었다. 나는 벽난로에 불이 타는 동안에는 아이들이 텔레비전을 찾지 않는다는 것을 알았다. 불꽃은 어떤 방송 프로그램보다 아름답고 다채로웠다. 불꽃은 끝없는 이야기를 들려주었고 틀에 박힌 텔레비전 쇼와 달리 매 순간 새로웠다.

동시대인 가운데 불의 시학, 신화학, 심리학, 정신분석학에 가장 깊이 천착했던 이는 아마 가스통 바슐라르일 것이다. 그는 인간의 상상계를 기원부터 추적하며 원형을 찾는 과정에서 불과 만날 수밖에 없었다.

불의 열기는 태양의 열기를 상기시키고, 태양은 태양대로 커다란 불의 공처럼 보인다. 불은 최면을 걸기 때문에 상상계의 으뜸가는 대상이자 으뜸가는 자극이기도 하다. 불은 우리에게 최초로 보편적 금지(만지면 안 된다)를 상기시키며 법을 깨닫게 했다. 불은 최초의 피조물로서, 태어나고 성장하기 위해 자기를 낳은 두 개의 나무토막을 잡아먹는다. 불씨는 마찰에서 일어나기 때문에 불의 탄생은 성적 의미를 강하게 연상시킨다. 다른 한편으로는 정신분석학적 해석을 이어 나갈 수도 있다. 지그문트 프로이트는 불을 지배하기 위한 조건이 오줌을 누어 불을 끄는 쾌감, 즉 충동적 삶을 포기하는 데 있다고 말했다.

불길처럼 타오르는 분노에서 불같은 연정에 이르기까지 불은 수많은 충동의 은유로도 쓰인다. 불은 정념에 관한 모든 담론에 은유적으로 존재하며, 피와 같은 붉은색을 통해 늘 은유적으로 생명과 연결된다. 열기로서의 불은, 소화라는 음식물의 변화를 주재하고 살아 있기 위해서는 늘 연료를 공급받아야 한다는 면에서, 생물의 영양 섭취 과정과도 공통점이 있다.

가에타노 프레비아티, 「빛의 창조」, 1913, 로마, 국립 현대 미술관

불은 변모의 도구로 단박에 제시된다. 뭔가가 변하기를 바랄 때면 불을 소환한다. 불이 꺼지지 않게 하려면 갓난아기를 돌볼 때처럼 세심한 주의가 필요하다. 불에서는 우리 생의 근본적인 모순이 자명하게 드러난다. 불은 생명을 주기도 하지만 죽음, 파괴, 고통을 주기도 하는 원소다. 불은 순결과 정화의 상징이지만 재라는 배설물을 남기기 때문에 불순의 상징이 될 수도 있다.

태양을 정면으로 바라볼 수 없듯이 불도 똑바로 응시하기에는 너무 눈부신 빛일 수 있다. 하지만 촛불의 경우처럼 아주 잘 제어된 불도 있다. 촛불은 명암의 작용, 어둠 속에서 은은하게 흩어지는 고독한 불빛이 〈상상〉을 펼치지 않을 수 없게끔 자극하는 밤샘의 시간을 허락한다. 양초는 생의 근원과 꺼져 가는 태양을 동시에 암시한다. 불은 물질에서 태어나 한층 가볍고 공기 같은 실체로 변한다. 촛불은 심지에서는 푸르스름하거나 불그스름한 색을 띠고 위로 올라갈수록 흰빛을 띠다가 연기가 되어 날아간다. 이런 면에서 불의 성질은 상승이고 어떤 초월을 연상시킨다. 그렇지만 지구 중심에 살면서 화산이 깨어날 때만 뿜어져 나오는 불은 지옥의 심연을 상징한다. 불은 생명이지만 소멸과 영원한 연약함의 경험이기도 하다.

바슐라르에 대한 소개를 끝내면서 그의 『불의 정신분석』에서 발췌한 글을 인용하고 싶다.

냄비 걸이에 시커먼 솥이 걸려 있었다. 삼발이 솥단지가 뜨거운 재 속으로 들어갔다. 나의 할머니는 강철관에 볼이 빵빵

해지도록 숨을 크게 불면서 잠든 불꽃을 되살려 냈다. 돼지에
게 줄 감자, 가족이 먹을 질 좋은 감자 할 것 없이 전부 한꺼번
에 구워졌다. 내 몫으로는 재 속에서 신선한 달걀이 구워지는
중이었다. 불은 모래시계 따위로 가늠할 수 없다. 달걀이 잘 구
워지면 물방울, 대개는 침방울이 껍데기에 떨어지자마자 증발
해 버린다. 나중에 물리학자 드니 파팽도 우리 할머니와 동일
한 방법으로 솥단지를 지켜보았다는 글을 어디서 읽고 깜짝 놀
랐다. 달걀을 먹기 전에 빵 수프부터 먹어야 했다. (……) 하지
만 내가 착하게 행동한 날에는 와플 굽는 틀을 쓸 수 있었다. 그
사각 틀이 글라디올러스처럼 새빨간 불꽃의 가시를 짓눌렀다.
먹기도 뜨겁지만 만지기에는 더 뜨거운 와플이 어느새 완성되
었다. 그렇다, 나는 불을 먹었다. 뜨거운 와플이 내 이 사이에서
바사삭 부서질 때, 내가 먹은 것은 불의 황금, 불의 냄새, 불이
타닥타닥 타는 소리였다. 언제나 그랬다. 불은 디저트 같은 일
종의 호사스러운 즐거움으로써 자신의 인간다움을 증명한다.

요컨대 불은 너무 많은 것이고 물리적 현상을 넘어서서 상징이
된다. 그리고 모든 상징이 그렇듯 이 상징도 애매하고 다의적이며
맥락에 따라 다른 의미를 불러온다. 그렇기 때문에 나는 여기서
불의 정신분석학이 아니라 개략적이고 느슨한 불의 기호학을 해
보고 싶다. 우리는 불을 써서 온기를 얻기도 하고 때로는 죽기도
하는데, 이 불이 지녀 왔고 지금도 지니고 있는 다양한 의미를 살
펴보겠다는 얘기다.

신적 요소로서의 불

불에 대한 인간의 첫 경험은 간접적으로는 햇빛을 통해서, 직접적으로는 번갯불과 걷잡을 수 없는 화재를 통해서 이루어졌다. 그래서 불이 처음부터 신을 연상시켰던 것만큼은 분명하다. 모든 원시 종교에는 어떤 형태로든 불에 대한 숭배가 있다. 그래서 떠오르는 아침 해를 보며 절을 하는가 하면 절대 꺼뜨려서는 안 되는 신성한 불을 사원 가장 깊은 곳에 보관하기도 했다.

『성경』에서 불은 언제나 공현(公現), 즉 신의 현시를 나타낸다. 엘리야는 불의 수레를 타고 하늘로 올라갔고, 의인들은 불벼락 속에 기뻐 뛸 것이다. 〈야훼여, 임의 원수들은 모두 이처럼 망하고 임을 사랑하는 이들은 해처럼 힘차게 떠오르게 하소서!〉(「판관기」 5장 31절) 〈슬기로운 자들은 밝은 하늘처럼 빛날 것이다. 대중을 바로 이끈 지도자들은 별처럼 길이길이 빛날 것이다.〉(「다니엘서」 12장 3절) 〈하느님께서 그들을 찾아오실 때 그들은 빛을 내고 짚단이 탈 때 튀는 불꽃처럼 퍼질 것이다.〉(「지혜서」 3장 7절) 한편 교부들도 그리스도를 lampas, lucifer, lumen, lux, oriens, sol iustitiae, sol novus, stella처럼 빛과 관련된 표현을 써서 다루었다.

고대 철학자들은 불을 우주의 원리로 생각했다. 아리스토텔레스에 따르면 헤라클레이토스에게 불은 〈아르케arche〉, 즉 만물의 근원이었다. 실제로 몇몇 단편들에서 헤라클레이토스는 그러한 주장을 펼치는 것으로 보인다. 그는 우주가 시대별로 불을 통해서 재생되고 상품과 금이 맞교환되듯이 만물과 불 사이의 맞교환이

「예언자 엘리야와 불의 수레」, 러시아 성화, 1570년경, 솔비체고드스크 지역 미술관

이루어진다고 보았다. 디오게네스 라에르티오스에 따르면 헤라
클레이토스는 모든 것이 불로써 형성되고 불에 의해 와해된다고
보았던 것 같다. 그래서 만물은 불의 응집이나 고갈, 변이다(불이
응집되면 습기로 변하고, 습기가 고체화되면 흙으로 변하며, 흙
은 액화되면 물이 되고, 물은 증발하여 빛나는 수증기가 됨으로써
새로운 불을 지핀다). 하지만 안타깝게도 헤라클레이토스는 원
래 난해한 인물로 알려져 있다. 〈델포이 신탁의 주재자는 말하지
도 않고 감추지도 않고 그저 가리키기만 한다.〉* 많은 이가 불에
대한 그의 언급은 단지 만물의 극단적인 가변성을 표현하는 은유
였을 것으로 생각한다. 다시 말해 판타 레이panta rei(모든 것은 변
한다), 모든 것은 흘러가고 움직이고 변화하므로 (해설을 하자면)
우리는 같은 강물에 두 번 들어갈 수 없을 뿐 아니라 같은 불에 두
번 탈 수도 없다.

불과 신성의 가장 아름다운 동일시는 플로티노스의 작품에서
볼 수 있다. 만물은 일자(一者)에서 나오는데 이 일자에 대해서는
아무 말도 할 수 없다. 이 일자는 창조 행위 속에서도 움직이거나
소모되지 않으며, 역설적이지만 바로 그런 이유로 불은 신의 현시
다. 이 최초의 일자는 마치 태양을 감싸는 환한 빛처럼 주변으로
발산되는 광채로만 인식될 수 있다. 태양은 언제나 새롭게 빛나면
서도 연소되지 않고 원래의 모습 그대로를 유지한다(『엔네아데
스』, V, 1, 6).

* 헤라클레이토스가 남겼다는 말.

사물이 빛의 발산에서 태어난다면 신성한 빛의 발산과 닮은 불보다 아름다운 것은 지상에 달리 없을 것이다. 색의 아름다움은 단순한 것이다. 이 아름다움은 질료의 어둠을 다스리는 형상에서 나오고, 색에 존재하는 무형의 빛, 즉 색의 형상적 이치에서 나온다. 그래서 불은 그 어떤 사물보다 그 자체로 아름답다. 불에는 형상의 비물질성이 있기 때문이다. 불은 모든 물체 중에서 가장 가볍다 못해 거의 물질이라고 할 수도 없다. 불은 질료를 이루는 다른 원소들을 자기 안에 받아들이지 않기 때문에 늘 순수하게 남는다. 반면 다른 원소들은 늘 불을 받아들일 수 있다. 그것들은 불을 받아들여 따뜻해질 수 있지만 불은 차가워질 수 없다. 오직 불만이 그 성질상 여러 색을 지닐 수 있다. 다른 사물들은 불을 통해서 색깔과 모양을 부여받고 불빛에서 멀어질수록 아름다움을 잃는다.

아레오파고스의 위 디오니시우스(5~6세기)의 글에는 신플라톤주의의 흔적이 역력하다. 그의 글은 중세 미학에 상당한 영향을 끼쳤다. 『천상의 위계』에서 발췌한 이 글을 보라(XV).

나는 불이 천상의 정신에서 가장 신적인 면을 드러낸다고 생각한다. 실제로 신의 성스러운 대변인들은 형태가 없는 초본질적인 본질을 다양한 종류의 불로 묘사하곤 했다. 그 이유는 불이, 내가 이렇게 표현해도 된다면, 신적 속성의 어떤 감각적 이미지를 띠기 때문이다. 감각적인 불은 어찌 보면 모든 것에 있고 무엇과도 섞이지 않은 채 모든 것을 관통하여 빛난다. 그렇지만 불은 환히 빛나는 동시에 어떤 질료가 주어져 불의 고유한 작용이 드러나지 않는 한 그 자체는 비밀스럽고 알 수 없는 것이므로 모든 것에서 분리되어 있다. 불은 잡히지 않고 바라볼 수 없는 것이되 모든 것에 힘을 행사한다.

중세에는 비례, 명료성, 광휘 같은 개념들이 미에 대한 생각을 지배했다. 영화와 롤플레잉 게임은 중세가 〈암흑의〉 시대였다고, 은유적으로 그렇게 말하는 게 아니라 실제로 어두운 그림자와 밤의 색이 지배했다고 믿게 하는 경향이 있다. 천만의 말씀이다. 물론 중세인들은 어두운 장소, 숲, 성 안의 공간, 벽난로 불빛이 전부인 좁은 방에서 살았다. 하지만 그들은 일찍 잠자리에 들었고 밤보다 낮에 익숙했다(나중에 낭만주의자들은 밤을 더 좋아했다). 뿐만 아니라 중세는 늘 눈부시게 환한 색조로 자기 자신을 표현했다.

시인들에게는 늘 이 찬란한 색에 대한 감각이 있다. 풀은 초록색이고, 피는 붉고, 우유는 하얗고, 귀도 귀니첼리에게 아름다운 여인은 〈검붉게 물들, 눈처럼 새하얀 얼굴〉이었다(나중에 페트라르카는 〈맑고, 신선하고, 감미로운 물〉을 노래했다).

단테의 「천국편」에 넘쳐 나는 빛의 광경은 말할 것도 없다. 흥미롭게도 그 빛은 19세기 화가 귀스타브 도레를 만나고서야 가장 눈부시게 표현되었다. 도레는 (불가능한 일이지만 그가 할 수 있는 선에서) 그 불길, 불꽃의 소용돌이, 등불, 태양, 〈다시 동트는 지평선처럼〉(XIV, v. 69) 태어난 빛, 그 순결한 장미, 그 불그

폴 랭부르, 5월에 리옹 공작 궁에서 내려다본 말을 탄 귀족과 연주자들의 행렬,
『베리 공작의 호화로운 기도서』, 15세기, 샹티이, 콩데 미술관

레한 꽃을 시각화하고자 했다. 그런 것들이 3부에서 빛을 발하고 신의 모습조차 불의 황홀경처럼 나타난다(「천국편」, XXXIII, vv. 115~120).

> 높고 높은 빛의 깊고 밝은 실체 속에
> 세 가지 색깔에 크기는 모두 같은
> 세 개의 원이 나타났다.
> 두 개의 무지개처럼 한 원이
> 다른 원에 비쳐 보였고 세 번째 원은
> 그 두 원에서 고르게 발산하는 불꽃같았다.

중세를 지배한 것은 빛의 우주론이었다. 이미 9세기에 요하네스 스코투스 에리우게나는 『천상의 위계 해설 I』에서 이렇게 주장했다.

> 세계라는 보편적인 작업장은 수많은 부분의 결합으로 이루어진 광대한 빛이다. 많고 많은 부분적 빛들이 지성으로 파악 가능한 사물의 순수한 형질을 드러내고 그것을 정신의 눈으로 보게 한다. 신앙이 있는 학자의 마음에 신의 은총이 작용하고 이성의 도움이 미친 결과다. 이 때문에 신학자는 신을 빛의 아버지라 부른다. 그분에게서 만물이 나왔고 그분은 만물을 통하여, 만물 안에서 나타나시기 때문이다. 그분 지혜의 눈부신 빛 속에서 만물은 창조되고 하나가 된다.

12세기와 13세기에 걸쳐 로버트 그로스테스트가 제안한 빛의 우주론은 존재와 미의 원천인 빛 에너지의 분출로 우주가 만들어 졌다고 했다. 이 우주론은 일종의 빅뱅을 연상시킨다. 유일한 빛 이 서서히 뭉치고 풀어지는 과정을 통해 천체들과, 원소들의 자 연 지대가 형성되었고 그 결과 무한히 다양한 색깔과 부피를 가진 사물들이 나타났다. 보나벤투라 다 바뇨레조는 『명제집 해설』(II, 12, 1; II, 13, 2)에서 빛은 하늘과 땅의 모든 물체에서 찾아볼 수 있는 공통 성질이자 실체적 형상이기에 그 빛에 많이 참여할수록 진실하고 귀한 존재가 된다고 했다.

지옥의 불

하늘에서 빛나며 우리를 비추는 불이 깊은 땅속에서 솟아올라 죽음의 씨를 뿌리기도 한다. 그래서 불은 처음부터 지옥의 왕국과 도 연결되었다.

「욥기」(41장 11~13절)는 레비아탄에 대해 〈아가리에서 내뿜 는 횃불, 퉁겨 나오는 불꽃을 보아라. 연기를 펑펑 쏟는 저 콧구멍 은 차라리 활활 타오르는 아궁이구나. 목구멍에서 이글이글 타는 숯불, 입에서 내뿜는 저 불길을 보아라〉라고 쓰고 있다. 또한 「요 한 묵시록」에서 일곱 번째 봉인이 풀릴 때 우박과 불덩이가 땅을 불태우고 심연이 아가리를 벌리면서 연기와 메뚜기 떼가 튀어나 오고 유프라테스강에 매여 있던 네 천사가 풀려나 불꽃 갑주의 기마군단을 이끌고 전진할 것이다. 어린양이 다시 나타나 흰 구름을 타고 올 때 최후의 심판관인 태양은 산 자들을 불태울 것이다. 그리고 아마겟돈 이후에 짐승과 거짓 예언자는 유황불 못에 던져질 것이다.

복음서에서도 죄인들은 불구덩이에 떨어지는 벌을 받는다(「마태오복음」 13장 40~42절).

그러므로 추수 때에 가라지를 뽑아 불에 태우듯 세상 끝 날에도 그렇게 할 것이다. 그날이 오면 사람의 아들이 자기 천사들을 보낼 터인데 그들은 남을 죄짓게 하는 자들과 악행을 일삼는 자들을 모조리 자기 나라에서 추려 내어 불구덩이에 처넣을 것이다. 그러면 거기에서 그들은 가슴을 치며 통곡할 것이다.

희한하게도 단테의 지옥에는 생각보다 불이 적게 나온다. 그 이유는 단테가 영벌을 다양한 형태로 묘사하려고 했기 때문일 것이다. 하지만 활활 타는 무덤 속에 누워 있는 이단들, 펄펄 끓는 피의 강에 잠긴 폭력범, 쏟아지는 불의 비를 맞는 신성 모독자, 동성애자, 고리대금업자, 발바닥에 불이 붙은 채 거꾸로 박혀 있는 성직 매매자, 뜨겁게 끓어오르는 역청에 빠진 탐관오리에 대한 묘사만으로도 우리는 만족할 수 있다.

바로크 시대의 글에는 지옥의 불이 더 깊이 들어와 있다. 지옥의 고통에 대한 묘사는 단테의 끔찍한 묘사를 훨씬 뛰어넘는데, 그러한 묘사가 예술적 영감과 무관하지 않아서이기도 할 것이다.

성 알폰소 데 리구오리의 이 글을 보라(『죽음에 대한 준비』, 1758, XXVI).

　　지옥에 떨어진 사람들의 감각에 가장 잔인한 고통을 주는 벌은 불이다. (……) 이승에서도 불의 형벌은 가장 고통스럽다. 그렇지만 지옥의 불은 우리의 불과 자못 달라서 우리의 불은 가짜처럼 느껴지고 아우구스티누스의 말마따나 〈그림으로 그려 놓은 불〉 같다. (……) 지옥에 떨어진 불행한 자는 아궁이 속의 장작처럼 불길에 휩싸인다. 그의 발밑은 불의 심연, 머리 위도 불의 심연, 사방이 온통 불의 심연이다. 그가 만지고 보고 숨 쉬는 것이 다 불이다. 그들은 물속에 사는 물고기처럼 불 속에서 살 것이다. 이게 무슨 말일까? 불은 그들을 에워싸는 데 그치지 않고 그들의 내장에까지 파고들 것이다. 그들의 몸은 온통 불로 변하여 배 속의 내장, 가슴속의 심장, 머릿속의 뇌, 혈관 속의 피, 뼛속의 골수까지 태울 것이다. (……) 지옥에 떨어진 자는 불의 용광로가 되고 말 것이다.

에르콜레 마티올리는 『피에타 일루스트라타』(1694)에서 이렇게 말했다.

　　선견지명이 뛰어난 철학자들의 판단에 따르면 불 하나에 얼음의 차가움, 가시와 철의 쓰라림, 독사의 앙심, 살무사의 독, 맹수의 잔인함, 모든 원소와 별들의 유해성이 다 들어 있으니 참

카트린 드 클레브, 「지옥의 입에서 나온 자들」, 카트린 드 클레브의 성무일과서 세부,
뉴욕, 더 피어폰트 모건 라이브러리

으로 놀라운 일이다. (……) 하지만 더욱 놀라운 일, 그리고 불의 덕성을 넘는et supra virtutem ignis 일은 불이 단 한 종류이면서도 죄의 경중을 구분하여 더 큰 죄를 지은 자에게 더 많은 고통을 준다는 것이다. 테르툴리아누스가 지혜의 불sapiens ignis이라 불렀고 에우세비우스가 심판의 불ignis arbiter이라고 했던 불은 탄원자들의 중요도와 다양성에 따라서 죄악의 중요도와 다양성을 정한다. (……) 불은 마치 죄인들의 차이를 알아보는 천부적 이성과 완벽한 인식을 지닌 것처럼 고통의 정도에 차이를 두어 엄벌을 내린다.

그리하여 우리는 양치기 소녀였던 루치아 수녀가 밝히는 파티마의 마지막 비밀에 이른다.

비밀은 서로 다른 세 가지로 되어 있는데 나는 그중 둘을 밝히려 한다. 첫 번째 비밀은 지옥의 광경이다. 성모님은 우리에게 땅 밑에 흐르는 거대한 불바다를 보여 주셨다. 그 불 속에 빠져 있는 악마들과 인간의 영혼들은 투명하거나 검거나 구릿빛을 띤 잉걸불 같았다. 그들은 불바다 속에서 떠다니다가 치솟는 불꽃에 실려 연기와 함께 튕겨 나가곤 했다. 그러고는 불똥처럼 사방으로 떨어지면서 고통과 절망으로 소리를 지르고 신음했다. 그 광경은 실로 두렵고 떨렸다. 악마들은 그 무시무시하고 역겨운 형상이 정체 모를 짐승 같았고 색은 투명하고도 검었다.

연금술의 불

신성한 불과 지옥의 불 중간에는 연금술을 수행하는 불이 있다. 불과 도가니는 연금술에 꼭 필요하다. 연금술은 원료에 일련의 처리 과정을 적용하고 현자의 돌*을 이용해 평범한 금속을 황금으로 바꾸는 기술이다.

원료의 처리 과정은 재료가 서서히 띠게 되는 색깔에 따라 세 단계로 분류된다. 검게 하기, 희게 하기, 붉게 하기가 그 단계들이다. 검게 하기는 원료를 가열하여(따라서 불이 개입한다) 분해하는 단계다. 희게 하기는 승화 혹은 증류 과정이다. 붉게 하기는 최종 단계다(붉은색은 태양의 색이고 태양은 금을 상징한다. 혹은 반대로 금이 태양을 상징하기도 한다). 처리의 기본 도구는 밀폐된 도가니, 일명 〈아타노르athanor〉지만 증류기, 사발, 절구, 이런저런 상징적 명칭의 재료들 — 철학의 알, 모태, 신방, 펠리컨, 구, 무덤 등 — 도 사용되었다. 기본 원료로는 유황, 수은, 소금이 쓰인다. 하지만 연금술사들의 언어가 다음 세 가지 원칙을 따르기 때문에 그 공정은 매우 불분명하다.

1. 이 기술의 대상은 말할 수 없는 가장 큰 비밀, 비밀 중의 비밀이다. 그 비밀은 항상 다른 곳에 있기에, 어떤 표현도 그것이 말

---

* 연금술사들은 납이나 주석 같은 값싼 금속을 금으로 바꿀 수 있게 만들 수 있는 물질이 있다고 믿었고, 이를 〈현자의 돌〉이라 불렀다.

하고자 하는 바를 전할 수 없고 어떤 상징적 해석도 결정적 해석은 되지 않을 것이다. 〈어리석은 자여, 우리가 비밀 중의 비밀을 공개적으로 가르쳤다고 생각하는가? 그 말을 곧이곧대로 받아들이는가? (다른 사람들처럼 시기해서 하는 말이 아니라) 확실히 알아 두라, 다른 철학자들의 말을 일반적인 의미 그대로 이해하려는 자는 이미 아리아드네의 실을 잃고 미궁에서 헤매는 격이니, 완전히 떠돌기만 하면서 자기 돈을 다 잃는다.〉(『아르테피우스의 책』, 1150년경)

2. 일반적인 금, 은, 수은을 말할 때도 실은 그것과는 별개인 철학자들의 금이나 수은 얘기를 하는 것이다.

3. 어떤 담론도 말하고자 하는 바를 분명하게 기술하지 않으며 모든 담론은 언제나 똑같은 비밀에 대해서만 말할 것이다. 『철학자들의 집회』(13세기)에도 이렇게 나와 있다. 〈우리는 무슨 말을 하든 동의한다는 것을 알아 두라. (……) 어떤 이는 다른 이가 숨긴 것을 드러낼 것이고 진정으로 찾는 자는 전부를 찾아낼 것이다.〉

불은 연금술 과정에 언제 개입하는가? 이 불이 소화나 수태에 관여하는 불과 유비 관계에 있다면 검게 하기 과정, 즉 열기가 원료를 끈끈하고 기름진 금속 본래의 습기에 대항해서 〈니그레도〉*를 일으켜야 할 것이다. 동 페르네티의 『신화-연금술 사전』

---

* nigredo. 〈변환〉을 의미하는 연금술 용어로서, 원료 처리 과정 중 한 단계에 해당한다. 연금술사들은 완벽한 상태를 얻기 위해서는 재료들의 혼합물을 가열해 검은 물질로 환원시킬 수 있어야 한다고 생각했다.

연금술사들의 도가니, 아타노르 그림이 있는 필사본,
17세기, 체코 두흐초프, 발트슈타인 성

다비트 테니르스, 「연금술사」, 17세기, 바욘, 보나엘뢰 미술관

(1787)에서 다음 글을 보자.

열이 재료들에 작용하면 일단 가루와 끈끈하고 기름진 액체를 얻을 수 있다. 이것이 기화되어 단지 위로 올라갔다가 이슬이나 빗방울 같은 형태로 다시 내려오면 약간 기름진 수프 같은 제형이 된다. 이 과정을 승화와 기화, 상승과 하강이라고 부른다. 이 액체가 응결되면 검은 역청처럼 되고, 이 때문에 악취나는 고약한 흙이라고 부르기도 한다. 그 냄새는 매장지와 무덤에서 풍기는 역한 냄새와 비슷하다.

텍스트들은 증류, 승화, 배소, 소화, 굽기, 반사, 용해, 하강, 응결 등이 전부 같은 단지 안에서 이루어지는 하나의 유일한 〈공정〉일 뿐이라고 주장한다. 다시 말해 그런 것들이 전부 원료 가열하기에 해당한다. 페르네티는 이렇게 결론을 내린다.

그러므로 유일한 공정이 여러 단어로 표현된다고 보아야 한다. 따라서 다음 표현들이 전부 똑같은 것을 가리킨다는 사실을 알 수 있다. 증류하다, 영혼과 신체를 분리하다, 태우다, 배소하다, 불거지게 하다, 마실 수 있게 하다, 먹을 수 있게 하다, 합치다, 바로잡다, 체로 치다, 집게로 자르다, 나누어 원소를 합치고 추출하다, 변환하다, 다른 것으로 바꾸다, 칼로 자르다, 도끼로 치다, 창이나 화살 같은 것으로 찌르다, 으깨다, 연결하다, 풀다, 부패시키다, 흙이 되게 하다, 녹이다, 생성하다, 수태하다,

낳다, 길어 내다, 적시다, 뿌리다, 흡수시키다, 반죽으로 만들다, 혼합물을 만들다, 묻다, 씻다, 불로 씻다, 연마하다, 갈다, 망치로 두들기다, 때리다, 검게 하다, 정화하다, 화덕에 넣다, 돌리다, 붉게 하다, 녹이다, 승화하다, 들이마시다, 부활시키다, 빻다, 가루로 만들다, 절구에 넣다, 대리석판에서 으깨다. 이외에도 비슷한 표현이 아주 많다. 이 표현들은 모두 진한 붉은색이 나올 때까지 원료를 가열한다는 의미로 보면 된다. 그러므로 단지를 움직이지 말고 불에서 떼지 않는 것이 중요하다. 단지 안의 원료가 식으면 다 헛일이 되기 때문이다.(『일반 규칙』, 202~206면)

그런데 이 불은 무엇인가? 여러 논문의 저자들이 페르시아의 불, 이집트의 불, 인도의 불, 원소적 불, 자연의 불, 인공 불, 재의 불, 모래의 불, 줄밥의 불, 융합의 불, 불꽃의 불, 자연에 역행하는 불, 알지르 불,* 수은 불, 천상의 불, 부식성 불, 질료의 불, 사자의 불, 부패의 불, 용의 불, 퇴비의 불 등을 언급하고 있지 않은가?

붉게 하기 단계에서 불은 시종일관 도가니를 달군다. 그런데 〈불〉이라는 단어 자체가 연금술 과정에서 나타나는 붉은색 물질의 은유는 아닐까? 다시 페르네티를 인용해 보자면, 붉은 돌은 붉은 고무, 붉은 기름, 루비, 황산, 타타르의 재, 붉은 것, 열매, 붉은 돌, 붉은 마그네슘, 별 모양 돌, 붉은 소금, 붉은 유황, 피, 양귀비,

---

* Algir. 매우 강력한 불을 말한다.

붉은 포도주, 붉은 황산염, 연지벌레, 그리고 〈불, 자연의 불〉로도
불린다(『기호들』, 187~189면).

　요컨대 연금술사들은 늘 불을 써서 발견을 했고 불은 연금술
실무의 기본이다. 그렇지만 불 자체는 연금술에서 가장 파악하기
어려운 신비에 해당한다. 금을 만들어 본 적이 없는 나로서는 이
문제에 답할 수 없으므로 이제 다른 불, 또 다른 연금술의 불로 넘
어가겠다. 예술이라는 연금술에서는 불이 새로운 세상을 창조하
는 도구가 되고, 예술가는 신의 모방자가 된다.

예술의 원인으로서의 불

플라톤은 『프로타고라스』에서 이렇게 말한다.

　신들은 있었으되 필멸하는 것들은 없었던 때가 있었다.
(……) 필멸하는 생명들이 세상에 나올 때가 되자 프로메테우
스와 에피메테우스는 그들에게 적절한 능력을 나누어 주기로
했다. 그런데 에피메테우스는 프로메테우스에게 자기 혼자 그
일을 하게 해달라고 했다. 〈내가 혼자 알아서 할 테니 형님은
끝나고 와서 살펴보세요〉라고 하니 프로메테우스는 그러겠다
고 했다. 에피메테우스는 능력을 나눠 주면서 어떤 생물에게는
강한 완력을 주되 빨리 달리는 능력은 주지 않았고, 어떤 생물
에게는 힘은 주지 않았으나 빨리 달릴 수는 있게 해주었다. 공

격 무기를 어떤 종에게는 주고 또 다른 종에게는 주지 않았지만, 무기를 받지 못한 종에게는 자기방어 수단이 주어졌다. 몸집이 작은 종에게는 도망칠 수 있는 날개나 땅 속으로 숨는 능력을 주었고, 몸집이 큰 종은 그 몸집으로 자기 자신을 지킬 수 있게 했다. 그는 이처럼 모든 동물에게 보상을 나누어 주면서 모두가 멸종을 피할 수 있도록 신중하게 조치했다. 다양한 생물은 서로를 완전히 죽여 없애지 않을 뿐 아니라 혹독한 자연에서 자기를 지킬 수 있어야 했다. 겨울의 추위와 여름의 더위를 피하고 밤에는 침구 노릇도 할 수 있게끔 풍성한 털이나 두꺼운 외피를 주었다. 어떤 동물은 뿔처럼 딱딱한 재질의 발굽을 받았고, 또 어떤 동물은 피가 흐르지 않는 피부의 일부가 각화된 형태의 발굽을 받았다. 다양한 종이 각기 다양한 먹이를 먹게끔 땅에서 나는 풀, 나무에서 열리는 열매, 식물의 뿌리를 나눠 주었다. 그런가 하면 어떤 동물에게는 다른 동물의 고기를 식량으로 허락했다. 육식동물은 새끼를 많이 낳을 수 없게 했고, 다른 동물의 먹이가 되는 동물은 그 종이 유지될 수 있도록 다산을 보장했다.

그렇지만 에피메테우스는 미처 생각을 깊이 하지 못한 탓에 자기가 나눠 줄 수 있는 모든 능력을 동물들에게 다 써버리고 말았고, 마지막 남은 인간이라는 종에게는 아무것도 해줄 수 없었다. 그가 당황하고 있을 때 프로메테우스가 와서 능력을 어떻게 분배했는지 보고는 다른 동물은 다 능력을 받았는데 인간은 벌거숭이에 맨발이고 침구가 될 만한 것, 무기가 될 만한 것이 전혀 없음을 알았다. (……) 그래서 프로메테우스는 인간에게 무엇을 주어야 할지 고민하다가 헤파이스토스와 아테나에게서 불을 쓰는 기술에 대한 지식을 훔쳐 왔다. 그리고 불이 없으면 그 지식은 전혀 쓸모가 없기 때문에 불도 가져왔다. 그는 이것들을 인간에게 선물로 주었다.

예술은 불의 정복으로 태어났다. 적어도 그리스에서 말하는 예술의 의미로는 그렇다. 플라톤이 레비스트로스를 읽을 수 없었던 탓에 불을 다스리면서 음식물을 익혀 먹게 됐다는 것을 언급하지 않은 점은 안타깝다. 하지만 요리도 예술이므로 플라톤이 말하는 〈테크네〉 개념에 포함되기는 한다.

벤베누토 첼리니는 불과 예술이 얼마나 밀접한 관계에 있는지 『인생』(1567)에서 말해 준다. 그는 조각상 「페르세우스」의 주조 과정을 술회하면서 밀랍으로 빚은 조각상에 흙을 덧입힌 후 약한 불로 가열해서 밀랍만 녹여서 빼내는 기법을 썼다고 말한다.

밀랍이 내가 뚫어 놓은 여러 개의 구멍으로 흘러 나왔다. 구멍을 많이 만들어 놓을수록 주형 안이 잘 채워진다. 밀랍을 다 뽑아 낸 후에는 페르세우스 주형 주위에 벽돌을 쌓아 가마를 만들었다. 불이 잘 일어나도록 공기창을 내가면서 벽돌을 하나하나 쌓아 올렸다. 그러고는 가마에 장작을 집어넣고 이틀 밤낮으로 불을 지폈다. 밀랍이 완벽하게 사라지고 주형이 다 구워졌을 때 이 기술의 법칙대로 그 주형이 들어갈 구덩이를 팠

얀 코시에르, 「불을 나르는 프로메테우스」, 1637, 마드리드, 프라도 미술관

다. 구덩이를 다 파고 주형을 권양기에 단단하게 밧줄로 매달았다. 주형을 조심스럽게 들어 올려 가마 밖으로 빼낸 후 구덩이 중앙에 정확하게 안착시켰다. (……) 주형이 잘 고정되었는지, 공기가 통하는 관은 잘 배치되었는지 확인하고서 (……) 가마로 돌아갔다. 가마에는 구리와 청동 조각을 가득 채워 두었다. 이것들도 기술의 법칙을 준수하여 한 조각 한 조각 쌓아 올린 터였다. 불길이 자유롭게 일어나면서 빠르게 금속을 달구고 액체 상태로 녹였다. 조수들에게 소나무 장작을 계속 넣어 불을 지피라고 지시했다. 끈끈한 송진과 워낙 잘 만들어진 가마 덕분에 불이 어찌나 잘 피어오르는지 나는 쉴 새 없이 왔다 갔다 해야만 했다. 굉장히 피곤했지만 몸을 사릴 생각은 없었다. 작업장에 불이 붙어서 행여 우리를 덮치는 게 아닌가 겁이 났다. (……) 몇 시간에 걸쳐 사투를 벌였더니 타고난 체력이 대단한 나도 기진맥진했다. 갑자기 몸에 열이 확 올랐고 나는 견디다 못해 침대에 눕고 말았다.(II, 75)

이렇게 우발적인 불, 사람이 피운 불, 몸에서 나는 불 사이에서 작품에 대한 착상은 조각상의 형태로 나아간다.

그렇지만 불이 신적인 요소라면 인간이 불을 지필 줄 안다는 것은 신의 능력을 갖춘다는 뜻이요, 신전을 밝히는 불도 인간의 오만한 행동의 결과일 것이다. 그리스 문명은 불의 정복에 인간의 오만이라는 함의를 곧장 더했다. 희한하게도 고전 비극뿐만이 아니라 후대의 예술도 프로메테우스 이야기를 다룰 때는 불이라는 선물보다 그 후에 프로메테우스가 받았던 벌을 더 강조한다.

공현 경험으로서의 불

예술가가 자신이 신과 비슷하다고 인정하는 오만(히브리스hybris), 예술 작품이 신의 창조물을 대체한다고 보는 퇴폐적 감성을 지닐 때 예술적 경험과 불, 그리고 불과 공현의 동일시가 일어난다.

공현 개념(혹은 단어)은 월터 페이터가 쓴 『르네상스의 결론』(1873)에서 탄생했다. 이 유명한 책이 헤라클레이토스를 첫머리에 인용하는 것은 결코 우연이 아니다. 실재는, 변해 가고 지나가는 힘과 원소들의 총체이지만 우리의 피상적인 경험에서는 그것들이 실체를 띠고 성가신 현재 속에 고정된 것처럼 보인다. 〈그러나 반성적 사유가 천착하면서 그것들은 분해되었다. 그것들의 응집력은 마술처럼 정지해 버렸다.〉 그러므로 우리는 불안정하고 깜빡거리고 종잡을 수 없는 인상들 속에서 살아간다. 습관은 깨져 버리고 일상은 사라진다. 남는 것은 한순간 파악되었다가 금세 사라져 버리는 순간들뿐이다.

매 순간 어떤 완벽한 형상이 우리 앞에 나타난다. 그 형상은 아름다운 손일 수도 있고 어여쁜 얼굴일 수도 있다. 혹은 유난히 아름다워 보이는 언덕이나 바다의 색조일 수도 있다. 감상적 기분, 직관, 지적 감흥이 거부할 수 없는 일관성을 띠고 우리를 유혹하기도 한다. 하지만 다 한순간이다.

이 황홀경을 유지하는 것이야말로 〈인생의 성공〉이리라.

모든 것이 우리의 발아래서 빠져나가는데 날아가는 것을 잠시 붙잡으면 또 어떠한가? 감미로운 열정, 한계를 덜어 주고 잠시 영혼의 숨통을 터주는 귀중한 지적 깨달음, 신비로운 색채나 그윽한 향기 같은 감각적 자극, 예술가의 손이 빚은 작품, 친구의 얼굴을.

퇴폐주의 작가들은 탐미적이고 관능적인 황홀경을 섬광처럼 느끼곤 했다. 그러나 미적 황홀경을 불의 관념과 최초로 연결한 작가는 아마 가브리엘레 단눈치오일 것이다. 우리는 그를 〈불꽃은 아름답다〉라는 간략한 관념과 진부하게 연결하는 선에서 그치지 않을 것이다. 미적 황홀경으로서 불의 경험은 바로 『불』(1900)이라는 그의 소설에서 나온다. 스텔리오 에프레나는 베네치아의 아름다움을 목도하고는 불을 경험한다.

돔 위에 기도로 부풀어 오른 십자가에서부터 다리의 아치 아래 맺힌 희미한 소금 결정체에 이르기까지 모든 것이 숭고한 빛으로 전율했다. 신랑이 몸소 불의 수레에서 아름다운 도시를 향해 몸을 내밀고 있었다. 비인간적인 젊은 얼굴에는 속삭임 가득한 입술과 침묵의 숲이 있었다. 섬세하면서도 잔인한 야수성이 깊은 이해의 눈빛과 대조를 이루었다. 그의 몸에서는 민첩한 발가락, 힘센 손가락의 끝마디까지 피가 뛰고 있었다. 몸에 두른 것은 온통 황갈색이 도는 금빛과 진홍빛이었다.

공현의 가장 뛰어난 이론가인 제임스 조이스는 단눈치오의 『불』을 몹시 흡족하게 읽고 이 책에서 영감을 받았다. 〈그는 공현이라는 단어를 천박한 언행이나 정신 자체의 기억할 만한 말로 나타나는 급작스러운 정신의 계시라는 뜻으로 썼다.〉(『스티븐 히어로』, 1944) 그런데 조이스에게서 공현은 언제나 불의 경험으로 나타난다. 『젊은 예술가의 초상』에서 〈fire〉라는 단어는 쉰아홉 번, 〈radiance〉나 〈splendour〉까지 가지 않고 〈flame〉과 〈flaming〉만 따져도 서른다섯 번이 나온다. 『불』에서 라 포스카리나는 스텔리오의 말을 들으면서 〈대장간의 불처럼 뜨거운 분위기에 매혹되는〉 것을 느낀다. 스티븐 디덜러스에게 미적 황홀경은 늘 번득이는 섬광으로 나타나고 태양의 은유로 표현되는데, 그 점은 스텔리오 에프레나도 마찬가지다.
다음 두 대목을 비교해 보자.
먼저 단눈치오의 『불』에서 발췌한 글이다.

배는 격렬하게 방향을 틀었다. 기적이 일어났다. 첫 햇살이 펄럭이는 돛을 가로질러 산마르코 성당과 산조르조마조레 성당의 종탑 위 천사들을 비추었다. 행운의 여신상이 위치한 거대한 구가 활활 타는 듯 빛나서 대성당이 불타는 관을 쓴 것 같았다. (……) 오, 영광의 기적이여! 힘과 자유의 초인적 느낌은

윌리엄 터너, 「에우로파 호텔 계단에서 바라본 베네치아의 여명과 산마르코 종탑」,
1840, 런던, 테이트 갤러리

마치 바람이 돛을 부풀리듯 젊은이의 심장을 타오르게 했다. 진홍빛 돛 속에서 자기 모습은 자신의 피가 발산하는 진홍색 광채 속에 잠긴 것처럼 보였다.

조이스의 『젊은 예술가의 초상』을 보자.

그의 사색은 자기 자신을 향한 의심과 불신이 드리우는 땅거미였다. 때때로 직관이 번개처럼 번득였지만 그 빛은 너무 투명해서 그럴 때마다 세상이 불에 타버린 듯 그의 발치에서 꺼지는 느낌이었다. 그러고 나면 그의 입은 무거워졌고 누군가와 시선이 마주쳐도 감흥이 없었다. 마치 미의 정령이 그를 망토처럼 꽁꽁 에워싸고 있는 느낌이었다.

재생의 불

앞에서 언급했듯이 헤라클레이토스는 시대마다 우주가 불을 거쳐 재생된다고 생각했다. 불과 가장 친했던 철학자는 아마 엠페도클레스일 것이다. 그는 자신을 신성화하려고 했는지 아니면 신이 되었음을 추종자들에게 보여 주고 싶어서였는지 (일부 전하는 말에 따르면) 에트나 화산의 분화구에 스스로 몸을 던졌다. 이 궁극의 정화, 불로써 자멸하겠다는 선택은 시대를 막론하고 시인들의 마음을 사로잡았다. 요한 크리스티안 프리드리히 횔덜린의

「엠페도클레스의 죽음」(1798)만 봐도 알 것이다.

> 보게나! 나의 사랑하는 이여! 벌써 한결 가벼워졌네.
> 곧 나는 더 자유로이 숨 쉬게 될 걸세, 그리고 저 높은
> 에트나 산의 눈이 따뜻한 햇볕에
> 가물가물 빛나며 녹아 산꼭대기부터
> 일렁이며 떨어져 내리고 무지개의 즐거운 곡선,
> 그 피어나는 것이 폭포를 만나 다리를 놓듯이
> 내 가슴에서 흘러나와 물결치는 것 있으니
> 시간이 내게 쌓아 놓은 것이 메아리치며 무너지네.
> 무거운 것들은 떨어지고 또 떨어지며, 내 위에서는
> 맑고 가벼운 생명이 환히 피어난다네.

어쨌든 헤라클레이토스와 엠페도클레스 사이에서 불의 또 다른 면, 창조자이기도 하지만 파괴와 재생의 요소이기도 하다는 면이 드러났다. 스토아학파는 〈에크피로시스ekpyrosis〉를 이야기한다. 에크피로시스는 우주의 큰불(세상의 화재 혹은 말세)을 가리키는데, 결국 만물이 불에서 태어나 자신의 주기를 다한 후에 불로 돌아간다는 우주론이다. 에크피로시스 개념 자체는 인간의 계획과 실행으로 불을 통한 정화가 이루어질 수 있다는 의미를 내포하지 않지만, 제물을 불에 태워 바치는 제식들의 토대에는 분명히 불의 파괴, 정화, 재생에 대한 생각이 깔려 있다. 여기서 화형의 신성성이 나온다.

과거에는 화형을 자주 시행했다. 중세의 이단은 물론 마녀들도 적어도 18세기까지는 화형을 당했다. 오직 단눈치오의 미학만이 밀라 디 코드라*에게서 〈불꽃은 아름답다〉라는 대사를 끌어낼 수 있을 것이다. 이미 지독한 고문으로 만신창이가 된 이단자들을 불태워 죽이는 형벌은 끔찍하기 그지없다. 돌치노의 고문 장면에 대한 묘사만 봐도 알 것이다. 그는 아내 마르게리타와 함께 재판에 넘겨졌다(『이교도 프라 돌치노 이야기』, 13세기). 종이 울린 후, 그들은 수레에 실린 채 온 도시를 돌면서 구경거리가 되었다. 사형 집행인과 군인들이 수레 주위를 지켰다. 죄인들은 어느 한 구역에 도착할 때마다 시뻘겋게 달군 집게에 찔리는 고문을 당했다. 마르게리타가 먼저 화형을 당했다. 돌치노는 집게에 사지를 찢기면서 인상 한 번 찡그리지 않았던 것처럼 아내가 타죽는 광경을 보면서도 그랬다. 수레가 전진하는 동안 사형 집행인들은 계속 집게를 횃불에 달구었다. 돌치노는 다른 고문들에도 의연하게 버텼다. 그러나 코가 잘려 나갈 때는 어깨를 조금 움찔했고 성기가 뽑힐 때는 신음하듯 긴 한숨을 토했다. 그가 마지막으로 한 말은 회개처럼 들리지 않았고, 자신이 사흘 만에 부활할 것이라고 했다. 그 후 돌치노는 화형을 당했고 그의 재가 바람에 흩어졌다.

시대, 인종, 종교의 종류를 막론하고 종교 재판관들은 불을 인

---

* 단눈치오의 희곡 『이오리오의 딸』의 주인공으로, 마녀로 몰려 화형을 당해 죽는다.

간의 죄뿐만이 아니라 책의 죄를 씻는 도구로도 여겼다. 책이 화형당한 이야기는 차고 넘친다. 부주의, 사고, 무지 때문에 책이 타버린 적도 있지만 나치처럼 퇴폐적인 예술의 증거들을 정화하고 파괴하려고 분서(焚書)를 행한 경우도 많다.

돈키호테를 염려하는 벗들은 정신건강과 도덕성을 해친다는 이유로 서재에서 기사 문학을 비우고 불태워 버린다. 엘리아스 카네티의 『화형』(1935)에서 서재가 불타는 장면은 엠페도클레스의 희생을 연상시킨다(〈마침내 불길이 그에게 닿았을 때 그는 평생 웃어 본 적 없는 사람처럼 큰 소리로 웃었다〉). 레이 브래드버리의 『화씨 451』(1953)에서도 책들은 불에 타 사라질 운명에 처해 있다. 『장미의 이름』(1980)에서 수도원 도서관은 숙명적으로, 그리고 최초의 검열 때문에 불타 버린다.

페르난도 바에스는 『책 파괴의 세계사』(2004)에서 불이 책을 없애는 지배적 수단이 된 이유를 파헤친다. 그 답은 다음과 같다.

요컨대 불은 인류를 구원했다. 그렇기 때문에 거의 모든 종교는 불을 자기네가 섬기는 신의 몫으로 거룩히 여긴다. 생명을 대속하는 이 힘은, 새삼 지적할 가치가 있는바, 파괴적인 힘이기도 하다. 인간은 불을 파괴의 도구로 쓰면서 생사의 불을 다스리는 신을 흉내 낸다. 그리하여 정화와 태양 숭배는 대대적인 파괴의 신화와 동일시되었는데, 파괴는 언제나 막판에 다 불살라 버리는 에크피로시스로써 이루어진다.

불을 사용하는 이유는 분명하다. 불이 작품의 정신을 물질로

「알비파의 저서들을 태우는 성 도미니쿠스」, 뱅상 드 보베의 『역사 경(鏡)』
15세기 필사본의 세밀화, 샹티이, 콩데 미술관

환원시켜 버리기 때문이다.

현대의 에크피로시스

불은 모든 전쟁의 일화에서 파괴자다. 비잔틴 제국 시대 그리스의 불에서부터[군사 기밀이라면 군사 기밀이었을 이 불을 루이지 말레르바가 멋지게 다룬 소설 『그리스의 불』(1990)을 상기시키고 싶다] 베르트홀트 슈바르츠(개인으로서는 처벌적 에크피로시스로 사라진*)의 우연한 화약 발명까지 늘 그랬다. 불은 전쟁에서 배신자에게 내리는 처벌이다. 〈발사/불 fire〉이라는 지시는 총살 명령이기도 하다. 마치 죽음의 에필로그를 앞당기기 위해 생명의 근원을 소환하는 것 같지 않은가. 하지만 인류 — 전 세계 인류를 두고 하는 말이다 — 에게 가장 위협적이었던 전쟁의 불, 지구의 어느 한곳에서 일어났음에도 처음으로 전 세계에 알려졌던 불은 아마 원자폭탄일 것이다.

나가사키에 폭탄을 투하한 조종사 한 명이 이런 글을 썼다. 〈갑자기 천 개의 태양이 비추듯 빛이 기내로 쏟아져 들어왔다. 짙은 색 선글라스를 쓰고 있었는데도 눈을 감아야만 했다.〉『바가바드 기타』에 이런 대목이 있다. 〈하늘에 갑자기 천 개의 태양이 떠오

---

* 베르트홀트 슈바르츠의 실존 여부는 분명치 않고 다른 수도사와 동일 인물로 여겨지기도 한다. 진위는 불확실하지만 그가 우연히 화약과 총기를 만들었고 그 죄목으로 처형당했다는 기록이 있다.

를 때의 빛이나 전능자의 광채에 비교할 만할 것이다. (……) 나는 죽음이 되었고 세계의 파괴자가 되었다.〉 물리학자 로버트 오펜하이머*가 최초의 원자폭탄 투하 이후에 떠올린 글이 바로 이것이었다.

이제 우리는 극적으로 강연의 결론으로 나아가고 있고 인간이 지구에서 펼쳐 온 모험, 또는 우주에서 지구가 펼쳐 온 모험도 — 상당한 시간이 있긴 하지만 — 막바지에 이르렀다. 우주를 구성하는 세 원소가 지금처럼 위기였던 적은 없기 때문에 하는 말이다. 공기는 공해와 이산화탄소에 망가졌고, 물은 오염된 데다 점점 부족해지고 있다. 오직 불만이 지구를 사막화하고 계절을 교란시키고 만년설을 녹여 해수면을 상승시키며 위세를 떨친다. 우리는 미처 깨닫지 못한 채 최초의 진짜 에크피로시스로 다가가고 있다. 조지 W. 부시와 중국이 교토 의정서 비준을 거부하는 와중에, 우리는 불에 타죽을 운명으로 나아간다. 우리가 전멸한 후에 세상이 재생할지 어떨지는 중요하지 않다. 어차피 그 세상은 우리 것이 아닐 테니까.

부처님은 「불의 설교」에서 이렇게 말씀하셨다.

수도자들아, 모든 것이 불타는구나. 그 모든 것이 무엇이냐? 눈이 불탄다. 물질의 모양이 불탄다. 시각의 분별이 불탄다. 시

---

* 제2차 세계 대전 당시 원자폭탄 개발을 성공적으로 이끌어 국가적 영웅이 되었으나 이후 수소폭탄 개발에 반대했던 이론물리학자. 대량 살상 무기 개발에 반대하는 인터뷰를 하면서 『바가바드기타』의 이 구절을 인용한 바 있다.

각과 접촉하는 것이 불탄다. 시각적 접촉이 원인이자 조건인 감각이 불탄다. 그 감각이 쾌락이든, 고통이든, 혹은 그 어느 쪽도 아니든 상관없다. 무엇이 이 불을 일으키느냐? 이것은 욕망의 불, 혐오의 불, 무지의 불이다. 내가 너희에게 말하노니 이는 탄생과 노화와 죽음의 불이다. 번민과 한탄과 고통과 비참과 절망의 불이다. 귀가 불탄다. 소리가 불탄다. (……) 코가 불탄다. 냄새가 불탄다. (……) 혀가 불탄다. 맛이 불탄다. (……) 만질 수 있는 것이 불탄다. 촉각이 불탄다. 접촉이 불탄다. (……) 정신이 불탄다. 관념이 불탄다. 의식이 불탄다. 의식과 닿는 것이 불탄다. (……) 이 가르침을 듣고 이해한 고귀한 제자는 시각에 휘둘리지 않고, 물리적 사물에 휘둘리지 않고, 시각의 분별에 휘둘리지 않고, 시각의 접촉에 휘둘리지 않는다. 또한 시각적 접촉이 원인이자 조건인 감각에도 휘둘리지 않으니 그 감각이 쾌락이든, 고통이든, 그 어느 쪽도 아니든 마찬가지다. 그는 청각에 휘둘리지 않고, 소리에 휘둘리지 않고, 청각의 분별에 휘둘리지 않고, 청각적 접촉에 휘둘리지 않는다. 또한 청각적 접촉이 원인이자 조건인 감각에도 휘둘리지 않으니 그 감각이 쾌락이든, 고통이든, 그 어느 쪽도 아니든 마찬가지다. 그는 후각에 휘둘리지 않고, 냄새에 휘둘리지 않고, (……) 혀에 휘둘리지 않고, 맛에 휘둘리지 않고, 미각의 분별에 휘둘리지 않는다. 또한 미각적 접촉이 원인이자 조건인 감각에도 휘둘리지 않으니 그 감각이 쾌락이든, 고통이든, 그 어느 쪽도 아니든 마찬가지다.

하지만 인류는 냄새와 맛, 소리에 대한 애착과 감촉이 주는 즐거움을 포기하지 못할 것이며 마찰을 통해서 불을 일으키지 않고는 못 배길 것이다. 어쩌면 불은 신들의 권한으로 남겨 놓고 우리는 그저 가끔 번갯불의 형태로만 경험했어야 했는지도 모른다.

라 밀라네시아나, 2008, 4원소

보이지 않는 것

실제 존재하는
것처럼 얘기하기

지금까지 나는 다양한 이미지를 활용하여 절대, 추, 불 같은 주제를 멀티미디어 프로그램으로 살펴보았다. 그런데 이번 주제는 보이지 않는 것이다. 보이지 않는 것을 어떻게 보여 준단 말인가?

이 글에서는 자연적이지 않은 흥미로운 본체들을 보는 방식을 다루려고 한다. 자연적이지 않은 개체란 나무나 사람처럼 자연이 만들어 낸 것이 아닌데도 우리 안에서 살아가고 우리도 그것들이 실제 존재하는 것처럼 얘기하는 경향이 있는 본체다. 서사의 인물, 더 정확하게는 허구적 인물, 허구 속의 인물을 두고 하는 말이다.

서사의 인물들은 만들어진 것이다. 고로, 상식적으로 그 인물들은 존재하지 않는다(존재하지 않으므로 눈에 보이지도 않는다). 하지만 그들이 보이지 않는 또 다른 이유는 그들이 이미지가 아니라 말로 표현되기 때문이다. 심지어 신체적 묘사가 자세하게 나오지 않는 경우도 많다.

조르조 데 키리코, 「불안한 뮤즈」, 1916, 개인 소장

하지만 그들은 어찌 보자면 그들이 등장하는 소설의 바깥에도 있다. 게다가 온갖 종류의 무한한 이미지를 통해 되살아난다. 그렇기 때문에 나는 보이지 않는 이들의 이미지를 동원할 것이고 이는 단순한 수사적 전략이 아니다. 사실 어떤 허구적 인물은 그가 탄생한 텍스트 밖에서 부여받은 수많은 시각적 표상 덕분에 아주 잘 보이게 되었다. 텍스트에서 창조된 인물이 텍스트 밖에서 산다는 건 어떤 의미일까? 잘 생각해 보면 결코 가볍게 넘길 문제가 아니다.

허구 속 인물과의 친밀감

레프 톨스토이는 안나 카레니나의 외모를 자세히 묘사하지 않았다. 그냥 그녀가 아름답고 매혹적이라고만 했다. 읽어 보자.

브론스키는 (……) 뒤돌아 한 번 더 그녀를 보고픈, 참기 어려운 욕구를 느꼈다. 그녀가 굉장한 미인이라든가 조촐하고 소박한 아름다움이 마음을 끈다든가 해서가 아니라 단지 옆을 지나쳤을 때 그 귀염성 있는 얼굴에서 유달리 정답고 부드러운 것을 느꼈기 때문이었다. (……) 짙은 속눈썹 때문에 까맣게 보였던 그녀의 반짝이는 회색 눈은 마치 그를 알아보기라도 한 것 같았다. (……)
키티는 요즘 날마다 안나를 만났고 그녀에게 홀딱 반해서는

「안나 카레니나」(클래런스 브라운 감독, 1935) 속의 바질 래스본, 그레타 가르보, 프레드릭 마치

라일락빛 의상을 입은 모습을 줄곧 상상해 보았다. 그러나 검은 옷을 입은 안나를 보자 그녀의 참된 아름다움을 비로소 깨달았다. 이제 그녀는 안나가 라일락빛 의상을 입을 필요가 없다는 것을, 안나의 아름다움은 치장을 초월한 데 있다는 것을, 치장의 흔적이 아예 드러나지 않는 데 있다는 것을 이해했다. 오히려 이 검은 옷이, 비록 화려한 레이스 장식이 있기는 했지만, 안나의 소박하고 자연스러운 멋을 돋보이게 하는 틀이 되어 주고 있었다.

(……) 단순한 검은 옷을 입은 모습이 정말 매력적이었다. 팔찌가 반짝이는 포동포동한 팔이 아름다웠다. 진주목걸이를 건 우아한 목이 아름다웠다. 약간 헝클어져 물결치는 머리칼이 아름다웠다. 조그마한 발과 손의 우아하고 경쾌한 동작이 아름다웠다. 생기를 띤 해사한 얼굴이 아름다웠다. 그러나 이러한 매력 속에는 뭔가 무섭고 잔인한 것이 있었다.

이러한 묘사는 소피아 로렌에게든 니콜 키드먼에게든, 미셸 오바마에게든 카를라 브루니에게든 다 갖다 붙일 수 있다. 우리가 알다시피 지금까지 수많은 모습의 안나 카레니나가 있었다.

보이지 않는 인물 입장에서는 괜찮은 일이다.

1860년에 알렉상드르 뒤마는 가리발디 장군에게 합류하려고 시칠리아로 가던 중에 마르세유에 정박해 이프 성을 둘러보았다. 그의 작중인물 에드몽 당테스가 몬테크리스토 백작이 되기 전에 도형수 신분으로 14년을 지내면서 파리아 신부를 만났던 바로 그

피터 모건, 『몬테크리스토 백작』 삽화, 20세기, 개인 소장

성이다. 뒤마는 이 성을 둘러보다가, 먼 훗날 가이드는 관광객들에게 몬테크리스토 백작의 독방을 보여 주면서 백작과 파리아 신부가 실존 인물인 것처럼 말하겠지만 정작 그 성이 실존 인물 미라보가 수감되었던 곳이라는 사실은 언급하지 않을 것임을 알았다.

그리하여 뒤마는 『회고록』에 이렇게 썼다. 〈역사가의 인물을 죽이는 인물을 만들어 내는 것이야말로 소설가의 특권이다. 역사가는 그저 유령을 소환할 뿐이지만 소설가는 뼈와 살로 이루어진 생생한 인물을 창조하기 때문이다.〉

로만 잉가르덴은 허구 속의 인물이 존재론적인 면에서 〈덜 결정되어〉 있다고 본다. 다시 말해 우리는 그 인물의 속성 중 몇 가지만 안다. 반면에 실제로 존재하는 개인들은 〈완전히 결정되어〉 있으므로 성격의 사소한 차이들까지 분류·정리할 수 있다는 것이다. 나는 이 주장에 동의하지 않는다. 실제 존재하는 어느 한 개인의 속성을 모조리 열거할 수 있는 사람은 없고, 허구 속 인물의 속성은 텍스트에 의해 엄격하게 제한되어 있다. 텍스트에서 언급된 속성들만이 허구적 인물의 정체성을 확인하는 데 중요하다.

실제로 나는 내 아버지에 대해서 아는 것보다 알레산드로 만초니의 소설 『약혼자들』에 나오는 렌초 트라말리노에 대해서 아는 것이 더 많다. 아버지에 대해서는 그분 생애의 허다한 일화들, 입 밖으로 말한 적 없는 은밀한 생각, 겉으로 표내지 않았던 불안, 말하지 않은 두려움과 기쁨을 알지 못하며 앞으로도 영영 알 수 없으리라. 아버지는 뒤마가 말했던 역사가의 인물 비슷하게, 내가 환상을 품을 수 있는 애틋한 유령이 되었다. 반면에 렌초 트라

말리노에 대해서는 알아야 할 것을 다 안다. 만초니가 주지 않은 정보는 나, 만초니 자신, 허구의 인물 렌초 모두가 무시해도 상관없다.

그런데 정말 그럴까? 소설의 주장은 결코 현실에서 일어나지 않은, 만들어 낸 것을 다루기 때문에, 바로 그 이유로라도 늘 거짓이어야 할 것이다. 그렇지만 우리는 소설의 주장을 거짓으로 여기지 않으며, 호메로스나 미겔 데 세르반테스가 거짓말쟁이라고 생각하지도 않는다. 독자는 텍스트를 읽으면서 저자와 암묵적인 규약을 맺는다. 저자는 정말로 일어난 일을 얘기하는 〈척하고〉, 우리는 그 얘기를 진지하게 받아들이는 〈척한다〉 규약 말이다. 마치 어린아이가 친구와 놀면서 〈나는 산적이고 너는 경찰이라고 치자〉라고 정하는 것처럼 말이다. 소설의 주장은 이로써 있을 법한 세상을 묘사하고 구성한다. 우리의 진위 판단은 모두 현실 세계가 아니라 그 소설 속의 가능한 세계를 기준으로 한다. 아서 코넌 도일의 가능한 세계에서 셜록 홈스가 스푼리버강 변에 산다고 하면 거짓이다. 톨스토이의 가능한 세계에서 안나 카레니나가 베이커 스트리트에 산다고 하면 거짓이다.

가능한 세계는 아주 많다. 가령 내 욕망의 가능한 세계에서 나는 폴리네시아 제도의 어느 무인도에 샤론 스톤과 함께 난파당할지도 모른다는 상상을 한다. 가능한 세계는 본래 〈불완전하고〉 실제 세계의 면모들을 배경으로 취한다. 내 환상의 세계에서 내가 샤론 스톤과 폴리네시아의 어느 섬에 조난당한다면 그 섬은 야자나무가 울창하게 자라는 백사장이라든가 그밖에도 실제 세계에

BAKER STREET IN A STUDIO: A REMARKABLE SET.

Photograph by Illustrations Bureau.

A "SHELL" OF SHERLOCK HOLMES'S CHAMBERS: AN EPISODE UNDER THE RAYS OF AN ARC LAMP, FOR THE CINEMATOGRAPH.

크리클우드 스톨 스튜디오에서 촬영한 영화 「셜록 홈스」의 베이커 스트리트 세트장,
『디 일러스트레이티드 런던 뉴스』 1921년 8월 6일자에 실린 사진

서 기대할 만한 것들로 이루어져 있을 것이다.

서사의 가능한 세계 역시 우리가 사는 세계와 너무 동떨어진 배경을 취하지 않는다. 심지어 우화 — 물론 우화에서는 동물도 말을 하지만 — 에서조차도 숲은 우리가 사는 세계의 숲이다. 셜록 홈스의 이야기는 그 시대의 런던을 배경으로 펼쳐진다. 만약 왓슨이 갑자기 다뉴브강 가 넵스키 광장 모퉁이에 서 있는 에펠탑을 보려고 세인트제임스 공원을 건너갔다고 하면 우리는 이상하다고 느낄 것이다. 물론 화자는 독자가 받아들일 수 있도록 여러 가지 장치를 마련해서(예를 들면 시공간 이동 현상이 일어난다든가 하는 설정을 도입할 수 있겠다) 우리를 그런 세계로 데려갈 수도 있다. 하지만 그렇더라도 이야기가 재미있게 받아들여지려면 그 에펠탑은 파리에 있는 에펠탑이어야 할 것이다.

허구와 실재 세계의 차이

허구의 세계가 실제 세계와 뚜렷하게 모순되는 면을 지닐 때도 있다. 윌리엄 셰익스피어는 『겨울 이야기』 3막 3장의 배경을 보헤미아 해변의 광야로 설정했는데 바다 없는 스위스에 해수욕장이 있을 수 없듯이 실제 세계의 보헤미아에는 해변이 없다. 하지만 우리가 가능한 세계의 보헤미아에는 해변이 있다고 생각하기에(혹은, 사실이라고 믿는 척하기에) 큰 무리는 없다. 일반적으로 허구의 규약을 맺은 이는 너무 깐깐하게 따지지는 않는다. 혹은 관

조지프 라이트 오브 더비, 「폭풍우」, 곰에게 쫓기는 안티고네,
셰익스피어의 『겨울 이야기』 3막 3장 삽화, 1790, 개인 소장

련 정보를 잘 모른다.

가능한 세계와 실제 세계 사이의 차이가 일단 수립이 되면 다들 〈안나 카레니나는 달리는 기차에 뛰어들어 자살했다〉라는 주장은 참이지만 〈히틀러는 베를린의 벙커에서 자살했다〉와 같은 방식으로 참인 것은 아니라고 이해한다.

그렇지만 역사 시험에서 히틀러는 코모 호수에서 총살당했다고 답한 학생을 떨어뜨린다고 해도, 문학 시험에서 안나 카레니나는 알렉세이 카라마조프와 시베리아로 달아났다고 답한 학생도 떨어뜨리는 것은 어찌 된 일일까?

논리학과 기호학의 관점에서 이 문제는 쉽게 풀린다. 〈안나 카레니나는 달리는 기차에 뛰어들어 자살했다〉는 〈실제 세계에서 톨스토이가 안나 카레니나가 달리는 기차에 뛰어들어 자살한다는 내용을 쓴 것은 사실이다〉를 관습적으로 줄여 쓴 문장이다. 따라서 톨스토이와 히틀러는 같은 세계에 속해 있지만 히틀러와 안나 카레니나는 같은 세계에 속해 있지 않다.

따라서 논리학적으로 말해 보자면 〈안나 카레니나는 자살했다〉는 〈대언적de dicto〉 참이고 〈히틀러는 자살했다〉는 〈대물적 de re〉 참이다. 혹은 좀 더 잘 말해 보자면, 안나 카레니나의 경우는 표현의 〈기의〉와 관련 없이 기표하고만 관련이 있다. 달리 말하자면, 베토벤의 교향곡 5번이 C장조이고(6번처럼 F장조가 아니라) 〈솔, 솔, 솔, 미 플랫〉으로 시작한다고 참인 진술을 할 수 있는 것처럼 서사 속 인물에 대해서도 참인 진술을 할 수 있다. 교향곡의 경우는 악보를 보면 진위 판단이 가능하다. 『안나 카레니나』

는 일종의 격언으로 시작한다. 〈행복한 가정은 모두 고만고만하지만 불행한 가정은 각기 다른 사정으로 불행하다.〉 이 문장은 일종의 견해이지만 바로 뒤에 사실에 대한 진술이 따라 나온다. 〈오블론스키 집안은 모든 것이 뒤죽박죽이었다.〉 우리는 정말로 오블론스키 집안의 모든 것이 뒤죽박죽이었는지를 따지지 않고 『안나 카레니나』라는 제목의 악보에 〈오블론스키 집안은 모든 것이 뒤죽박죽이었다〉라는 문장이, 혹은 그에 상응하는 내용의 문장이 실제로 러시아어로 쓰여 있는가를 따지는 셈이다.

하지만 이 해법은 만족스럽지 않다. 악보는 (악보 해석의 문제가 무한히 많다는 것은 별개로 하고) 소리의 시퀀스를 만들게 하는 지시들을 합쳐 놓은 것이다. 교향곡 5번에서 느끼는 기쁨과 감상, 미학적 판단은 나중에 오는 문제다. 마찬가지로 『안나 카레니나』라는 소설 첫 장에 쓰여 있는 내용은 오블론스키 집안의 사정을 생각하게 하고 그 사정에 비추어 우리가 추정하는 그 무엇을 참 혹은 거짓으로 판단하게 만든다. 아주 자명하게 말해 보자면 우리가 『안나 카레니나』라는 책의 도입부에 〈오블론스키 집안은 모든 것이 뒤죽박죽이었다〉라고 쓰여 있는 게 사실이라고 받아들이더라도 그 집안이 뒤죽박죽이라는 게 사실인지 거짓인지는 아직 확실치 않을 수 있다. 특히 그 무질서가 톨스토이의 가능한 세계에서 참인 것을 넘어, 실제 세계를 사는 우리에게도 사실인지 거짓인지는 확실치 않다.

『성경』이라는 악보가 〈처음에bereshit〉라는 단어로 시작한다는 것은 사실이다. 하지만 아브라함이 아들을 죽이려 했다고 말할 때는(그 일을 우의적, 신비주의적, 도덕적으로 해석하려고 하면서) 히브리어 원전(카인이나 아브라함을 말하는 이들의 99퍼센트는 알지 못하는)이라는 악보를 참조한 것이 아니다. 우리는『성경』이라는 책의 기의가 아니라 기표에 대해서 말한다. 기의는 원전 악보에는 없는 다른 글, 벽화, 영화 등을 통해서도 해석될 수 있다.

〈허구적 인물에 대해서 참인 주장을 할 수 있는가〉라는 문제는 우리에게 그 인물을 제시하기 위해 사용된 말의 문제와 상관이 없다. 여러분은 어릴 적에 위대한 작가들의 문학 작품을 어린이용으로 각색한 〈스칼라 도로〉 전집을 읽어 봤을 것이다. 물론『안나 카레니나』는 어린이나 청소년에게 소개하기가 좀 어려운 작품이므로 그 전집에 들어 있지 않았지만『레미제라블』이나『대장 프라카스』는 있었다. 원전이라는 악보를 보지 않았지만 이 전집 덕분에 장발장이 누구인지, 시고냐크 남작이 누구인지 알게 된 이탈리아인들이 얼마나 많은가. 이 인물들은 어떻게 자기가 구축된 악보 바깥에서 살아남을 수 있었을까?

아무도 히틀러와 안나 카레니나가 서로 다른 유형의 개인임을 부정할 수는 없다. 그렇지만 가끔은 역사적 주장도 소설에 대한 주장과 마찬가지로 〈대언적〉이라고 인정해야 한다. 역사 논술 시험에 히틀러가 베를린의 벙커에서 자살했다고 쓴 학생들은 자신이 경험으로 알게 된 것을 말한 게 아니라 단지 역사 교과서에 그렇게 쓰여 있다고 인정하는 것이다.

달리 말해 보자면 나의 직접적 경험에 의한 판단(〈비가 온다〉)이 아닌 나의 교양 지식에 기초해 내릴 수 있는 판단은 모두 백과

에밀 바야르, 마리우스를 메고 파리의 하수도를 통과하는 장발장,
빅토르 위고의 『레미제라블』 삽화, 1862

사전에 수록된 정보에 달려 있다. 나는 그러한 정보 덕분에 태양과 지구 사이의 거리라든가, 히틀러가 벙커에서 자살했다는 사실을 안다. 나는 그 정보를 사실인지 직접 검증하지 않고 믿는다. 태양이나 히틀러에 대한 정보는 전문 연구자들에게서 온 것이기 때문이다.

게다가 백과사전의 진리 하나하나는 수정될 수도 있다. 과학적으로 열린 정신의 소유자라면 히틀러가 벙커에서 죽지 않고 아르헨티나로 몰래 도피했고, 벙커에서 발견된 시신은 사실 히틀러가 아니었으며 러시아 선전 공작이 그 자살을 날조했고 아예 벙커는 존재하지도 않았다고 증명하는 자료가 발견됐을 때 기존의 진리를 수정할 수 있다. 그러므로 그 벙커가 있던 자리에 앉아 있는 윈스턴 처칠의 사진이 남아 있는데도 여전히 벙커의 위치가 의심스럽다고 주장하는 이들은 있을 수 있다. 반면 안나 카레니나가 달리는 기차에 뛰어들어 자살했다는 진술은 의심할 수 없으며 앞으로도 의심스럽게 보일 일이 없다.

허구적 인물이 역사적 인물보다 유리한 점은 또 하나 있다. 역사적으로 철가면이나 카스파르 하우저 같은 인물의 정체는 늘 반신반의하게 된다. 아나스타샤 니콜라예브나 로마노바가 자신이 아나스타샤라고 주장했던 그 여자 — 나중에 영화에서 잉그리드 버그먼이 맡았던 역할 — 가 맞는지 우리는 확신할 수 없다. 반면 우리가 아서 코넌 도일을 읽을 때는 셜록 홈스가 왓슨이라는 이름으로 늘 동일한 인물을 지칭하며 런던에 그 둘과 똑같은 이름과 똑같은 성격을 가진 인물은 없다고 믿는다. 왓슨이라는 인물은 어느 이야기에 등장하든 『주홍색 연구』에서 스탬퍼드라는 인물이 처음 이름과 함께 소개해 준 바로 그 사람이다. 왓슨이 아프가니스탄 전쟁에 참전했다가 메이원드 전투에서 부상을 입었다든가, 의사 면허를 취득했다든가 하는 말이 다 거짓이었다고 뒤엎는, 작가의 미출간 원고가 발견될 소지가 없지는 않다. 하지만 그런 경우에도 가면이 벗겨지고 사기꾼으로 밝혀진 자가 스탬퍼드가 왓슨이라고 불렀던 그 인물이라는 점은 변치 않는다.

허구적 인물의 강력한 정체성 문제는 매우 중요하다. 2007년에 필리프 두망크의 소설 『에마 보바리 사망 재검증』이 나왔다. 소설은 수사 보고서 형식을 빌려서 보바리 부인은 비소를 먹고 자살한 게 아니라 살해당했다고 말한다. 사소하고 재미있는 장난이지만 독자가 〈사실상〉 에마 보바리가 비소를 먹고 죽은 것으로 알고 있기 때문에, 바로 그 이유에서 특별한 묘미가 발생한다. 독자가 반박할 수 없는 사실을 모르는 상태에서는 이른바 대체 역사적 이야기, 역사적 사실에 반하는controstoria 이야기의 재미를 만끽할 수 없다. 나폴레옹이 워털루 전쟁에서 이겼다는 이야기는 그가 실제로는 패배했다는 백과사전적 진리가 받아들여진다고 알고 있을 때 재미있다.

그러므로 나는 히틀러와 안나 카레니나 사이에는 분명한 존재론적 차이가 있지만, 우리가 소설에 대한 주장을 신뢰하고 인용하고 일상에 참조하는 방식을 고려할 때 소설의 진술들이 반박할 수 없는 진리라는 것을 명확히 하는 데 반드시 필요하다고 본다.

만약 어떤 주장이 참이라는 것이 무슨 의미냐고 누군가가 묻는다면 알프레드 타르스키의 〈눈은 희다〉(홑화살괄호로 묶인 언어적 기표 혹은 그에 해당하는 명제)를 가지고 설명할 수 있다. 이 주장은 눈이 정말로 흰색일 때, 다시 말해 눈이 우리가 그것을 정의하는 방식에 상관없이 그러하다면 참이다. 그러나 논리학자들은 이 정의에 만족할지 몰라도 모든 사람이 만족하지는 않을 것이다. 나는 이 주장이 〈슈퍼맨은 클라크 켄트다〉(혹은 그 반대)만큼 확실하다고 말하고 싶다.

교황과 달라이라마는 〈예수 그리스도는 하느님의 아들이다〉라는 주장의 진리성을 두고 장시간 토론을 벌일 수 있겠지만, 상식이 있는(그리고 사실에 대한 정보가 있는) 일반인들은 슈퍼맨이 클라크 켄트와 동일인이라는 사실을 받아들이지 않을 수 없을 것이다. 따라서 〈히틀러가 베를린의 벙커에서 죽었다〉가 의심할 수 없는 참인지 알려면, 이 주장이 〈슈퍼맨은 클라크 켄트다〉만큼 의심할 수 없는 참인지 확인해야 한다.

이렇듯 소설에 대한 주장들의 인식론적 가치는 전혀 다른 주장의 반박 불가능성을 결정하는 〈리트머스 테스트〉로 사용될 수 있다는 데 있다.

그렇지만 톨스토이의 소설에 안나 카레니나는 자살했다고 쓰여 있는 게 참이라고 말하는 대신, 안나 카레니나가 자살한 게 참이라고 말하는 것은 무슨 의미가 있나? 누군가가 안나 카레니나의 자살에 감동을 받는다면 그건 톨스토이가 안나 카레니나가 자살했다고 썼다는 사실에 감동한 것은 아니다!

문학을 읽는다는 것

내가 이런 문제에 관심을 갖게 된 이유로 가보겠다. 얼마 전에 동료 한 명이 우리가 소설 속 인물과 관련된 일들에 눈물을 흘리는(혹은 감정적으로 크게 동요하는) 이유에 대해서 세미나를 해보자고 했다. 나는 처음에는 그런 건 투사와 동일시 기제를 연구하는 심리학자의 소관이라고 대답했다. 사실 우리는 사랑하는 이가 죽는 꿈이나 환상 때문에 눈물을 흘리기도 하지 않는가? 그러니 「러브 스토리」의 여주인공에게 일어난 일을 진지하게 받아들이고 감동받지 말란 법이 있을까?

잠시 후, 사랑하는 이의 죽음을 상상하면서 감정적으로 동요하는 사람은 일정 시간이 지나면 현실이 아님을 깨닫고 안도하며 눈물을 거두지만 베르테르의 자살에 눈물 흘렸던 청년들은 실제로 자살을 택했다는 사실에 생각이 미쳤다. 그 청년들은 베르테르가 소설 속 인물이라는 것을 처음부터 끝까지 잘 알고 있었다. 그런데도 그런 일이 일어났던 이유는 그들이 〈어떤 세계에서〉 베르테르가 〈정말로〉 자살을 했다고 생각했기 때문이다.

독자들 중에서 스칼렛 오하라의 불행에 눈물 흘린 이는 없을지도 모른다. 하지만 메데이아의 비극에 꿈쩍도 하지 않았노라 말할 수 있는 사람은 없다. 세련된 지식인들이 「시라노 드베르주라크」의 마지막 장면에서 눈물을 흘리는 것을 보았다. 그들은 그 작품을 여러 번 보았고 결말을 이미 알고 있었는데도, 그리고 단지 드 파르디외가 연기한 시라노와 벨몽도가 연기한 시라노를 비교하

에블린 드 모건, 「메데이아」, 1889, 버큰헤드, 윌리엄슨 아트 갤러리

마리아 칼라스, 「메데이아」(피에르 파올로 파솔리니 감독, 1969)

려고 극장에 간 건데도 그랬다. 감수성이 예민한 내 친구 하나는 이렇게 말했다. 「화면에서 국기가 나부끼는 모습만 봐도 눈물이 나. 그게 어느 나라 국기인지 상관없이 말이야.」

따라서 사랑하는 사람이 죽었다고 믿는 척하기와 안나 카레니나나 보바리 주인이 죽었다고 믿는 척하기는 다르다. 전자의 경우는 바로 환상에서 벗어날 수 있지만 후자의 경우는 계속해서 그 두 여인의 불행을 진지하게 이야기하고 그들을 주제 삼아 책도 쓴다.

어쨌든 보바리 부인의 경우를 보자. 1953년 삽화와 1991년 영화 속 보바리 부인들 중에서 적어도 어느 한 명은 소설과 직접적인 관계가 없다. 그녀는 다른 표현 수단, 이를테면 영화 안에 있는 것 같지만 책 표지 그림이나 만화책에 있을 수도 있다. 소시민 보바리 부인이 있는가 하면 과감한 보바리 부인도 있고 요리 레시피 광고를 하는 보바리 부인도 있다.

왜 보바리 부인들을 보여 주느냐고? 담론의 무게를 덜기 위해서? 천만의 말씀이다. 보바리 부인이 플로베르의 텍스트 밖에서 다양한 모습으로 존재한다는 사실은 우리가 더 이상 플로베르의 세계 속 인물만 상대하는 것이 아니라 어떤 〈유동적 인물〉을 상대한다는 뜻이다. 잊지 말자, 우리가 보았던 어떤 안나 카레니나는 (그레타 가르보의 연기로 처음 선보였던 그 안나는) 영원히 죽지 않을 것이다.

수많은 허구적 인물은 원전 밖에서 살 수 있으며 확인하거나 한정하기 힘든 어떤 지대 안에서 변화한다는 특징을 지녔다. 때때

(위) 움베르토 브루넬레스키가 그린 『보바리 부인』(1953, 지베르 죈 출판)의 삽화
(아래) 이자벨 위페르, 「보바리 부인」(클로드 샤브롤 감독, 1991)

로 그들은 아예 이 텍스트에서 저 텍스트로 이주를 한다.『다르타 냥의 아들』혹은『조종사 피노키오』같은 소설이나 영화에서 그런 일이 발생한다. 그 인물들은 더 이상 원전에 속하지 않는다. 유동적 대상이 되기 위해서 반드시 위대한 걸작 출신일 필요도 없다. 다만, 다음 기회에 어째서 햄릿과 로빈 후드, 가르강튀아와 탱탱, 히스클리프와 밀라디, 레오폴드 블룸과 슈퍼맨, 파우스트와 뽀빠이가 다 같이 유동적 대상이 될 수 있었는지, 그런데 왜 샤를뤼스 남작, 위대한 몬느, 혹은 단눈치오의 작중인물 스텔리오 에프레나와 안드레아 스페렐리는 그러한 대상이 되지 못했는지 논해 보아야 할 것이다.

한 설문 조사에서 영국인의 25퍼센트는 처칠, 모한다스 간디, 찰스 디킨스가 허구의 인물이라고 생각한다는 결과가 나왔다. 셜록 홈스, 엘리노어 릭비가 실존했던 인물이라고 생각하는 사람의 비율이 얼마였는지는 기억이 잘 안 난다. 어떤 인물이 유동적이 되는 이유는 무한히 많다. 처칠은 유동적인데 벤저민 디즈레일리는 그렇지 않다. 스칼라 오하라는 유동적이지만 클레브 공작 부인은 그렇지 않다(프랑스인 친구들에게 들었는데 니콜라 사르코지는 라파예트 부인의 책을 도저히 끝까지 못 읽겠더라고 몇 번이나 말했다고 한다. 불운한 클레브 공작 부인의 팔자에는 잘된 일이다. 사르코지에 대한 반발로 이 공작 부인의 이야기를 읽게 된 사람도 많으니까).

지나치게 유동적인 나머지 사람들에게 텍스트 외적인 모습으로만 알려지고 원전 속 모습은 알려지지 않은 인물도 많다. 빨간 두건 소녀를 보라. 샤를 페로 버전은 그림 형제 버전과 다르다. 일례로, 페로 버전에는 빨간 두건 소녀와 할머니를 구하러 오는 사냥꾼이 없다. 그렇지만 엄마가 아이들에게 들려주는 변덕스러운 이야기는 결말은 그림 형제 버전을 취하면서도 두 버전을 잘 섞거나 별개로 나누어 진행된다.

삼총사조차도 더는 뒤마의 원전 속 인물들이 아니다.

「네로 울프」와 아치 굿윈 시리즈의 독자들은 울프가 맨해튼 웨스트 35번가 몇 번지의 브라운스톤 건물에 산다는 것을 안다. 사실 작가 렉스 스타우트는 이 번지수를 적어도 열 번은 바꿔 말했다. 웨스트 35번가에 브라운스톤 건물은 실제 존재하지 않는다. 하지만 네로 울프의 팬들이 어느 날 한자리에 모여서 번지수를 454로 정했고, 1996년 6월 22일에 뉴욕시와 울프 팩은 35번가 454번지에 그곳이 그 유명한 브라운스톤 건물의 소재지였음을 알리는 청동판까지 설치했다.

이와 마찬가지로 메데이아, 디도, 돈키호테, 몬테크리스토, 개츠비는 자기들의 출신 악보 밖에서 살아가게 되었고, 그 원전 악보를 한 번도 읽어본 적 없는 사람들도 이 인물들을 알고 꽤 정확한 내용을 말할 수 있다. 어떤 인물들은 텍스트 밖에서 방랑하다가 서로 뒤섞였다. 필립 말로, 샘 스페이드, 혹은 「카사블랑카」의 릭 블레인이 그렇다(「카사블랑카」가 원래는 「모두가 릭에게 온다 Everybody comes to Rick's」라는 제목의 희극에서 나왔다는 점을 기억하자). 이 인물들은 자기를 낳은 텍스트에서 독립적으로 떨어져 나와 우리 틈에서 돌아다니고 우리의 행동에 곧잘 영감을 준다.

우리는 때때로 이 인물들을 척도로 선택해 아무개는 오이디푸스 콤플렉스가 있다는 둥, 오셀로처럼 질투가 심하다는 둥, 햄릿처럼 의심에 빠졌다는 둥, 타르튀프 같은 위선자라는 둥 말하곤 한다.

따라서 〈안나 카레니나가 자살한 것은 참이다, 셜록 홈스가 베이커 스트리트에 산다는 것은 참이다〉라는 주장은 (특정 저자가 쓴) 주어진 악보가 아니라 존재론적 위상이 자못 희한한 유동적 피조물을 근거로 삼는다. 그 피조물은 실제로 존재하지 않으면서도 우리 틈에서 떠돌고 우리의 생각을 차지할 수 있으니 존재론적 위상이 희한하지 않은가.

실존하지 않으면서도 물리적 형태로 떠돌 수 있을까? 반드시 물리적 형태로 존재하지는 않는 대상들이 있을까? 대상을 사유가 머물 수 있고 속성이 술어로 표현될 수 있는 것으로 정의하기만 하면 얼마든지 가능하다. 가령 남자는 역사 교수고 여자는 수학 교수인 커플이 있다고 치자. 이 커플은 직각삼각형에 대해서나 카이사르에 대해서나 다 같이 풍부하게 대화를 나누고, 장차 딸을 갖게 되기를 소망한다.

그들은 매일 카이사르와 직각삼각형에 대해서 얘기할 뿐 아니라 그들이 제시카 — 당연히 G로 시작하는 Gessica — 라는 이름을 붙이고 싶은 딸에 대해서도 이야기한다. 그 딸을 어떻게 키울지, 어떤 운동을 시킬지, 그 애가 TV 방송 진행자가 되면 얼마나 멋있을지 말이다. 이렇게 남편과 아내는 (1) 물리적으로 실존했지만 더는 그런 식으로 존재하지 않는 누군가(율리우스 카이사르)에 대해서, (2) 관념적 대상이기 때문에 어디에 존재하는지 모

르는 대상(플라톤처럼 이데아들의 세계에 있다고 말하는 경우를
제외하고)에 대해서, (3) 물리적으로 존재하겠지만 아직은 그런
식으로 존재하지 않는 대상(제시카)에 대해서, 전부 대화를 나눈
다. 하지만 이런 것들 외에도 자유나 정의에 대해서 대화를 나눈
다면 어떨까?

자유와 정의는 당연히 사유의 대상이지만 카이사르나 제시카
의 경우와는 다르다. 일단 자유와 정의는 문화, 장소, 역사적 시대,
종교적 믿음에 따라서 사람들이 각기 다른 생각을 가지기 때문에
카이사르나 제시카처럼 잘 정의되지 않는다. 또한 자유와 정의는
인물이 아니라 개념이다. 직각삼각형도 개념이긴 하지만 정의 개
념보다는 훨씬 더 정확하고 상세하게 정의되어 있다.

허구의 인물은 카이사르, 제시카, 직각삼각형, 자유 같은 본체
일까?

기호학적 대상, 다시 말해 어떤 말로 표현된 속성들의 집합이
라는 점에서 카이사르, 제시카, 직각삼각형, 자유와 공통점이 있
기는 하다. 어느 한 문화는 상호 합의에 의해 이러한 대상을 알아
볼 수 있고 백과사전에 수록하기도 한다. 직각삼각형, 여성, 고양
이, 의자, 밀라노, 에베레스트, 헌법 제7조, 말다움*은 모두 기호학
적 대상이다. 그리고 기호학적 대상 중에는 고유명사로 표현되는
것들도 있다. 이런 면에서 카이사르뿐만 아니라(어차피 카이사르

---

* cavallinità. 키니코스학파의 원류로 여겨지는 철학자 안티스테네스는 플라톤의
이데아 사상을 불신하여 〈말[馬]은 볼 수 있지만 말다움은 볼 수 없다〉라고 했다.

도 지금 우리에게는 속성들의 집합으로서만 존재한다) 마리오 로시와 주세페 비안키라고 명명된 대상들도 그들이 물리적 본체라는 사실과는 별개로, 우리가 그 이름을 언급할 때는 어떤 속성들의 집합이라는 점을 인정하자(주세페 비안키를 만난 적 없는 사람이 그가 토마소의 아들이고 바를레타에서 출생해 현재 모 은행에서 근무하며 모 동네에 산다는 사실을 알 수도 있다). 고유명사로 표현된 속성들 중에서도 어떤 속성은 과거에 존재했고 어떤 속성은 현재 존재한다. 하지만 신화적 존재나 이야기 속 인물이라는 속성도 백과사전에 등재될 수 있으므로 서사 속의 인물도 기호학적 대상이다.

그런데 기호학적 대상은 말하자면 〈애초에〉 명확한 한계가 있는 경우가 많다. 가령 사각형을 사각형으로 인식하게 하는 속성들은 변화나 타협의 여지가 없다. 또 어떤 대상은 처음부터 한계가 정해져 있기는 하나(두 국가 사이의 경계선) 속성의 상실이나 추가가 있을 수 있다(이탈리아는 과거 이탈리아령이었던 자다르와 니스를 잃었지만 여전히 이탈리아다). 그밖에도 다양하고 미묘한 차이를 보이는 기호학적 대상이 많다.

예를 들어 우리는 치와와와 저먼셰퍼드를 똑같이 개로 인식한다. 그 둘은 몇 가지 뚜렷한 속성 외에는 공통점이 없다(당분간 그러한 속성을 진단적이라고 부르겠다). 그런데 밀라노 같은 본체에 대해서도 그 점은 마찬가지다. 그렇지 않다면 나처럼 1946년에 처음 폐허의 도시 밀라노 — 그때는 피렐리 빌딩도, 벨라스카 타워도 없었다 — 를 보았던 사람들은 지금의 밀라노를 인식할 수 없을 것이다. 역사적 인물이라고 해서 다를까. 우리가 〈클레오파트라의 코가 조금만 더 낮았어도 역사가 달라졌을 것이다〉라고 말할 수 있는 것도 진단적 속성 덕분이다. 다시 말해 우리는 클레오파트라에 대한 우리의 생각에 의거해 이 인물을 인식하게 하는 몇 가지 속성을 추려 낼 수 있고, 〈카이사르가 3월 15일에 암살당하지 않았다면 어떻게 됐을까?〉라는 역사에 반하는 상황을 가정해 볼 수도 있다.

〈어떤 것이 같은 종이나 분류 체계에 들어가는지 알게 하는 진단적 속성이 무엇인가〉라는 문제는 아직 열려 있다. 어쨌든 어떤 속성은 담론의 맥락이나 우주에 따라서 진단적이 되거나 계속 진단적으로 작용한다고 봐야 할 것이다.

서사 속 인물들은 어떤 속성을 잃고서도 여전히 정체성을 유지할 수 있으므로 유동적인 기호학적 대상이다. 그러므로 다르타냥은 삼총사가 아니라 그들의 후배일 뿐인데도 대중의 상상 속에서는 총사다. 만약에 보바리 부인이 프랑스가 아니라 이탈리아에서 살았다 해도 이 인물의 사연은 크게 달라지지 않았을 것이다. 그렇다면 보바리 부인의 진단적인 속성은 정말로 무엇인가? 감상적인 이유로 자살한 여자라는 속성이라고 말할 수도 있겠다. 그렇다면 우디 앨런의 「쿠겔마스 에피소드」 같은 패러디는 어떻게 읽을 수 있을까? 남자 주인공이 마법의 도움으로 욘비유에서 보바리 부인을 만나고 그녀를 뉴욕으로 데려와 늘 꿈꾸던 화려한 생활을 하게 한다는 이야기 말이다. 맥락상 보바리 부인의 진단적 속성이 키치 감성을 지닌 시골의 프티부르주아 여성이기 때문에, 오직 그 이유 때문일까? 사실 이 패러디는 남자 주인공이 보바리 부인이 자살하기 직전에 서둘러 그녀를 데려오기 때문에 작동한다. 그러니까 패러디의 방식으로 부정되긴 했어도 자살이라는 요소는 여전히 중요하게, 보바리 부인의 정체성에 대해서 완전히 진단적으로 남아 있다. 이 점을 강조해야 한다. 결국 서사 속 인물들이 우리를 매혹하는 이유는 그들의 운명이 달라질 수 없다는 데 있다. 나폴레옹이 워털루 전투에서 이겼다면 어떻게 됐을까 상상할 수 있고, 역사적 사실과 반대되는 이 상상은 흥미롭기 그지없다. 그러나 보바리 부인이 자살하지 않고 여전히 어디선가 행복하게 잘 산다고 생각하면 재미없을 것이다…….

우리는 왜 서사 속 인물이라는 기호학적 대상에 감흥을 느끼는가? 많은 이가 정의나 자유를 위해서 죽는 것과 같은 이유라고 말할 수 있겠다. 그러나 안나 카레니나에게 감동하는 것과 직각삼각형에 감동하는 것은 다르다(후자는 피타고라스 같은 사람에게나 일어날 일이지만).

안나 카레니나에게 감동하는 이유는 우리가 서사의 규약에 따라 그 인물의 세계를 우리의 세계처럼 사는 척하기로 했기 때문이다. 그리고 어느 시점에 가면(마치 서사의 특징에서 비롯된 신비주의 발작에 빠진 것처럼) 우리는 〈그러는 척하는 중이라는 사실을 잊는다〉. 그게 다가 아니다. 우리가 그 세계에 들어가 있지 않으므로, 다시 말해 그 세계에서 우리는 중요한 존재가 아니기 때문에, 본능적으로 우리 자신을 그 세계에 속한 인물 중에서 우리와 가장 공통점이 많은 사람에게 의탁하게 된다.

서사 속 인물에 대한 정의를 이렇게 받아들인다면 신화 속의 신들, 난쟁이, 요정, 산타클로스, 그 외 다양한 종교적 본체들도 기호학적 대상으로 볼 수 있다. 종교적 본체를 요정과 비교하는 것은 무신론의 표현일 뿐이라고 말할 사람도 있겠으나, 나는 모든 신자가 다음과 같은 사고 실험을 해보기 바란다. 여러분이 예수가 정말로 하느님의 아들이라고 믿는 가톨릭 신자라고 해보자. 자, 그러면 여러분에게 시바, 초원의 위대한 영, 브라질의 엑수는 그냥 허구적 인물이나 마찬가지일 것이다. 이제 여러분이 힌두교도라고 상상해 보자. 시바 신이 정말로 존재한다면 초원의 위대한 영, 엑수, 이스라엘의 하느님은 허구적 인물일 것이다. 이런 식으로 추론해 보면 결국 어떤 종교를 믿든지 모든 종교적 본체는 자기가 믿는 하나만 빼고 다 허구적 인물이다. 따라서 무엇이 이 전반적 법칙에서 예외인 〈유일한 존재〉인지는 몰라도 종교적 본체들 중 99퍼센트는 보바리 부인이나 오셀로처럼 어떤 책(경전)에서 태어난 허구적 인물이다. 단지 보바리 부인을 아는 사람들보다 시바에 대한 견해와 믿음을 공유하는 사람이 훨씬 더 많다는 차이가 있을 뿐이다. 그러나 우리는 여기서 통계나 수량화의 문제는 다루지 않겠다.

허구의 유동적 인물은 신화 속 인물과 성격이 같다. 오이디푸스나 아킬레우스는 안나 카레니나나 피노키오 같은 유동적 본체들이다. 전자는 까마득한 옛날에 태어났고 후자는 세속적 신화에서 태어났다는 차이가 있다. 우리는 아테나가 제우스의 머리에서 나왔다는 말이 참인 것처럼 피노키오가 나무로 만들어졌다는 말도 참이라 할 수 있다고 생각한다.

고대인들은 제우스와 아테나가 실제로 존재한다고 믿었지만, 피노키오를 유동적 본체로 생각하는 사람은 피노키오가 존재하지 않는다는 것을 안다. 하지만 이러한 지적으로는 충분하지 않다. 나는 바로 거기에 정신의 우연이 있다고 말하련다. 신자들도 자기네가 믿는 신의 실존 수준에 대해서 아주 흐릿한 생각을 품고 있는 경우가 많다. 성모와 대화를 나눠 봤다는 양치기 아가씨들이 있었고, 우고 포스콜로의 작중인물 야코포 오르티스 때문에 자살한 낭만주의자 아가씨들이 있었다. 시칠리아 전통 인형극의 관객은 극중의 매국노 가노 디 마간차에게 욕설을 퍼붓곤 했다. 영화를 보고 배우가 아니라 캐릭터에 푹 빠져 버리는 청소년은 또 얼마나 많은가. 카이사르가 정말로 유피테르의 존재를 믿었는지는 모르는 거다. 그리스도교도 시인들도 뮤즈를 환기하곤 했다. 요컨대 감성, 상상, 개인적 감정의 세계에서는 경계선을 뚜렷이 파악하기 힘들다.

유동적 인물에게서 확인한 존재 유형은 그러한 인물의 도덕적 기능도 설명해 준다. 나는 이미 이 주제로 글을 쓰고 강연한 적이 있다.* 하지만 이 글의 결론에서 그 부분을 짚고 넘어가지 않을 수 없다.

이 인물들은 유동적이지만 자기 운명에 빼도 박도 못하게 고정되어 있다. 물론 그들의 사연에 슬퍼하면서 그 사연이 다르게 펼

---

* 『움베르토 에코의 문학 강의』 중 「문학의 몇 가지 기능에 대하여」를 가리킨다.

장-아돌프 보세, 「라스콜니코프, 파사주 뒤 슈발 루주 살인 사건」, 1835, 개인 소장

쳐지기를 바랄 수는 있다. 오이디푸스가 테베로 갈 때 다른 길을 택해서 자기 아버지와 마주치지 않기를, 그가 아테네에 가서 아름다운 창녀 프리네와 정분이 나기를, 햄릿과 오필리어가 결혼해 덴마크의 왕과 왕비가 되어 행복하게 살기를, 히스클리프가 이런저런 굴욕을 참고 폭풍의 언덕에 눌러앉아 결국은 캐서린과 결혼하고 완벽한 〈컨트리 젠틀맨〉이 되기를, 안드레이 공작이 죽지 않기를, 라스콜니코프가 노파를 죽일 마음을 꾹 참고 어떻게든 학업을 마치고 존경받는 공무원이 되기를, 그레고르 잠자가 흉측한 벌레가 된 순간 공주가 그 방에 들어와 그에게 키스를 하고 그는 프라하에서 가장 부유한 사내로 변신하기를…….

지금은 컴퓨터가 이런 이야기를 우리 구미에 맞게 다시 쓰는 프로그램을 제공할 수도 있을 것이다. 그런데 우리는 정말 이야기를 다시 쓰고 싶은가?

문학을 읽는다는 것은 인물의 운명을 바꿀 수 없음을 안다는 것이다. 보바리 부인의 운명을 바꿀 수 있다면 〈보바리 부인은 자살했다〉라는 주장이 반박 불가능한 진리의 모델이라는 위안 어린 확신을 더 이상 갖지 못할 것이다. 소설의 가능한 세계로 들어간다는 것은 영원히, 어떤 특정한 방식으로, 우리의 욕망이 닿지 않게, 일은 다 일어났음을 받아들이는 것이다. 우리는 이 좌절을 받아들이고 그로써 숙명에 전율해야 한다.

나는 이 〈운명 fatum〉에 대한 교육이 문학의 주요 기능 중 하나라고 생각한다. 이 교육이 허구 속의 인물들, 속세의 성인들과 신자들의 성인들이 지닌 패러다임적인 가치다.

안나 카레니나는 죽었고 이를 돌이킬 수는 없다는 사실만이 그
녀를 우리네 삶의 애수 어린 동반자로 — 감정을 건드리며, 절대
적으로, 강박적으로 — 만들어 준다. 비록 안나 카레니나는 물리
적으로 실존하지 않았지만 말이다.

라 밀라네시아나, 2009

역설과 아포리즘

논리학과
수사학에서의 사용법

우리는 이런 유의 말을 심심찮게 듣는다. 「그건 역설적이야. 그쪽에서 날 들이받고서 나더러 손해 배상을 하래.」 혹은 이런 말도 한다. 「라파엘의 약혼녀가 결혼식 당일에 사망하다니 너무 역설적이지.」

글쎄, 전자는 불쾌하다거나 기껏해야 부조리하다고 할 수 있을 뿐 전혀 역설적이지는 않다. 후자는 거의 일어나지 않는 일, 머리가 두 개 달린 소가 태어난 것처럼 이례적이고 기대에 어긋난 일이라고 해야겠다.

두 경우 모두 진정한 역설과는 아무 상관도 없다. 생각 없는 언어 사용이 우리가 원하거나 기대하는 바와 반대된 두 경우를 역설로 취급할 뿐이다.

사실 희한하고 흥미롭다는 의미에서 정말 역설적이게도, 〈역설〉이라는 단어에는 자못 다른 두 가지 의미가 있다. 하나는 철학과 논리학에서 사용하는 의미고, 다른 하나는 수사학에서 사용하

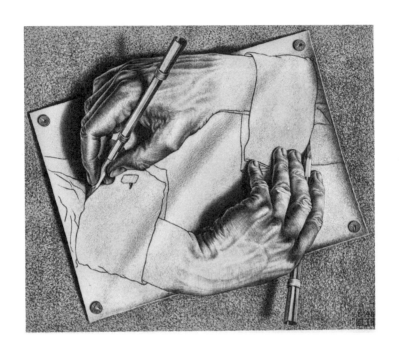

마우리츠 코르넬리스 에스허르, 「그림 그리는 손」, 1948, 개인 소장

는 의미다.

〈나는 거짓말을 하고 있다〉

논리적 역설은 이율배반이라고 부르는 것이 적절하겠다. 인터넷에서 그리스인들이 이것을 논과(論過)paralogismo라고 불렀다는 글을 봤는데 논과는 크게 무리 없이 정정할 수 있는 단순한 오류다. 예를 들어 〈모든 아테네인은 그리스인이다. 모든 스파르타인은 그리스인이다. 그러므로 모든 아테네인은 스파르타인이다〉는 논과다. 상식에 비추어 봐도 결론이 거짓 같긴 하지만 다음 도식은 논과가 있음을 분명히 보여 준다.

모든 A는 G다.
모든 S는 G다.
그러므로 모든 A는 S다.

삼단논법에서 매개념 G가 양화(量化)되지 않았고, 이 문제점 때문에 추론에 오류가 생긴 것이다.

반면 중세인들이 〈해결할 수 없는 것insolubilia〉으로 본 것은 이율배반이었다. 여기서 말하는 이율배반은 참인지 거짓인지 판단할 수 없는 표현이나 추론, 혹은 상충하는 두 가지 해석을 낳기 쉬운 말이다.

토마 브리코, 『트락타투스 인솔루빌리움』의 제목 페이지 그림, 파리, 1498
이 책은 의미론적 역설을 다룬 가장 영향력 있는 초기 연구서다.

가장 전형적인 예가 거짓말쟁이의 이율배반이다. 〈나는 거짓말을 하고 있다〉라는 문장은 참일 수도 없고 거짓일 수도 없다. 이 말이 참이라고 하면 나는 거짓말을 하는 중이니까 이 말은 거짓이라야 한다. 이 말이 거짓이라고 하면 내가 거짓말을 한다는 게 거짓이니까 나는 참말을 하는 게 될 것이다.

거짓말쟁이 이율배반의 가장 잘 알려진 형식은 모든 크레타 사람은 거짓말쟁이라고 했던 크레타 사람 에피메니데스의 역설이다.

유머 감각만 빼고 참으로 많은 자질을 갖추었던 성 바울로는 이 주장을 진지하게 받아들여 「디도서」에서 크레타 사람은 분명

242

히 모두 거짓말쟁이인데 그 증거로 크레타 사람들에 대해서 잘 아는 크레타 사람이 그런 말을 했다고 말한다. 하지만 에피메니데스도 크레타 사람이므로 그 말도 거짓말일 것이다. 그런데 그가 거짓말을 했다면 모든 크레타 사람이 거짓말쟁이는 아니고 더러 진실을 말하는 사람들도 있다는 뜻이다. 그렇다면 에피메니데스는 그 사람들 중 하나일까? 에피메니데스가 진실을 말했다면 모든 크레타 사람이 거짓말을 한다는 말이 참이어야 한다. 그렇다면 에피메니데스처럼 진실을 말하는 사람도 있다는 말은 거짓이 된다. 그렇다고 에피메니데스가 거짓을 말한 사람들 무리에 속한다고 보면 결국 원점으로 돌아온 것 같다.

하지만 실은 그렇지 않다. 에피메니데스가 크레타 사람 중 〈유일한〉 거짓말쟁이라고 생각하면 그가 한 말은 논리적으로 아무 문제 없이 거짓이 된다.

마찬가지로 제논이 제시한 저 유명한 아킬레우스와 거북의 역설을 보자. 거북이가 아킬레우스보다 1미터 앞에서 출발한다. 아킬레우스는 거북을 따라잡으려면 먼저 1미터의 절반을 주파해야 한다. 하지만 1미터의 절반을 달리려면 다시 그 절반을 먼저 달려야 하고, 그러면 다시 그 절반을 달려야 하고…… 그렇게 아킬레우스가 따라잡아야 할 거리는 무한히 쪼갤 수 있고 그러는 동안 거북은 늘 조금이라도 아킬레우스보다 앞서 있다.

점 P에서 점 A까지의 거리가 1킬로미터라고 하자. 아킬레우스는 P에서 A를 향해 직선으로 달린다. 이 직선의 중간에 있는 점을 M이라고 하겠다. 아킬레우스는 M을 반드시 지나가야 하고 그 후

르네 마그리트, 「이미지의 배신」, 1929, 로스앤젤레스, 카운티 미술관.
작품에 〈이것은 파이프가 아니다〉라고 쓰여 있다.

에 M과 A 사이를 주파하면서 다시 그 중간에 있는 점 S를 지나야
한다. 이런 식으로 무한히 나아가면 결승점까지 남은 거리가 얼마
든 간에 늘 반으로 쪼갤 수가 있다.

아킬레우스의 역설도 실은 역설이 아니다. 이미 아리스토텔레
스는 〈가능적 무한〉과 〈현실적 무한〉을 구분함으로써 이 문제를
해결했다(『자연학』, III, 8, 206). 크기에는 더하기의 무한이 있다
(아무리 큰 짝수라도 그보다 더 큰 짝수를 찾을 수 있다). 그러나
나누기의 무한은 다르다. 어떤 길이를 나누는 하위 간격의 무한은
늘 제한된 전체 안에 있다(결코 1보다 클 수가 없다).

프랙털화 과정(전체의 반, 그 반의 반, 그 반의 반의 반⋯⋯)이

무한히 계속되더라도 그 결과는 결코 1보다 클 수 없다. 무리수의 경우도 마찬가지다. 3.14……는 어떻게 분석해도 결코 4가 되지 않는다.

이 추론을 분할이 무한히 가능한, 길이의 프랙털에 적용하면 미생물이 점점 더 작아지는 것처럼 미세한 차이가 남게 된다고 가정할 수 있으나, 그래도 아킬레우스는 〈현실적으로〉 한달음에 그 길이를 다 뛰어넘어 버릴 수 있다. 아킬레우스는 주어진 시간 단위 내에서 그 길이 단위를 주파할 것이다.

위상기하학에서도 역설을 이야기한다. 어떤 이는 뫼비우스의 띠가 역설이라고 말한다. 나는 그게 왜 역설인지 모르겠다. 두 면이 있는 종이를 한 번 꼬기만 했는데 한 면이 됐으니 신기할 수는 있다. 하지만 그런 일은 실제로 가능하고 우리 눈으로 봤다. 이는 단지 위상기하학이 유클리드 기하학보다 복잡하다는 뜻일 뿐이다. 반면 훨씬 더 역설다운 역설들이 있다. 그중에서도 가장 진지한 역설을 꼽자면 버트런드 러셀이 제시한 이발사의 역설이다.

이 역설은 단순한 버전과 좀 더 미묘한 버전이 있다. 일단 첫 번째 버전을 보자. 〈마을의 이발사는 스스로 면도를 하지 않는 마을 남자 모두에게 면도를 해주고, 스스로 면도를 하는 마을 남자에게는 절대로 면도를 해주지 않는다. 그렇다면 이 이발사는 누가 면도를 해줄까?〉 그는 스스로 면도를 하지 않는 남자만 면도를 해주기 때문에 자기 면도를 자기 손으로 해서는 안 된다. 그리고 이 이발사 외에는 마을에 면도를 해주는 사람이 없다고 전제해야 한다. 내가 네댓 살 먹은 아이들에게 이 역설을 들려줬더니 그들은 세

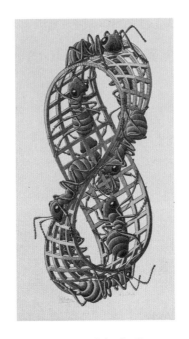

마우리츠 코르넬리스 에스허르,
「뫼비우스의 띠 II」, 1963, 개인 소장

가지 해결책을 내놓았다. (1) 마을의 이발사는 여자다. (2) 이발사
는 면도를 하지 않고 수염을 풍성하게 기른다. (3) 이발사는 면도
를 하지 않고 수염을 태우는 방법을 쓰기 때문에 얼굴이 흉터투성
이일 것이다.

실제로 역설은 이렇게 제시되어야 한다. 〈어느 마을에 이발사
가 한 명밖에 없는데 그는 면도를 깨끗이 한 남자다. 그런데 이
발소 간판에《스스로 면도를 하지 않는 모든 이에게 면도를 해주
는 이발사》라고 되어 있다. 그렇다면 이 이발사는 누가 면도를 하
는가?〉

현대 논리학과 수학은 매우 미묘한 문제들을 풀기 위해 이율배반을 제안한다. 그 문제들은 여기서 언급하지 않고 다른 유명한 이율배반들만 언급해 보겠다. 아울루스 겔리우스가 인용한 프로타고라스의 재판이 그 예다. 프로타고라스는 에우아틀로스라는 전도유망한 청년에게 수업료를 절반만 받고서 변론술을 가르쳤다. 대신 나중에 에우아틀로스가 첫 번째 송사에서 이기면 나머지 수업료를 받기로 했다.

하지만 에우아틀로스는 공부를 마치고 변론을 업으로 삼지 않고 정치에 투신했다. 변론을 하지 않으니 첫 번째 송사에서 이길 일도 없었다. 결과적으로 프로타고라스는 나머지 수업료를 받지 못했다. 결국 그는 에우아틀로스를 법정에 고발해서 수업료 지불을 요구했다. 에우아틀로스가 자기 변론을 맡았기 때문에 상황이 한층 미묘해졌다. 프로타고라스는 만약 이 재판에서 에우아틀로스가 이기면 그가 변론을 맡은 첫 번째 송사에서 이긴 셈이니 수업료를 완불해야 하고 에우아틀로스가 지더라도 법정 선고에 따라 수업료를 완불해야 한다고 주장했다. 한편 에우아틀로스는 자기가 이기면 법정 선고에 따라 수업료를 낼 필요가 없고 자기가 지면 변론을 맡은 첫 번째 송사에서 패소했으니 프로타고라스에게 수업료를 낼 필요가 없다고 했다.

이 역설은 오랫동안 정치가와 변호사가 얼마나 신뢰하기 힘든 족속인지 보여 주는 예로 쓰였다.

혹은 디오게네스 라에르티오스의 악어 수수께끼를 인용할 수 있겠다. 악어가 나일강 변에서 놀고 있던 아기를 잡았다. 엄마는

장시몽 베르텔레미, 「고르디우스 매듭을 자르는 알렉산드로스」, 1767, 파리, 프랑스 국립 미술원

제발 아기를 돌려 달라고 눈물을 흘리며 애원했다. 악어는 〈내가 어떻게 할지 알아맞히면 아기를 돌려주지. 하지만 네가 알아맞히지 못하면 아기는 내 밥이 될 거야〉라고 대꾸했다. 엄마는 목 놓아 울면서 〈내 아기를 잡아먹을 거잖아!〉라고 외쳤다.

교활한 악어는 이렇게 말했다. 「네 아기를 돌려줄 수 없어. 내가 아기를 돌려주면 넌 내가 어떻게 할지 못 알아맞힌 셈이 되잖아. 내가 그 경우에는 아기를 잡아먹을 거라고 했지?」 그러자 엄마도 꾀를 내어 이렇게 반박했다. 「아니, 그 반대야. 넌 내 아기를 잡아먹을 수 없어. 네가 아기를 잡아먹는다면 내가 정확히 알아맞힌 셈이니 아기를 돌려받아야 해. 네가 어떻게 할지만 알아맞히면 내 아기를 돌려준다고 했잖아. 난 네가 명예로운 악어로서 네가 한 약속을 지키리라 믿어.」

마지막으로 레이먼드 스멀리언이 모아 놓은 몇 가지 재미있는 역설을 소개하겠다.

나는 세상의 다른 모두와 마찬가지로 유아론자(唯我論者)다.

유아론은 훌륭한 철학이라고 생각하지만 이건 개인적 견해일 뿐이다.

주차 금지 허가.

그 종은 늘 멸종 상태였다.

너는 아주 특별했어, 늘 그랬듯이.

신은 존재해야만 한다. 존재하지도 않으면서 존재한다고 믿게 할 만큼 신이 치사하지는 않을 테니까.

난 지금 하는 맹세를 깨뜨릴 것을 맹세해.

미신이 불행을 불러온다.

아포리즘의 힘

그럼, 수사학적 역설은 무엇인가?

어원상으로는 파라독소스παράδοξος, 즉 〈일반적 견해를 넘어섬 parà ten doxan〉이다. 따라서 이 용어는 원래 모든 사람의 믿음과 거리가 먼, 이상하고 희한하고 예상을 넘어선 주장을 가리켰다. 세비야의 이시도루스도 이 용어를 그런 뜻으로 사용했다. 그의 『어원론』(II, 21, 29)에서 역설이라는 단어는 키케로가 플라쿠스를 옹호하기 위해 그를 찬양했어야 했는데 오히려 비난했던 경우처럼 생각지도 못한 일이 일어났을 때에 해당한다.

그러나 다양한 이탈리아어 사전에서 수사학적 역설의 정의를 찾아보면 다음과 같다.

보편적으로 받아들여지거나 알려진 견해, 일반 상식과 경험, 사람들이 기준으로 삼는 신념의 체계, 당연시되는 원칙이나 지식 등과 대조되는 견해, 개념, 주장, 금언, 대답. 언뜻 비논리적이고 황당해 보이지만 다수의 견해를 무비판적으로 따르는 자들의 무지와 속단을 꼬집는 타당성을 바탕에 깔고 있다.

르네 마그리트, 「금지된 복제」, 1937, 로테르담, 보이만스 판 뵈닝언 미술관

요컨대 수사학적·문학적 의미에서 역설은 〈일견〉 거짓처럼 보이지만 사실은 아주 자명하지는 않은 진리를 드러내는 격언이나 경구다.

그런 면에서 역설은 거의 항상 격언이나 아포리즘의 모양새를 취한다.

아포리즘만큼 정의하기 어려운 것은 없다. 그리스어에서 원래 이 단어는 〈제물로 따로 떼어 둔 것〉, 〈봉헌물〉을 뜻했지만 시간이 흐름에 따라 〈정의, 명언, 간결한 금언〉을 가리키게 되었다. 가령 히포크라테스의 아포리즘들이 그렇다. 따라서 아포리즘은 『징가렐리』 사전에 따르면, 〈생의 규범이나 철학적 금언을 표현한 짧은 격언〉이다.

아포리즘은 형식의 간결함과 내용의 교묘함을 중요시하는 격언으로 정의되었다. 진리와 관련하여 주장의 수용 가능성이 좀 약해지더라도 멋과 재기가 두드러져야 한다. 물론 격언이나 아포리즘에서 진리 개념은 그 글을 쓴 사람의 의도와 관련이 있다. 아포리즘이 진리를 표현한다는 것은 작가가 진리로 여기고 독자에게 납득시키고 싶은 것을 표현한다는 뜻이다. 일반적으로 격언이나 아포리즘은 재치 있게 보이거나 일반적 견해를 거스르는 것을 필수 목표로 여기지 않는다. 오히려 일반적 견해가 피상적으로만 대하는 점을 좀 더 깊이 파고들어 수정하고자 한다.

니콜라 세바스티앵 드 샹포르의 격언을 보자. 〈제일 큰 부자는 절약가다. 제일 가난한 자는 수전노다.〉(『격언과 사유』, II, 145) 절약가는 적은 재산이나마 낭비 없이 아껴 쓰며 생계를 꾸리는 사람이고 수전노는 필요 이상으로 재산을 축적하려는 사람이라고 보는 것이 일반적 견해이기 때문에 이 문장에 교묘함이 발생한다. 이 문장은 일반적 견해와 충돌하지만 〈부자〉를 금전적인 면으로 이해하고 〈가난한 자〉를 도의심을 떠나 욕구의 충족이라는 면에서 이해하면 그렇지 않다. 일단 수사학적 유희를 해명하고 나면 격언은 일반적 견해를 거스르지 않고 오히려 그 내용이 더 강화된다.

반면 아포리즘이 상식과 거세게 충돌해 처음에는 도저히 받아들일 수 없는 것처럼 보여서 과장된 형식을 적절하게 환원해야만 겨우 받아들일 만한 진리가 보일 때가 있다. 이 경우는 역설이라고 말할 수 있다.

요컨대 아포리즘은 교묘한 표현을 써서 진리로 인정받고자 하는 격언이고, 역설은 〈일견〉 거짓으로 보이지만 충분히 성찰을 하고 나면 작가가 생각하는 진실이 표현되었음을 알 수 있는 격언이다. 후자는 도발적 형식과 일반적 견해의 기대 사이의 간극 때문에 절묘해 보인다.

문학사에는 아포리즘이 풍부하지만 역설은 적다. 아포리즘의 기술은 쉽다(사냥을 나갔다가 돌아올 자리를 잃는다든가, 구르는 돌에는 이끼가 끼지 않는다든가 하는 속담도 아포리즘이다). 반면 역설의 기술은 어렵다.

몇 년 전에 나는 피티그릴리라는 아포리즘의 대가를 다룬 적이 있다. 그의 가장 눈부신 격언들을 소개해 보겠다. 어떤 것들은 아주 재치 있게 일반적 견해와 전혀 배치되지 않는 진리를 주장한다.

미식가: 공부를 한 요리사

문법: 언어를 가르쳐 주지만 말하는 데 방해가 되는 까다로운 도구

단상: 책 한 권을 구상할 줄 모르는 작가들을 위한 천우신조의 자산

음주광: 너무 근사해서 술 마시고 싶은 기분이 들게 하는 학술 용어

어떤 것들은 진리로 추정되는 것을 표현하기보다 윤리적 결단, 행동 규칙을 주장한다.

나병 환자와의 키스는 이해하지만 멍청이와의 악수는 이해할 수 없다.
너에게 잘못한 자를 너그러이 대하라. 다른 사람들이 너에게 무엇을 마련해 놓았는지는 모르는 일이다.

그렇지만 늘 냉소적으로 보이고 싶어 했던 피티그릴리도『정말 사전』이라는 제목의 격언, 명언, 아포리즘 모음집 ─ 자기 글뿐만 아니라 남의 글도 모아 놓은 ─ 에서 자신의 뻔뻔함을 솔직히 고백하면서 아포리즘의 유희가 얼마나 기만적인지 경고한다.

피차 속내를 털어놓게 됐으니, 내가 독자들의 불한당 기질을 부추겼음을 인정한다. 설명해 보겠다. 길에서 싸움이나 교통사

고가 일어나면 갑자기 누군가가 땅속에서 튀어나와 두 사람 중 한쪽, 대개는 자동차 운전자를 향해 우산으로 때리려 한다. 그 미지의 불한당은 잠재적 원한을 분출한 것이다. 독자들은 생각이 없거나 모호한 상태에서 생생하게 번득이거나 뭔가 폭발적인 문장을 발견하면 바로 사랑에 빠져서 그 문장을 취하고 〈좋아!〉, 〈맞아!〉라고 느낌표를 남발한다. 마치 자기도 딱 그렇게 생각했었다는 듯이, 그 문장이 자기 사고방식과 철학 체계의 진수라도 된다는 듯이. 〈수령Duce〉의 말마따나, 그는 〈입장을 취한다〉. 나는 독자들에게 다채로운 문학의 정글을 상대하지 않고도 입장을 취하는 수단을 제공한다.

이런 의미에서 아포리즘은 진부한 생각을 절묘하게(또한 새롭게) 표현한다.

하모늄을 〈삶에 염증을 느끼고 종교로 도피한 피아노〉라고 말하는 것은 우리가 이미 알고 믿는 사실, 즉 하모늄이 교회 악기라는 사실을 흥미롭게 다시 진술한 것이다. 알코올이 〈산 자를 죽이고 죽은 자를 보존하는 액체〉라고 말해도 과음의 위험성과 해부학 박물관의 알코올 사용에 대해서 우리가 알고 있는 사실에 뭔가가 추가되지는 않는다.

피티그릴리의 『포트의 실험』(1929)에서 주인공은 〈여자들에게 지성이란 색소 결핍증, 왼손잡이, 자웅동체, 다지증처럼 예외적으로만 마주치는 비정상성이다〉라고 말한다. 하지만 이 대사도 1929년의 남성 독자들이(어쩌면 여성 독자들도) 듣고 싶었을 말을 재치를 부려 표현한 것뿐이다.

그렇지만 피티그릴리는 자신의 아포리즘이 지닌 힘을 비판하면서 눈부신 아포리즘은 그 힘을 잃지 않으면서도 도치 가능하다는 주장까지 나아간다. 피티그릴리 본인이 제시한 몇 가지 예를 보자(『정말 사전』).

많은 이가 부를 경멸하지만 부를 베풀 수 있는 사람은 얼마 되지 않는다.
많은 이가 부를 베풀 수 있지만 부를 경멸하는 사람은 얼마 되지 않는다.

우리는 두려움 때문에 약속하고 희망 때문에 약속을 지킨다.
우리는 희망 때문에 약속하고 두려움 때문에 약속을 지킨다.

역사는 자유의 모험일 뿐이다.
자유는 역사의 모험일 뿐이다.

행복은 상황에 있지 우리의 취향에 있는 것이 아니다.
행복은 우리의 취향에 있지 상황에 있는 것이 아니다.

게다가 피티그릴리는 서로 모순되는 것처럼 보이면서도 일말의 진리를 드러내는 여러 작가의 격언을 열거해 보인다.

대(大) 피터르 브뤼헐, 「사육제와 사순절의 싸움」, 1559, 빈, 미술사 박물관

낙관주의는 속아 넘어가게 되는 유일한 이유다. (폴 에르비외)

신뢰 때문에 속지만 자기 자신도 속는 이유는 불신 때문이다. (앙투안 리바롤)

왕들이 철학을 하고 철학자들이 통치를 하면 백성은 행복할 것이다. (플루타르코스)

어느 지방에 벌을 내리고 싶어지면 철학자에게 그곳의 통치를 맡기겠다. (프리드리히 2세)

이 같은 아포리즘을 〈뒤집을 수 있는 아포리즘〉이라는 용어로 지칭하기로 하자. 뒤집을 수 있는 아포리즘은 〈재치〉 성벽의 질병이다. 달리 말하자면, 재치 있어 보이기만 하면 어떤 명제와 그 명제의 역(逆)이 모두 참이어도 상관없다는 입장의 격언이다. 역설은 일반적 관점을 사실상 뒤집어서 받아들이기 힘든 세계를 제시하고 저항과 거부를 야기한다. 하지만 그 세계를 이해하려고 노력하면 앎이 발생한다. 결국 그게 참이라고 인정해야만 하기 때문에 재치 있게 보인다. 뒤집을 수 있는 아포리즘은 부분적인 진리만 담고 있으며 일단 뒤집어 놓고 보면 두 시각 중 어느 쪽도 참이 아닐 때도 있다. 단지 재치 있게 쓰였기 때문에 얼핏 참처럼 보였던 것이다.

역설은 〈거꾸로 뒤집힌 세상〉이라는 고전적 주제(토포스)의 변형이 아니다. 그러한 세상은 기계적이다. 동물이 말을 하고 인간은 짐승 울음소리를 내는 세상, 물고기가 날고 새가 헤엄치는 세

살바도르 달리, 「보이지 않는 아프간과 해변에 세 개의 무화과 그릇 모습으로 나타난
가르시아 로르카의 얼굴」, 1938, 개인 소장

상. 원숭이가 미사를 집전하고 주교는 나무타기를 하는 세상이 예상된다. 그런 세상은 아무 논리 없는 〈불가능한 과장들adynata〉 혹은 〈불가능한 것들 impossibilia〉을 더해 놓은 것이다.

역설로 넘어가려면 뒤집기가 어떤 논리를 따라야 하고 우주의 일부에 국한되어야 한다. 어떤 페르시아인이 파리에 도착해서 프랑스를 묘사하는데 꼭 파리 사람이 페르시아를 묘사하듯 했다 치자. 그러한 묘사는 일상적인 것들을 선입견 없이 바라보게 할 것이므로 역설적인 효과가 있다.

오스카 와일드의 역설과 아포리즘

역설과 뒤집을 수 있는 아포리즘을 구별하는 검증 방법 중 하나는 역설을 뒤집어 보는 것이다.

역설과 아포리즘 사이를 언제나 냉소적이고 거침없는 태도로 오갔던 작가 하면 오스카 와일드다. 그가 작품에 뿌려놓은 수많은 아포리즘을 고려하면 그는 건방진 작가, 부르주아를 경악하게 할 수만 있다면 아포리즘, 뒤집을 수 있는 아포리즘, 역설 따위를 구별할 필요가 없는 댄디처럼 보인다. 그는 당당하게도, 못되고 진부한 생각 — 적어도 빅토리아 시대의 부르주아와 귀족에게는 진부했던 생각 — 을 절묘하게 드러내는 주장마저도 절묘한 아포리즘으로 통하게 했다.

하지만 이런 유의 실험을 통해 우리는 도발적 아포리즘을 소설, 희극, 에세이의 양념처럼 구사했던 작가가 정말로 눈부신 역설들을 만들어 냈는지, 아니면 그저 재치 있는 말들의 우아한 수집가였는지 알아볼 수 있겠다.

일단 진짜 역설들부터 열거해 보겠다. 여러분이 뒤집을 수 있으면 뒤집어 보기 바란다(양식 있는 사람이 보기에는 명백히 거짓이고 기껏 좋게 봐야 난센스인 결과밖에 나오지 않겠지만 말이다).

생은 〈불쾌한 15분〉이고 거기서 감미로움은 순간일 뿐이다.

이기주의는 자기가 원하는 대로 사는 것이 아니라 남들이 자기가 원하는 대로 살기 바라는 것이다.

예민한 사람은 자기 발바닥에 티눈이 있다는 핑계로 늘 남의 발을 밟는 사람이다.

배울 능력이 없는 사람들 모두가 가르침에 나선다.

사람들 입에 많이 오르내리는 남자는 언제나 몹시 매력적이다. 결국은 그에게 뭔가 마음을 끄는 것이 있다고 생각하게 된다.

나는 유혹을 제외한 모든 것에 저항할 수 있다.

거짓은 다른 누군가의 진실이다.

역사에 대한 유일한 의무는 역사를 다시 쓰는 것이다.

어떤 사상이 반드시 진리가 되려면 그 사상을 위해 죽는 사람이 있는 것으로 충분치 않다.

가족은 어떻게 사는지도 모르고 언제가 죽을 때인지 생각하지도 않는 지긋지긋한 사람들의 무리일 뿐이다.

사람들이 나에게 동의할 때마다 늘 내가 틀린 것 같은 기분이 든다.

그렇지만 와일드의 아포리즘 중에는 쉽게 뒤집을 수 있음 직한 것도 많다.

삶은 세상에서 가장 희귀한 것이다. 대부분의 사람은 그냥 존재할 뿐이다.

존재는 세상에서 가장 희귀한 것이다. 대부분의 사람은 그냥 산다.

육체와 영혼의 사소한 차이라도 아는 사람은 육체도 없고 영혼도 없다.

육체와 영혼의 차이를 전혀 모르는 사람은 육체도 없고 영혼도 없다.

삶은 너무 중요한 것이어서 진지하게 논할 수 없다.

삶은 너무 중요하지 않은 것이어서 가볍게 논할 수 없다.

세상에는 두 부류의 사람만 있다. 믿을 수 없는 일을 믿는 사람(대중)과 사실 같지 않은 일을 하는 나 같은 사람.

세상에는 두 부류의 사람만 있다. 사실 같지 않은 일을 믿는 사람

(대중)과 믿을 수 없는 일을 하는 나 같은 사람.

세상에는 두 부류의 사람만 있다. 사실 같지 않은 일을 하는 사람
(대중)과 믿을 수 없는 일을 믿는 나 같은 사람.

숙명은 언제나 좋은 결심에 들러붙는다. 그런 결심은 언제나
너무 일찍 선다.

숙명은 언제나 좋은 결심에 들러붙는다. 그런 결심은 언제나 너
무 늦게 선다.

미숙함은 완전하다.

미숙함은 불완전하다.

완전함은 미성숙이다.

불완전함은 성숙이다.

무지는 섬세한 이국 과일 같다. 건드리기만 해도 망가진다.

앎은 섬세한 이국 과일 같다. 건드리기만 해도 망가진다.

예술을 공부할수록 자연에 대한 관심은 떨어진다.

자연을 공부할수록 예술에 대한 관심은 떨어진다.

석양은 이제 유행이 지나갔다. 석양은 터너가 예술의 정점
이었던 시기에 속한다. 석양의 찬미는 시골뜨기 기질의 명백한
표시다.

석양은 다시 요즘 유행이 되었다. 석양은 터너가 예술의 정점이었던 시기에 속한다. 석양의 찬미는 유행을 따르고 있다는 명백한 표시다.

아름다움은 아무것도 표현하지 않기 때문에 모든 것을 드러낸다.
아름다움은 모든 것을 표현하기 때문에 아무것도 드러내지 않는다.

결혼한 남자는 자기 아내에게만 예외일 뿐 결코 매력적이지 않다. 그리고 자기 아내에게도 그렇지 못할 때가 많다.
결혼한 남자는 자기 아내에게만 예외일 뿐 매력적이다. 그리고 자기 아내에게도 그럴 때가 많다.

댄디즘은 아름다움의 절대적 현대성에 대한 주장이다.
댄디즘은 아름다움의 절대적 비현대성에 대한 주장이다.

대화는 모든 것을 다루되 아무것도 깊이 파고들지 않아야 한다.
대화는 아무것도 다루지 않되 모든 것을 깊이 파고들어야 한다.

나는 아무것도 말하지 않기를 좋아한다. 그게 내가 전부를 아는 유일한 영역이다.

나는 전부를 말하기 좋아한다. 그건 내가 아는 게 전혀 없는 유일한 영역이다.

스타일의 대가들만이 명쾌할 수 있다.
스타일의 대가들만이 모호할 수 있다.

누구나 역사를 만들 수 있다. 그러나 위대한 사람만이 역사를 쓸 수 있다.
누구나 역사를 쓸 수 있다. 그러나 위대한 사람만이 역사를 만들 수 있다.

지금은 영국과 미국의 차이가 전혀 없다. 물론 언어는 빼고 말이다.
지금은 영국과 미국이 완전히 다르다. 물론 언어는 빼고 말이다.

현대인만이 유행에 뒤진다.
유행에 뒤지는 자만이 현대인이다.

오스카 와일드에 대한 판단을 여기서 멈춘다면 너무 가혹할 것이다. 그는 브러멀 경*과 친애하는 데 제생트**보다는 늦었지만 댄

---

* 조지 브라이언 브러멀George Bryan Brummell. 1778~1840. 조지 4세의 젊은 시절 친구이자 런던 살롱에서 인기를 끌었던 댄디의 전형적 인물.

** 카를조리스 위스망스의 소설 『거꾸로』에 나오는 탐미적 취향의 귀족.

디의 구체적 모습 그 자체였다. 그는 무례한 진실을 담은 역설, 수용 가능한 진실을 담은 아포리즘, 진리성과 무관한 재치놀음을 뒤집을 수 있는 아포리즘을 구별하지 않는다. 게다가 와일드의 예술관은 이 입장을 정당화한다. 그 입장에서 아포리즘의 목적은 유용성, 진리성, 도덕성이 아니라 아름다움과 우아한 양식에만 있다.

와일드의 원칙에 따르면 와일드는 더글러스 경*을 사랑했다는 죄 때문이 아니라 이런 유의 편지를 보낸 죄로 옥살이를 해야 했을 것이다. 〈장미 꽃잎처럼 붉은 그대 입술이 노래를 부르기 위해서만이 아니라 미친 듯한 키스를 위해 존재함은 기적이라네.〉 또한 재판 내내 그 편지가 문체 연습이자 일종의 산문으로 쓴 소네트였다고 주장한 죄로 그래야 했을 것이다.

하지만 작가가 어느 건방진 인물의 입을 빌려 제시한 아포리즘을 빈약하다고 판단할 수 있을까? 『진지함의 중요성』(1895)에서 블랙널 부인의 이 대사는 아포리즘인가? 「부모 중 한 사람을 잃으면 불행으로 간주될 수 있지만 둘 다 잃는 건 부주의 같잖아요!」 여기서 와일드는 자기가 쓴 아포리즘들을 하나도 믿지 않았고 자신의 가장 훌륭한 역설들도 믿지 않았을 것이라는 가정이 나온다. 그의 관심은 단지 그런 것들을 음미할 줄 아는 사회를 무대에서 연출하는 것이었다.

게다가 와일드가 하는 말도 그렇다. 『진지함의 중요성』에서 다음 대화를 보라.

---

* 와일드의 동성 애인. 재판에서 와일드는 징역 2년에 파산 선고까지 받았다.

266

앨저넌	모든 여자는 자기 엄마처럼 되지요. 그게 여자의
	비극입니다. 남자는 절대 그렇지 않아요. 그게 남
	자의 비극이고요.
잭	그게 현명한 생각일까요?
앨저넌	그건 모르겠고, 표현으로서는 아주 훌륭하지요!
	우리의 세련된 삶에 대한 관찰들만큼이나 진실
	되기도 하고요.

그렇기 때문에 와일드는 풍기 문란한 아포리즘 작가가 아니라 관습을 비판하고 풍자한 작가로 보아야 한다. 그가 철저히 그 관습 안에서 살아왔다는 것은 또 다른 문제요, 바로 거기에 그의 불행이 있었다.

『도리언 그레이의 초상』(1890)을 다시 읽어보자. 몇 가지 예외가 있을 뿐 가장 기억할 만한 아포리즘은 대부분 워튼 경이라는 잘난 체하는 인물의 입에서 나온다. 와일드는 자기 자신이 보장할 법한 삶의 격언들로서 그러한 아포리즘을 제시하지 않는다.

워튼 경은 재치 있게 표현하지만 당대 사회의 진부한 생각을 참을 수 없으리만치 줄줄이 늘어놓는다(이 때문에 와일드의 독자들은 그의 가짜 역설들로 기분 전환을 한다). 〈어떤 주교는 열여덟 살에 배운 것을 여든 살에도 되풀이한다.〉〈더없이 진부한 일도 몰래 숨어서 하면 재미있다.〉〈결혼의 유일한 매력은 두 사람 모두에게 거짓된 생활이 필수 불가결해진다는 데 있다.〉〈요즘은 실연도 여러 판본으로 나온다.〉〈젊은이는 정절을 지키고 싶지만 그럴 수 없고, 늙은이는 정절을 깨고 싶지만 그럴 수 없다.〉〈나는 돈이 필요 없다. 계산서를 지불하는 사람은 돈이 필요하지만 나는 절대 계산서를 지불하지 않으므로.〉〈영국은 아무것도 바뀌지 않았으면 좋겠다. 단, 날씨만 빼고.〉〈청춘을 되찾고 싶으면 미친 짓을 되풀이하면 된다.〉〈남자는 권태 때문에 결혼하고, 여자는 호기심 때문에 결혼한다.〉〈여자들은 눈부신 현실 감각을 지녔다. 우리는 결혼 얘기를 꺼내는 것을 잊지만 여자들이 늘 상기시켜 준다.〉〈우리는 행복할 때는 늘 선하다. 그러나 우리가 선할 때 늘 행복한 것은 아니다.〉〈가난한 사람들의 진짜 비극은 희생 외에는 아무것도 남에게 줄 수 없다는 것이다.〉(워튼 경이 혹시 『공산당 선언』을 읽고 프롤레타리아들이 잃을 것이라고는 그들의 족쇄뿐이라는 것을 깨달았을까?) 〈사랑받는 것보다 사랑하는 것이 낫다. 사랑받는다는 것은 권태롭다.〉〈우리가 만들어 내는 모든 결과는 어떤 적을 낳는다. 인기가 있으려면 보잘것없어져야 한다.〉〈시골에서는 누구나 선량할 수 있다.〉〈결혼생활은 습관일 뿐이다.〉〈범죄는 하층 계급의 전유물이다. 그들과 범죄의 관계는 우리와 예술의 관계 같아서, 단지 색다른 흥분을 얻는 방식이다.〉〈살인은 언제나 과오다. 저녁 식사 후에 말할 수 없는 일은 그게 무엇이든 저지르지 말아야 한다.〉……

이 자명한 표현들은 단지 연달아 쏟아져 나오기 때문에 명석해 보인다. 열거라는 기법에서는 지극히 평범한 단어들이 다른 평범한 단어들과 엉뚱한 관계를 맺는다는 이유만으로 기발해 보일 수 있다. 워튼 경은 사탕과자 포장지에 적혀 있는 난센스 퀴즈처럼

이반 올브라이트, 「도리언 그레이의 초상」, 1943~1944, 시카고, 아트 인스티튜트

허접하고 진부한 생각들을 찾아내 뒤집음으로써 재미있게 만드는 재주가 탁월하다.

자연스러움은 단지 하나의 자세, 내가 아는 가장 짜증나는 자세다.

나는 단순한 쾌락을 좋아한다. (……) 그런 쾌락은 복잡한 존재들의 마지막 피난처다.

내가 원하는 것은 정보다. 물론 유용한 정보가 아니라 쓸모없는 정보를 원한다.

장담하는데, 미국인들은 농담을 할 줄 몰라요! 얼마나 끔찍한 일이냐고요!

나는 모든 것에 공감할 수 있다. 고통만 빼놓고.

이보게, 피상적인 사람들은 사실 평생 사랑을 한 번밖에 못해 본 사람들이지.

타인의 비극에는 언제나 끔찍이 비루한 것이 있다.

어떤 사람이 철저하게 어리석은 행동을 수행할 때는 늘 더없이 고결한 동기에서 출발한다. [이 말은 뒤집을 수도 있다. **어떤 사람이 철저하게 고결한 행동을 수행할 때는 늘 더없이 어리석은 동기에서 출발한다.**]

남자는·아무 여자하고나 행복해질 수 있다. 그 여자를 사랑하지 않는 한.

착한 것보다는 잘생긴 것이 낫다. 반면 못생긴 것보다 착한 게 낫다는 사실을 나보다 잘 아는 사람은 없다. [이 문장도 텔레비전 진행자들이 유행시켰던 것 같은 진부한 생각(못생기고 가난하고 병든 것보다는 잘생기고 돈 많고 건강한 게 낫다)에 기대고 있을 뿐이다.]

피상적인 정신의 소유자만이 외모를 보고 판단하기를 거부한다.

요즘 사람들의 행동 방식은 정말로 추접스럽다. 그들은 완전히 진실된 이야기를 남의 뒷말로 떠들고 다닌다.

변덕과 평생 가는 열정의 유일한 차이는 변덕이 좀 더 오래 간다는 것뿐이다.

워튼이 실질적인 역설도 몇 가지 고안했다는 점은 부정할 수 없다.

나는 잘생긴 사람은 친구로 선택하고, 평판이 좋은 사람은 지인으로 선택하며, 똑똑한 사람은 적으로 선택한다.

미국 아가씨들은 영국 아가씨들이 과거를 잘 감추는 것만큼 부모를 잘 감춘다.

박애주의자는 인간다운 감각을 모두 상실했기 때문에 그 점으로 알아볼 수가 있다.

나는 야만적인 완력을 참을 수 있지만 야만적인 이성은 못 참는다.

나는 바그너의 음악을 누구보다 좋아한다. 그 음악은 너무 시끄러워서 아무리 떠들어도 남에게 들릴 위험이 없다.

위대한 열정은 할 일 없는 사람들의 특권이다.

여자들은 걸작의 영감을 불어 넣지만 그 영감의 실현을 방해한다.

고양이를 고양이라고 부를 수 있는 사람은 고양이를 키우지 않을 수 없게 될 것이다.

그렇지만 더 쉽게 보자면, 워튼 경의 역설은 뒤집을 수 있는 아포리즘이다.

죄는 현대 생활에서 유일하게 남은 색조다.

덕은 현대 생활에서 유일하게 남은 색조다.

사실 『도리언 그레이의 초상』은 워튼 경의 잘난 체하는 태도를 무대에 올리는 동시에 그 태도를 고발한다. 이 인물에 대해서 사람들은 말한다. 「귀여운 사람, 저 사람 말은 듣지 말아요……. 진지한 말이라고는 할 줄 모르는 사람이니까.」 작가도 워튼 경에 대해서 이렇게 말한다.

그는 그러한 생각을 가지고 놀면서 점점 깊이 탐닉했다. 그 생각을 허공에 던져 변화시키고, 빠져나가게 두었다가 다시 붙잡았으며, 익살을 덧붙이고 역설의 날개를 달아 주었다. (……) 그는 도리언 그레이가 자기를 뚫어져라 바라보는 것을 느꼈다. 청중 가운데 마음을 사로잡고 싶은 대상이 있음을 알자 그의 재치는 더욱 예리해지고 상상력이 화려해지는 것 같았다.

와일드 최고의 역설은 그가 옥스퍼드의 한 저널에서 발표한 「젊은이를 위한 경구와 격언」이라는 삶의 격언들이다.

교육을 잘 받은 사람은 타인을 반박한다. 현자는 자기 자신을 반박한다.

야망은 실패자의 마지막 피난처다.

시험을 치를 때 멍청이들은 현명한 자들이 대답할 수 없는 질문을 던진다.

문체의 대가만이 난해하게 보이지 않는다.

삶의 첫 번째 의무는 가능한 한 작위적이 되는 것이다. 두 번째 의무는 아직 아무도 알아내지 못했다.

실제로 일어난 일은 아무것도 중요하지 않다.

성년이 되면 진지함이 우둔함이 된다.

진실을 말하면 조만간 정체가 밝혀지는 것은 확실하다.

피상적인 사람만이 자기를 안다.

하지만 와일드가 이런 문장을 얼마나 진실한 가르침으로 여겼는지는 재판 중에 이런 말이 반박되었을 때 그가 한 대답에서 알 수 있다. 「내가 쓴 것이 진실이라고 생각한 적은 거의 없습니다.」 와일드에게 (진짜) 역설, (자명한) 아포리즘, (거짓이거나 진위와 상관없는) 뒤집을 수 있는 아포리즘의 엄격한 구별을 요구하지 않는 것이 마땅하다. 그가 표방한 것은 〈문장에 대한 광적 열정furor sententialis〉(재미있는 수사학적 방종)이지 철학적 열정이 아니다.

그는 이렇듯 가짜 역설의 새로운 형태를 만들고 기만적 아포리즘을 우리가 매일 접하는 진부한 생각들을 재확인하는 용도로 사용했다.

뒤집기

얼마 전 500가지 진부한 생각을 뒤집어 놓은 작은 책이 출간되었는데, 그중 일부는 이미 인터넷에 유포되었다. 500개 문장 중에서 일부만 인용할 수밖에 없음을 양해해 주기 바란다. 일단 제목부터가 「추월해서 미안해요, 하지만 신호가 계속 파란불이었다고요Scusa l'anticipo ma ho trovato tutti verdi」다.

때로는 상상이 현실을 뛰어넘는다.

나는 신을 믿지 않고 교회를 믿는다.

먼저 그는 스스로 목숨을 끊고 동일한 무기로 아내와 자식을 죽였다.

그 시기에 나와 멀리 있어 줘서 고마워요.

학업을 중도 포기하지 않았던 게 크게 후회된다.

산타클로스가 어린이들이 존재하지 않는다는 걸 알 때가

됐다.

나는 응석받이다, 그렇다, 하지만 난 늙지 않았다.

누가 내 지갑을 신분증과 열쇠 때문이 아니라 돈 때문에 훔쳐 갔다.

자지 마, 코카콜라 못 마셔.

습도가 아니라 온도가 문제다.

칼륨은 바나나에 풍부하다.

소크라테스는 플라톤의 후계자로 간주될 수 있다.

고대 미술은 하나도 모르겠다.

라틴어니까 〈midia〉라고 해야 한다.

캐스팅에 여자 친구와 함께 갔는데 그 친구가 뽑혔다.

위기다, 위기. 사람들이 저녁에 전부 자기네 집에서 지낸다.

사실 무솔리니는 나쁜 일도 많이 했다.

주최 측에서는 만 명이라고 하고, 경찰 측에서는 10만 명이라고 한다.

베네치아는 남유럽의 암스테르담이다.

모든 백인의 핏속에는 음악이 흐른다.

예전에는 이 주변에 모든 집이 있었다.

중국인들은 전부 다르게 생겼다.

확실히 베개가 있으면 잠을 더 잘 잔다.

리눅스를 쓰고 싶은데, 너무 쉬워서 문제다.

이제 카를 크라우스의 유명한 역설들을 보자. 나는 뒤집기를 시도하지 않겠다. 잘 생각해 보면 뒤집기가 불가능하다는 것을 알 수 있을 테니 말이다. 이 역설들은 일반 견해를 거스르는, 관습적이지 않은 진리를 담고 있다. 그래서 정반대의 진리를 표현하게끔 만들 수가 없다.

스캔들은 경찰이 종결시킬 때 시작된다.

그가 완벽하기 위해 단 하나 부족한 것은 결점이다.

처녀성의 이상은 그것을 빼앗고 싶어 하는 사내들의 이상이다.

형벌은 어떤 죄도 짓고 싶어 하지 않는 사람들을 위협하는 효용이 있다.

탐험가들을 급히 파견하는 어떤 어둠의 대륙이 있다.

아이들은 병정놀이를 한다. 그건 그럴 만하다. 그런데 왜 병정들이 아이 놀이를 하는가?

당연히 크라우스도 뒤집을 수 있는 아포리즘의 오류에 빠진다. 다음의 예는 반박이 가능하고, 따라서 뒤집어질 수 있다.

여자의 피상적인 태도만큼 헤아릴 수 없는 것은 없다.
여자의 헤아릴 수 없음만큼 피상적인 것은 없다.

흉한 스타킹보다는 흉한 발을 양해해야 할 것이다!

뱅크시, 「낙서는 범죄다」, 2013, 뉴욕

흉한 발보다는 흉한 스타킹을 양해해야 할 것이다!

아름답지 않으면서 그런 척하는 여자들이 있다.
아름다운데 그렇지 않은 척하는 여자들이 있다.

초인은 인간을 전제로 하는 조숙한 이상이다.
인간은 초인을 전제로 하는 조숙한 이상이다.

거의 절대로 뒤집을 수 없는 듯 보이는 역설들은 스타니스와프 레츠*의 역설들이다. 그의 『헝클어진 생각들』(1957)에 나오는 예들을 몇 가지 들어보겠다.

아, 잠으로 죽음을 할부 상환할 수 있다면!
나는 간밤에 현실을 꿈꾸었다. 깨어나서 얼마나 안도했는지!
열려라, 참깨! 나는 나가고 싶다!
만약 아메리카 대륙이 앞을 가로막지 않았다면 콜럼버스가 뭘 발견했을지 알 게 뭔가!
꿀범벅이 된 입마개는 끔찍하다.
가재는 죽은 후에 붉어진다. 희생자로서는 모범이 될 만한 섬세함이다!

* 1909~1966. 폴란드 출신의 작가.

롤랑 토포르, 「열린 하늘」, 석판화, 1945년 이후

조각상을 파괴하더라도 좌대는 그대로 두자. 좌대는 늘 소용이 있을 수 있다.

그는 학식을 지녔으나 그로써 결실을 맺지 못했다.

그는 겸손하게 자신을 글쓰기광이라고 했지만 실은 정보 누설자였다.

화형대는 어둠을 밝히지 않는다.

나폴레옹이 아니어도 세인트헬레나 섬에서 죽을 수는 있다.

그들은 서로를 너무 세게 껴안아 무슨 감정을 느낄 여지조차 없었다.

그는 머리에 희생자들의 재를 뒤집어썼다.

나는 프로이트를 꿈꾸었다. 그건 무슨 의미일까?

난쟁이들과 어울리다 보면 척추가 기형이 된다.

그는 훌륭한 양심의 소유자다. 그 양심은 쓰인 적이 많지 않다.

그의 침묵 속에도 철자법의 오류가 있었다.

내가 레츠를 특히 좋아하는 건 인정한다. 그래도 그의 역설 중 하나로 이 글을 끝맺고 싶다. 늘 잘 지켜지지는 않았지만 내 인생의 길잡이요, 여러분에게도 그러한 길잡이기를 바라는 역설이다.

생각하기 전에 성찰하라!

라 밀라네시아나, 2010, 역설

거짓

윤리, 정치, 논리,
언어철학의 열띤 주제

거짓말은 윤리학과 정치학은 말할 것도 없고 논리학과 언어철
학의 역사에서 가장 열렬히 논의된 주제 중 하나다. 이 방대한 논
의를 한눈에 살펴보고 싶은 독자들에게는 마리아 베테티니의 명
민하면서도 중요한 책 『거짓말에 관한 작은 역사』를 권한다. 그리
고 거기서 더 알고 싶은 독자들에게는 안드레아 탈리아피에트라
의 『거짓말의 철학』도 추천한다. 내가 이 주제에 코를 들이밀기로
한 이유는(피노키오를 떠올리는 것도 우연은 아니다) 내가 거짓
과 위조에 대한 소설과 에세이를 썼을 뿐 아니라, 아직도 많은 사
람이 나의 『일반 기호학 이론』(1975)에서 거짓말에 이용될 수 있
는 모든 것을 기호로 간주해야 한다고 주장한 대목을 인용하고 있
기 때문이다.

불에서 피어오르는 연기는 우리가 이미 아는 것 외에는 아무것
도 말해 주지 않기 때문에 기호가 아니다. 그러나 산봉우리에서
피어오르는 연기는 우리 눈에 보이지 않는 불의 존재를 나타내는

기호다. 그렇지만 어떤 사람이 불이 난 것처럼 믿게 하려고, 혹은 그 산에 원주민들이 살고 있다고 믿게 하려고(실제로는 그렇지 않은데) 화학적인 수법으로 연기만 일으켰을 수도 있다.

그렇지만 기호에 대한 나의 정의는 매우 제한적이다. 〈거짓을 말하기 위해〉 사용될 수 있는 모든 것, 좀 더 정확하게는 〈현실 세계의 진실이 아닌 것〉을 말하기 위해 사용될 수 있는 모든 것이라고 했으면 좋았을 것이다. 문학이 우리의 세계와는 다른, 가능한 세계에서의 진실을 말하듯, 거짓말은 단지 현실 세계의 진실이 아닌 것을 말하는 여러 방식 중 하나다.

설명해 보겠다. 태양이 지구 주위를 돈다는 프톨레마이오스의 주장은 분명히 진실이 아니었다. 그는 〈착각했기 때문에〉 그렇게 주장했지, 거짓말을 한 것은 아니었다. 거짓말을 한다는 것은 〈자기가 맞다고 생각하는 바의 반대를 말하는 것〉이다. 그런데 프톨레마이오스는 진심으로 태양이 지구 주위를 돈다고 믿었다. 그럼 이제 프톨레마이오스가 지구가 태양 주위를 돈다고 믿었던 아리스타르코스의 제자 일파에 들어가고 싶어 했다고 상상해 보자. 그래서 그는 「확실히 지구가 태양 주위를 돕니다」라고 했다. 그는 우리에게 진리인 것을 말했지만 자기가 믿는 바의 반대를 말했으니 거짓말을 한 것이다. 따라서 거짓을 말하는 것은 진리성의 문제 ─ 진리aletheia 개념과 상관이 있다는 뜻이다 ─ 이고, 거짓말을 하는 것은 윤리 혹은 도덕의 문제다. 자기가 한 말이 진리인가 아닌가와는 별개로 거짓말을 할 수도 있다는 얘기다. 죄 없는 데스데모나를 모함한 이아고는 거짓말쟁이다. 혹시 데스데모나가 정

프랑수아 르무안, 「시간이 거짓과 시기에서 진실을 구해 내다」, 1737, 런던, 월리스 컬렉션

말로 카시오와 정을 통했다면 이아고는 자기도 모르게 오셀로에게 진실을 말해 준 셈이 되겠지만, 그래도 그가 거짓말을 했다는 사실은 변하지 않는다.

여러분이 거짓말 혹은 위조의 다양한 경우를 들먹인다는 이유로 — 나의 소설 『프라하의 묘지』가 그런 경우인데 — 어리석은 사람들은 여러분이 세상을 위조자로 가득 찬 것처럼, 역사를 거짓의 지배처럼 생각한다고 반박할 것이고, 여러분은 졸지에 어떤 진리도 존재하지 않는다고 주장하는 상대주의자가 될 것이다. 고등학교에서 철학을 전혀 배워 보지 못한 사람도 수용하기 힘든 바보 같은 소리다.

어떤 것이 틀렸다든가 거짓이라든가 위조의 결과라고 말하려면 바르거나 참이거나 진짜인 것에 대한 개념이 있어야 한다. 물론 진리에는 여러 차원이 있고 어떤 것을 확인하는 검증 가능성들도 그렇다.

내가 〈밖에 비가 온다〉라고 하면 이 주장의 진위는 개인적 경험으로 확인할 수 있다. 창밖으로 손을 내밀어 뭐가 떨어지는지 보면 된다. 내가 황산이 H_2SO_4라고 하면 이론적 개념에 따라서 그 말은 참이라고 할 것이다. 하지만 황산을 만드는 실험실에 가서 자기 눈으로 확인하겠다고 고집을 피울 수도 있겠다(비록 대단히 만족스럽게 확인되지는 않겠지만). 〈나폴레옹은 1821년 5월 5일에 세인트헬레나 섬에서 죽었다〉라고 하면 백과사전에 등재되어 있는 역사적 진실을 받아들여야 한다. 어딘가에, 가령 영국 해군성에 이 사실을 입증하는 자료가 있다고 하자. 그렇지만 이 자

284

료가 틀렸거나(허드슨 로가 달력의 날짜를 착각했다) 거짓(허드슨 로가 자신이 나폴레옹을 아르헨티나로 도피하게 내버려 두었다는 사실을 숨기려고 나폴레옹이 죽었다고 했다)일 가능성은 늘 존재한다. 혹은 런던에서 누군가가 우리는 알지 못하는 어떤 이유로 허드슨 로의 보고서 원본을 조작해서 사망 날짜를 바꾸었을 수도 있다.

이로써 내가 강연 제목을 왜 이렇게 잡았는지 설명이 됐을 것이다. 「거짓을 말한다는 것, 거짓말을 한다는 것, 위조를 한다는 것.」* 이 세 가지는 광범위하게 여러 현상을 아우르지만 서로 다르다. 가령 성령이 성부와 성자(필리오케**)에게서 나온 것은 참일까? 교황은 참으로 인정했고 그는 거짓말을 한 것이 아니다. 그러나 콘스탄티노플 총대주교는 거짓으로 보았고 교황이 최소한 실수를 한 것이라고 비난했다. 그러지 않았으면 동방정교회 분리도 없었을 것이다. 루르드의 성모 발현은 베르나데트 수비루의 증언 외에는 증거가 없는데 어떤 의미에서 참인가? 만약 이 진술이 참이라면 교회 당국은 메주고레의 성모 발현은 증인이 여섯 명이나 있는데 왜 의심하는가? 이런 유의 진리에 대한 검증 기준은 황산을 검증할 때 사용하는 기준과 사뭇 다르다.

---

* 이 강연의 원래 제목.

** 381년 콘스탄티노플 공의회는 신앙 고백에 〈성부에게서 나오신 성령〉에 〈성자로부터Filioque〉를 추가하여 〈성부와 성자에게서 나오신 성령〉으로 개정했다. 그러나 그리스 교회는 이 추가 구절을 인정하지 않았다.

거짓말의 윤리

참 혹은 거짓을 다룬다는 것은 거창한 기획이니만큼 거짓말의 윤리 문제로 한정해 보자. 십계명에는 〈거짓말하지 말라〉도 있다. 하지만 대다수의 계명은 〈가벼운 죄질〉로 여겨지는데, 사죄(死罪)와 경죄(輕罪)를 구분한다. 〈네 부모를 공경하라〉를 보자면, 엄마에게 〈귀찮게 좀 하지 마요〉라고 말대답하는 것과 엄마를 망치로 때려죽이는 것은 다르다. 반면에 (내가 어릴 때 배우기로는) 〈간음하지 말라〉는 〈가벼운 죄질〉이 아니다. 달리 말하자면 할머니를 강간한 인간이나 모니카 벨루치 사진을 보면서 욕정을 느끼는 청소년이나 지옥에 떨어지기는 마찬가지라는 얘기다. 그러면 〈네 이웃에 대하여 거짓 증언하지 말라〉는 어떨까?

방임적인 정치가들이 있었다. 플라톤은 젊은이들에게 덕을 가르치기 위해서 (당연히 매우 상상적인) 신화들을 이야기해도 된다고 했다. 또 니콜로 마키아벨리는 이렇게 말한다(『군주론』, 18장).

군주가 신의를 지키는 일이 얼마나 칭찬받을 만한지는 모두가 안다. (……) 그러나 우리의 경험에 따르면 신의를 중요시하지 않고 교활한 지혜로 사람들의 정신을 어지럽게 하는 군주가 오히려 위대한 업적을 이루었다. 궁극적으로는 그들이 언제나 신의를 지키는 사람들을 이겼다. (……) 현명한 군주라면 신의를 지키는 것이 자신에게 불리하거나 약속을 할 당시의 조

살바토르 로사, 「거짓말의 알레고리」,
1651, 피렌체, 팔라티나 미술관

건이 이미 사라졌을 때 신의를 지킬 수 없고, 지켜서도 안 된다.
(……) 그러므로 이 점을 이해해야 하는 것이, 모름지기 군주는
(……) 운명의 방향과 상황의 변화에 따라 처신을 달리할 마음
의 준비가 되어 있어야 한다. 그리고 앞서 말한 것처럼 가능한
한 올바른 방향에서 벗어나지 않되 필요에 따라서는 악을 저지
를 수도 있어야 한다.

프랜시스 베이컨(『수필집』, 6)도 이렇게 일깨운다. 〈은폐는 정
치 혹은 신중의 거짓 이미지에 불과하다. 정신과 성격이 동시에

강인해야만 언제 진실을 말해야 하는지를 알고 용감하게 말할 수 있기 때문이다. 그러므로 가장 나쁜 정치가들은, 사람들이 그들에 대해서 뭐라고 말하든, 가장 감추어진 자들이다.〉 발타사르 그라시안도 〈은폐는 통치의 주요한 수단이다〉라고 지적했다. 지금도 어떤 장군이 자신의 공격 계획을 — 질문을 받고서 — 적에게 폭로한다면 미쳤다고 할 것이다. 카이사르 암호에서 트리테미우스 암호, 나아가 에니그마 암호에 이르기까지 군대는 다양한 형태의 암호를 써서 소통을 은폐했다.

외교에서도 진실을 곧이곧대로 말하는 것은 위험하고 권장할 만하지 않다. 우리도 일상의 소소한 외교술에서 그런 외교적인 거짓말을 폭넓게 활용한다. 만나고 싶지 않았던 사람을 만나고는 반갑다고 인사를 한다든가, 어떤 집에 저녁 식사 초대를 받았는데 그 집 주인의 요리 솜씨가 형편없다는 것을 알기 때문에 몸이 안 좋아서 못 간다고 거짓 핑계를 댄다든가 하는 식으로 말이다.

그렇지만 원칙주의자들은 언제든, 어떤 구실로든, 설령 사람의 목숨이 달린 일이어도 거짓말을 하면 안 된다고 주장한다. 성 아우구스티누스는 흉포한 암살자에게 쫓기는 이를 자기 집에 숨겨준 사람의 예를 든다. 암살자가 집주인에게 자기가 쫓는 사람이 여기 있느냐고 물어볼 때 선량한 사람, 상식이 있는 사람이라면 응당 거짓말을 할 것이다. 그러나 신실한 사람이라면 이 경우에도 거짓말을 해서는 안 된다고 아우구스티누스는 말한다.

이마누엘 칸트도 이 논증을 취한 바 있다(『인류애를 위해 거짓말을 할 권리에 대하여 *Über ein vermeintes Recht aus Menschenliebe zu lügen*』).

독일의 공학자 아르투어 셰르비우스가 만든 에니그마 기계, 1918

뱅자맹 콩스탕은 진실을 말하는 것이 의무지만 〈아무도 타인에게 해를 끼치는 진실을 행사할 권리는 없다〉라고 했다(『정치적 반동에 대하여』). 우리가 아는 바는 우리 뜻대로 타인에게 양도할 수도 있고 그러지 않을 수도 있는 일종의 유산이다. 하지만 칸트는 진실성을 무조건적인 의무로 본다. 〈그 이유는 거짓이 언제나 타인에게 해를 끼치기 때문이다. 거짓은 특정 개인에게 해를 끼치지 않더라도 인류 전체에 해가 되고 법의 근원을 헛되이 만든다.〉

자기가 쫓는 사람을 숨겨 줬느냐고 묻는 암살자의 예를 두고 칸트의 논증을 생각해 보면 위대한 인물도 때때로 어리석은 말을 하는구나 싶다(보기 싫은 그림은 눈만 돌리면 안 볼 수 있는데 듣기 싫은 음악은 피할 도리 없이 들어야만 한다는 이유로 음악을 열등한 예술이라고 했을 때도 그랬지만 말이다). 칸트는 말한다. 〈당신이 그 사람은 당신 집에 없다고 거짓말을 했는데 실은 그 사람이 (당신이 모르는 사이에) 집에서 빠져나가고 마침 암살자가 집에서 나가려는 그 사람을 발견해 살인을 저지른다면 그 사람의 죽음은 당신 책임이 맞다. 만약 당신이 아는 그대로 진실을 말했다면 암살자가 집 안을 뒤지는 동안에 이웃들이 도와주러 와서 그 암살자를 잡았을 것이요, 살인도 일어나지 않았을 것이다.〉 살인이 일어나기 전에 집주인이 암살자를 잡을 의무가 있다는 생각은 칸트의 머릿속에 떠오르지 않았다. 얌전한 교수님은 이웃이 달려올 때까지 기다려야 하나.

거짓말의 문제에 대해서 토마스 아퀴나스는 좀 더 균형 잡힌 태도를 보인다. 『신학대전』(II-II, 110)은 재미로 하는 〈즐거운〉 거짓말과 아무에게도 해를 끼치지 않으면서 누군가의 목숨이나 순결을 구하는 〈호의적인〉 거짓말을 모두 경죄로 친다. 그렇지만 아무에게도 도움이 되지 않으면서 누군가에게 해가 되거나, 누군가에게 도움이 되지만 다른 사람에겐 해가 되거나, 그냥 거짓말하고 속이는 걸 좋아해서 하는 〈유독한〉 거짓말은 사죄(死罪)에 해당한다. 대부분의 다른 저자와 마찬가지로 성 토마스는 거짓말을 정의할 때 거짓으로 판단되는 것을 의식적으로 말한다는 점뿐만 아니라 해를 끼치려는 의도까지 포함한다.

반면 선을 행하려는 거짓말을 예수회는 철학적 죄peccatum philosophicum 혹은 작은 죄peccatillum라는 이유에서 (칸트가 암시하기로는) 가벼운 죄bagatelle라고 본다.

사실 이것은 작은 과실이 아니었다. 지금도 우리는 가까운 사람의 큰 잘못을 숨겨 주는 것이 신실한 행동인지 불성실한 행동인지 묻는다. 토마스(II-II, 112, 1)가 허풍이나 호언장담이라고 일컬은 것이 죄가 된다면 칸트가 말하는 거짓 겸손, 즉 재능 없는 자에게 상처를 주지 않기 위해서 취하는 태도도 죄가 될까? 소크라테스처럼 자기보다 적게 아는 자를 설득하기 위해서 〈나는 아무것도 모른다〉라고 하는 것과 국세청 조사에서 〈나는 가진 게 전혀 없습니다〉라고 하는 것은 마찬가지일까?

바로크적 위장

이런 문제를 가장 세심하게 살펴본 세기는 바로크 시대다. 절대주의와 국가 이성이 탄생한 세기. 타인의 얼굴에서 거짓말을 면밀하게 읽어 내고 자신이 읽거나 쓰는 것을 감추기에 골몰했던 카르디날 쥘 마자랭*의 세기. 기만적인 겉모습이 경이감을 불러일으켰기에 잔칫상의 고기는 생선 같고 생선은 고기 같고 과일과 채소가 잘 구분되지 않았던 세기. 이아고, 동 쥐앙, 타르튀프 같은 무대 위 거짓말쟁이들의 세기이자, 애매하고 착시적인 원근법을 구사하는 프란체스코 보로미니 같은 건축가들의 세기. 눈과 시각

* 17세기 프랑스의 추기경이자 정치가. 아르망 리슐리외의 뒤를 이어 재상을 지냈다.

프란체스코 보로미니, 「착시 원근법」, 1652~1653, 로마, 스파다궁

이 세계를 탐구하는 수단이 되었기에 사물의 내실보다 겉모양이 중요했던 세기. 주세페 바티스타라는 사람이 『거짓에 대한 옹호』 (1673)를 내놓았던 세기. 사기술과 은폐의 상징적 표상들이 나타났던 세기.

토르카토 아체토는 『정직한 은폐에 대하여』(1641)에서 위장을 찬양하지는 않는다. 위장은 자기 본연의 모습이 아닌 것을 보여 주는 것이다. 하지만 은폐는 〈자기 본연의 모습을 보여 주지 않는〉 것이고, 우리는 실제로 그러한 거짓 겸손을 취한다. 칸트라면 이것조차도 단죄하겠지만 말이다. 아체토가 볼 때 음모, 속임수, 위협, 흉계의 시대에는,

신중하게 사는 것이 영혼의 순수와 궤를 같이한다. (……) 삶에 함정이 많으니 한 걸음 한 걸음 생각하면서 천천히 나아감이 마땅하다. (……) 복음서는 뱀처럼 신중하고 비둘기처럼 순수하게 살라고 말한다. (……) 태도를 꾸밀 줄 모르는 자는 사는 법을 모르는 것이고 은폐는 자신을 있는 그대로 보여 주지 않는 산업, 정직한 어둠으로 짠 베일일 뿐이다. (……) 덕분에 우리는 거짓을 꾸며 내지 않고도 참을 어느 정도 유보할 수 있다. (……) 어떤 사람이 매일 가면을 쓴다면 그는 누구보다 잘 알려질 것이다. (……) 그러나 과거에 존재했거나 지금 존재하는 빼어난 은폐자들에 대해서는 아무런 정보가 없다.

이 명언은 백 번 옳다. 아체토는 〈은폐에 대해서 글을 쓰려면

나 자신도 감추어야 했기에〉 자기를 별로 드러내지 않고 밋밋하게 그 책을 썼고 그 의도대로 아무에게도 관심을 받지 못했다. 그의 책은 베네데토 크로체에게 재발견될 때까지 서가에서 먼지만 뒤집어쓰고 있어야 했다.

데카르트는 명성을 피하지는 못했으나 갈릴레오 재판 이후〈숨어 사는 자가 가장 잘 산 자다bene qui latuit, bene vixit〉라는 금언을 마음에 새겨 1630년부터 작업해 왔던 원고 「세계 혹은 광학론」을 출간하지 않기로 결심했다.

아체토는 은폐를 찬양했고 발타사르 그라시안은 『신탁의 말씀과 신중함의 기예』(1647)에서 위장을 찬양했다고 말하면 간단할 것이다. 하지만 그렇게 단순하지는 않다. 특히 그라시안은 늘 정치와 속임수를 혼동해서는 안 된다고, 〈진실만이 참된 평판을 가져다줄 수 있다〉라고 강조했다. 그는 마키아벨리가 〈용감한 거짓말쟁이〉라고 비판하면서 〈순진함이 그의 입술에, 순수함은 그의 혀에 있으나 그의 입에서는 국가를 파괴하고 태우는 불만 나온다〉라고 했다. 일견 그가 그 시대에 살아남기 위해서 권하는 것은 신중, 조심성, 유보적 태도 같다. 진실을 말하는 것도 적절한 신중을 요한다. 그러자면 거짓말을 하지는 않되 전부 다 털어놓지도 말아야 한다. 〈진실보다 더 큰 요령을 필요로 하는 것은 없다. 진실은 《심장에서 피를 흘리는 것》이므로. 진실은 침묵하기 위해서나 말하기 위해서나 상당한 요령을 필요로 한다.〉

하지만 극단적 신중과 수줍은 위장은 종이 한 장 차이다. 그라시안은 (마키아벨리가 이미 권했듯이) 사자보다는 여우의 거죽을 뒤집어써야 한다는 것을, 실천적 지혜는 감출 줄 아는 것이고 힘보다 꾀가 중요하다는 것을 알고 있었다. 〈상황은 있는 그대로가 아니라 보이는 그대로〉 받아들여진다. 〈가치가 있는데 그걸 보여 줄 수 있으면 두 배로 가치가 있다.〉 보이지 않으면 존재하지 않는 것과 마찬가지다. 〈솔직한 처사는 흥미나 쾌락을 주지 못한다.〉 〈분칠 없이는 미인도 없고 예술이 더해지지 않으면 완전함도 야만으로 전락하고 만다.〉 상대가 〈바로 이해할 수 있는〉 수를 써서는 안 된다. 상대가 〈균일성을 파악하고 그다음부터는 예측을 해서 수를 엎어 놓기 때문이다〉. 원하는 바를 얻으려면 다른 사람들이 선택의 여지가 없게 해야 하고, 약점을 드러내지 말고, 남들이 보는 데서 실수를 하면 안 되고, 자신을 초라해 보이게 하는 사람과 함께 있지 말아야 한다. 〈맛있는 음식은 입에서 좋은 말이 나오게 한다. 삶의 수완은 공기도 팔게 한다. 언변은 거의 모든 것의 지불 수단이 될 수 있다.〉

마지막으로, 〈인생은 인간의 악의와 맞서 싸우는 의병대다. 총명함은 의도가 못된 술수들과 싸운다. 그러한 총명함은 절대로 하고 싶을 것 같은 일을 하지 않고 상대를 따돌릴 지점을 겨냥한다. 주먹을 허공에 날리는 것 같아도 생각지도 못했던 부분에 실제로 타격을 입히고 상대의 이성을 잃게 하는 데 능하다. 만약 총명한 이가 나를 떠본다면 그 이유는 경쟁자의 주의를 흐트러뜨렸다가 기습 공격으로 그를 제압하기 위해서다〉.

자, 그라시안은 아체토가 아니다. 그래서 그라시안의 격언들은 그 후 수 세기 동안 크나큰 관심을 받았다.

서사적 허구

거짓말의 현상학 가운데 서사적 허구는 부수적이고 용인할 만한 것으로 간주된다. 하지만 〈서사적 허구〉는 거짓말이 아니다. 알레산드로 만초니가 코모 호수에서 어떤 사제가 경관 두 명에게 공격을 당했다고 말했다고 해서 그가 거짓말할 의도가 있었다고 할 수 없다. 작가는 자기가 이야기하는 것이 정말로 일어난 〈척하면서〉 독자들에게 의심을 거두고 허구에 동참할 것을 요구한다. 새뮤얼 테일러 콜리지의 표현을 빌리자면 어린애가 막대기를 총이라고 믿는 척하고 우리에게도 총에 맞아 쓰러지는 사자인 척하면서 같이 놀아 달라고 요구하는 것과 마찬가지다.

서사적 허구는 누군가의 믿음을 얻으려고, 혹은 누군가에게 해를 끼치려고 거짓을 말하는 게 아니다. 작가는 〈가능한 세계〉를 구축하고 독자 혹은 관객이 공모자가 되어 그게 진짜 세계인 것처럼 그 세계의 규칙(말하는 동물, 마법의 소산, 인간으로서는 불가능한 행동 등)을 수용하고 살아 주기를 요구한다.

물론 서사적 허구에서는 허구성의 신호들이 발신되어야 한다. 때때로 이 신호들은 제목이나 〈소설〉이라는 장르, 나아가 뒤표지의 소개 글 같은 〈파라텍스트paratext〉로 주어진다. 텍스트 내에서 가장 명백한 허구적 신호는 〈옛날 옛날에 —가 있었다〉 형식의 도입문이다. 하지만 상황 가운데서in medias res 서사를 시작한다든가, 대화로 시작한다든가, 일반적이지 않은 개인사에 빠르게 힘을 실어 준다든가 하는 다른 허구적 신호들이 있다. 하지만 허구성의 반박할 수 없는 신호 같은 것은 없다.

서사적 허구는 진실성의 거짓 신호로 시작할 때가 많다. 다음은 모두에게 잘 맞는 예다.

이 여행기의 저자 레뮤얼 걸리버 씨는 나와 오래전부터 아주 가까운 친구다. 우리는 심지어 외가 쪽으로 친척관계도 있다. 한 3년 전에 걸리버 씨는 그의 레드리프 자택에 몰려드는 호기심 많은 이들에게 지쳐서 자기 고향 노팅엄셔 뉴어크 근처에 작은 땅과 집을 샀다. 지금 그는 그 땅에 은거해 살면서도 이웃들의 존경을 받고 있다. (……) 그는 레드리프를 떠나기 전에 다음 원고를 나에게 맡겼다. (……) 문체는 명료하고 단순하다. (……) 하지만 작품에서 분명한 진실의 분위기가 느껴졌다. 실제로 저자도 진실한 사람으로 이름나 있어서 레드리프에서는 어떤 사실을 확신시킬 필요가 있을 때 〈그건 걸리버 씨의 말만큼이나 진실이야〉라고 으레 말할 정도다.

이제 『걸리버 여행기』(1726) 초판의 제목과 표제 페이지를 보자. 저자 이름이 스위프트로 되어 있지 않고 진짜 저자가 걸리버인 것처럼 되어 있다. 희한하지만 드물지만도 않은 경우다. 허구성의 신호들을 고려하면, 서사에 나타나는 모든 것이 일괄적으로 〈─인 척〉을 하고 있으며, 허구성을 배제 혹은 부정한 표지는 거짓말의 일례를 나타낸다. 당시의 대중은 〈이상향 여행〉 장르의 허구성을 알아볼 준비가 되어 있었다(고 우리는 말할 수 있겠다).

『걸리버 여행기』 표제, 1726

2세기경 사모사타의 루키아노스의 『진실한 이야기』 이후로 진실성의 과도한 주장은 허구성의 신호가 되었다. 그렇지만 허구적 서사에 실제 세계의 정확한 참조가 긴밀하게 섞여 들어서, 소설을 읽고 난 후 독자는 현실의 요소들과 환상의 요소들을 혼동해 더는 뭐가 뭔지 모르게 되기도 한다.

이 때문에 독자들이 소설이 실제로 일어난 일을 다뤘다고 생각하고 작중인물의 견해를 저자의 견해로 보는 현상이 일어난다. 나 또한 소설을 쓴 작가로서 분명히 말하는데, 소설에 익숙한 대중으로부터 소설을 참인 주장들의 배열처럼 읽는 야만적 대중으로의 이행이 이루어졌음을 허다한 예에서 볼 수 있다. 마치 인형극을 보다가 매국노 가노 디 마간차 역의 인형을 진짜로 때리려고 했던 관객들처럼 말이다.

「블레푸스쿠의 선단을 끄는 걸리버」,
조너선 스위프트의 『걸리버 여행기』에 실린 19세기 삽화

자기기만

지금까지 거짓말은 속는 자와 속이는 자의 이원적 관계처럼 보였다. 그렇지만 일원적 관계의 거짓말도 있고 삼원적 관계의 거짓말도 있다.

일원적 관계의 거짓말은 자기기만이다. 어떤 사람이 진실을 알면서 자기에게 거짓말을 하고 대체로 결국은 그 거짓말을 믿어 버리게 되는 경우다. 자기기만에서는 거짓말을 하는 사람과 거기에 속는 사람이 동일인이다. 속이는 자로서의 나는 속는 자인 나 자신에게 감추는 진실을 알아야만 한다는 뜻이다.

자기기만에 관한 가장 아름다운 글은 아마도 장폴 사르트르의 『존재와 무』(1943)에서 볼 수 있을 것이다. 남자가 자기를 욕망한다는 걸 알면서 그 집에 가기로 한 여자는 자기 발로 그 남자 집에 들어갔으니 뒷일이 어떻게 될지 알 것이다. 하지만 여자는 자기 자신을 속이며 그 예감을 부인하고, 그녀를 정신적으로 우러르는 것이지 육체적으로 탐하는 게 아니라는 남자의 편지를 액면 그대로 받아들인다. 여자는 남자의 욕망을 있는 그대로 감지하기를 거부하고 남자가 찬미로 자기를 초월하는 한에서만 받아들인다. 하지만 어느 순간, 남자가 여자의 손을 잡는다. 여자가 그 손을 거두지 않고 내맡긴다면 관계의 새로운 양상을 받아들이겠다는 뜻이 된다. 여자가 손을 뺀다면 《시간》의 매혹을 만드는 불안정하게 흔들리는 조화〉를 깨뜨리는 셈이다.

결정의 순간을 최대한 미뤄야 한다. 그럴 때 무슨 일이 일어나는지 안다. 여자는 손을 맡기고도 자기가 그러고 있다는 것을 깨닫지 못한다. 그녀가 어쩌다 그 순간 정신으로서 존재하기 때문에 깨닫지 못한다. (……) 그사이에 육체와 영혼의 분리가 이루어진다. 여자의 손은 상대의 뜨거운 손 안에 무기력하게 놓여 있다. 그 손은 동의하지도 않고 저항하지도 않는다. 일개 사물이다.

이 글은 다소 마초적일지도 모른다. 그러나 사르트르의 외모를 생각해 보면 차라리 비장하다. 그 여자의 기분이 어땠을지 누가 알랴…….

반어

반어irony는, 반드시 그렇지는 않지만, 삼원적 관계일 수 있다. 반어를 구사할 때는 진실의 반대를 말한다(「너 참 똑똑하다.」, 「그래도 브루투스는 신의가 있는 인간이지.」). 반어는 상대가 진실을 알고 있어야만 제 기능을 한다. 상대의 이해를 돕기 위해 윙크를 한다든가 목을 팬히 긁적거린다든가 독특한 억양을 구사한다든가 하는 반어의 신호들이 있다. 문자언어의 경우에는 괄호, 이탤릭체, 아니면 아예 (부끄럽게도) 말줄임표를 동원한다(하랄트 바인리히, 『거짓말의 언어학』을 참조하라). 하지만 상대가 우둔하다

파올레타 사라발, 「시궁창 쥐를 안은 여인」, 2016, 개인 소장

면 반어의 신호가 통하지 않고 상대를 농락하는 셈이 된다. 이때의 반어는 삼원적 관계를 전제한다. 피해자는 거짓말쟁이의 반어를 이해하지 못하고(고로 거짓말을 액면 그대로 믿어 버리고) 그 대화를 지켜보는 제3자만이 반어를 구사한 사람이 무슨 뜻으로 그런 말을 했는지 이해한다. 그래서 반어를 구사한 자와 목격자는 피해자를 농락하는 입장이 된다.

모조

삼원적 관계의 거짓말의 예를 또 찾아볼 수 있을까? 있다. 위조와 모조가 원칙적으로 그렇다.

가짜 더블double을 만드는 것은 결과적으로 거짓 동일시falsa identificazione에 가담한다. 역사적 상황 t_1에서 원작자 A는 원작 O를 만들지만 모조자 C는 역사적 상황 t_2에서 모조품 OC를 만든다. 그러나 C는 연습 삼아 혹은 순전히 재미로 OC를 만들 수도 있으므로 OC가 반드시 위조인 것은 아니다. 『콘스탄티누스의 기증』도 처음에는 순전히 수사학 연습 삼아 쓴 텍스트였을 것이다. 이 텍스트가 진짜 칙령 문서로 (선의에서든 악의에서든) 간주된 것은 나중 일이었을 뿐이다. 반면 우리의 흥미를 끄는 것은 O와 OC가 똑같다고 거짓 동일시를 수행하는 자 I의 의도다. 이럴 때만 OC는 가짜가 된다. 이 때문에 거짓 동일시는 삼원적 관계를 작동시킨다(물론 C와 I는 일치할 수 있다. 이 경우는 명백히 거짓말을 한 것이다. 하지만 C와 I가 일치하지 않는다면 나쁜 의도 없이 동일시 판단이 이루어졌을 수도 있다. 이 경우에는 거짓을 말하긴 했지만 거짓말을 한 것은 아니다).

위조가 성공하려면 두 개의 대상 혹은 개체 사이의 정체성 개념이 있어야 한다. 고트프리트 라이프니츠가 말하는 식별 불가능한 것들의 정체성에 빠져 헤매지 않도록 우리는 아리스토텔레스의 정체성 개념으로 만족하기로 하자(『형이상학』, V, 9, 1018a). 다르다고 전제한 두 사물이 동일한 시간에 동일한 공간을 차지한다면 그 둘은 동일한 것이다.

모조의 문제는, 일반적으로 현재 어떤 것이 원작인 것처럼 노출되고 있지만 실은 원작이(원작이 존재한다면) 다른 어딘가에 있는 경우에 발생한다. 동일한 시간에 다른 공간을 차지하는 두 개의 다른 사물이 있는지 자체를 증명할 수가 없기 때문이다.

어쨌든 복제가 원작과 비슷해야만, 혹은 공동체가 원작에 대해서 갖고 있는 생각과 비슷해야만 모조가 성공하는 것은 분명하다. 그토록 말이 많았던 라파엘로 산치오의 「에제키엘의 환시」를 보고서 모작이 비슷하다고 생각하는 사람이 아무도 없었다면 문제가 안 되었을 것이다. 물론 전문가가 아니면 그 두 점을 나란히 놓고 당황할 것이다. 도대체 어느 쪽이 모작이지?*

일상생활에서 닮음에서 기인하는 가장 흔한 실수는 같은 유형

---

* 다음을 참고하라. Roberto De Feo, *La visione di Ezechiele. Un'indagine su Raffaello*, Marcianum Press, Venezia, 2012. (*N.d.R.*) — 원주.

(좌) 라파엘로 산치오, 「에제키엘의 환시」, 1518년경, 피렌체, 팔라티나 미술관
(우) 라파엘로 산치오(?), 「에제키엘의 환시」, 1518년경, 개인 소장

의 두 경우를 구분하지 못하는 것이다. 파티에서 술잔을 다른 술
잔 옆에 내려놓았는데 잠시 후에 어떤 게 자기 술잔인지 알 수 없
는 것과 비슷하다고 할까. 하지만 이 경우는 더블, 즉 똑같이 생긴
것들 사이의 혼동에 해당한다.

〈더블〉은 물리적으로 〈출현한 것〉이면서, 물리적으로 출현한
다른 것의 속성을 똑같이 지닌다. 그 둘은 추상적인 〈유형〉에 따
른 타당한 특징들을 지닌다. 이런 의미에서 똑같은 모델의 의자
두 개는 서로에 대해서 더블이고, A4 용지 두 장도 서로에 대해 더
블이다. 더블은 분별은 안 되지만 〈교환 가능하기〉 때문에 위조의
속임수가 아니다. 똑같은 A4 용지 두 장도 현미경으로 분석하면
상당한 차이를 발견할 수 있을지 모른다. 하지만 우리는 일반적으

로 그 둘이 동등한 가치를 지녔고 교환 가능하다고 본다.

　반면 같은 유형으로 출현한 것들 가운데 〈하나〉만 한 명 이상의 사용자에게 특별한 가치를 지닌다면 〈가짜 더블〉의 경우라고 할 수 있다. 수집이라는 분야에서 지금은 몇 점 남지 않은 희귀 우표라든가 저자 서명이 들어 있는 고서(古書)에는 특별한 가치가 부여된다. 이 단계에서 더블의 위조는 흥미로워지고, 실제로 희귀 우표 위조는 심심찮게 일어난다. 일상적 교환에서 액면가가 동일한 지폐는 더블이므로 교환 가능하다. 하지만 법적인 면에서는 각각의 지폐는 고유한 일련번호가 있으므로 — 비록 그런 차이는 몸값으로 지불된 돈이나 은행 강도가 훔쳐간 돈일 때만 중요하지만 — 동일하지 않다.

　이렇게 보면 흥미로운 문제들이 제기된다. 조폐국 국장이 직접 진짜 지폐를 인쇄하는 용지에 진짜 조폐 설비를 써서 조금 전에 찍어 낸 지폐와 일련번호가 똑같은 지폐를 (불순한 의도로) 찍어 냈다 치자. 이 지폐는 진짜라고 볼 수 있을까? 어떤 지폐가 먼저 찍혔는지 혹시 확인할 수 있다면 처음에 찍은 지폐만 진짜로 간주될 것이다. 일란성 쌍둥이에도 순서가 있는 것과 마찬가지다 (하지만 쌍둥이의 경우 먼저 수태된 아이가 뒤에 나온다는 말이 있다). 순서를 확인할 수 없다면, 두 지폐 중 어느 하나를 원본으로 삼고 다른 하나는 폐기해야 한다. 아마 철가면의 사나이에게는 이런 체계가 적용되었을 것이다.

　이것은 〈강력한 거짓 동일시〉의 경우다. 하지만 OC가 O와 동일시되지 않아도 그 둘의 가치와 기능이 대등하고 원본 개념이 정

(좌) 부오나로티 미켈란젤로, 「다비드」, 1501~1504, 피렌체, 아카데미아 미술관
(우) 「다비드」 복제품, 캘리포니아 포레스트론 글렌데일 추모 공원

확히 정립되어 있지 않아서 그 둘이 서로 대등하게 사용된다는 것을 다들 안다면 〈약한 거짓 동일시 혹은 교환 가능성 추정〉에 해당한다. 그리스 조각상의 복제품에 만족해 하거나 복제품에 〈페이디아스〉, 〈프락시텔레스〉 같은 서명을 넣게 했던 로마의 귀족들을 생각해 보라. 피렌체 관광객들도 베키오 궁전 앞에서 부오나로티 미켈란젤로의 「다비드」 복제품을 보고 감탄할 뿐 굳이 아카데미아 미술관에 소장된 원본을 보러 가지 않는다. 캘리포니아 사람들도 포레스트론 묘지에서 「다비드」 복제품을 보고 원본에 감탄하는 것만큼 감탄할 것이다. 방문객은 원본이 어떤지 아예 모르기 때문에 당연히 그럴 수 있다. 나는 캘리포니아 부에나 파크의 밀랍 인형 박물관에 가보았다. 거기서도 사람들은 밀랍 인형 다비드

를 원본을 감상할 때 못지않게 감상할 것이다.

　때로는 C가 진품을 모조품 중 하나로 만든다. 회화나 조각의 경우, 조악한 복원 작업으로 작품을 변형시키거나, 조각상의 신체를 검열하거나, 다폭 제단화를 잘라 내기도 한다. 엄밀히 따지자면 우리가 원본이라고 주장하는 고대 미술품들은 세월이나 인간의 작용으로 절단, 복원, 변조, 퇴색 등을 거쳤다. 〈새하얀〉 그리스풍 신고전주의 이상을 생각해 보라. 하지만 원래 그리스 신전과 조각상 들은 다색(多色)을 띤다.

　하지만 어떤 물질로 제작을 하든 물리적·화학적 변화가 있다고 생각하면 모든 사물을 자기 자신의 영원한 모조품으로 보아야 할지도 모른다. 이런 편집증적 태도를 피하려고 우리 문화는 어떤 사물의 물리적 온전함을 결정하는 유연한 기준을 마련했다. 예를 들어 미학적 관점에서는 일반적으로 예술품에 유기적 온전함이 있고 작품의 일부를 잃으면 그 온전함을 상실한다고 본다. 하지만 고고학적 관점에서는 작품의 일부분이 사라져도 진짜 원본이라는 점은 변하지 않는다. 아테네의 파르테논 신전은 색이 바래고 원래 건축 구조의 특징이나 석재의 일부가 사라졌다. 그래도 이 신전의 남아 있는 부분은 (아마도) 원래 건축자들이 지어 올린 것이다. 미국 테네시주 내슈빌의 파르테논은 그리스 모델에 따라 원래의 아름다웠을 모습 그대로 지었다. 이 파르테논은 형식적으로 완벽해서 그리스의 파르테논이 내슈빌 파르테논의 변형 혹은 모조로 간주되어야 할 것 같다. 그렇지만 아크로폴리스에 반만 남은 신전이 미국에 있는 복제품보다 더 〈진짜〉고 더 〈아름답다〉고

테네시주 내슈빌 센테니얼 공원에 있는 파르테논 신전, 1921~1931

들 한다. 게다가 아크로폴리스의 파르테논은 자기 맥락 안에 위치해 있다. 내슈빌 파르테논은 아크로폴리스 언덕에 있지 않고 평지에 있다는 문제가 있다.

진품이 없어지거나 아예 존재한 적이 없다면, 어쨌든 아무도 진품을 본 적이 없다면 어떻게 될까? 〈외전〉 혹은 〈위작〉의 경우가 바로 그렇다. OC가 진품과 일치한다고 주장하지만 사실 진품은 존재한 적이 없다. 희대의 위조 화가 한 안토니우스 반 메이헤런의 「엠마우스에서의 만찬」은 얀 페르메이르의 작품으로 알려져 (현재 화폐 가치로) 250만 달러에 팔렸다. 하지만 그 그림은 1937년에 그려진 것이었다. 메이헤런은 세계 대전 이후에 플랑드르 화파, 네덜란드 화파 작품들을 헤르만 괴링에게 팔아넘긴 죄

한 안토니우스 반 메이헤런, 「엠마우스에서의 만찬」세부, 1940~1941,
개인 소장(페르메이르를 모방해서 그린 여러 작품 중 한 점이다)

로 고발당하자 그게 다 자기가 그린 위조품이라고 고백했다. 아무
도 그 말을 믿어 주지 않아서 메이헤런은 감옥에서 자신의 위조
솜씨를 입증하기 위해 또 다른 위작을 그려야만 했다.

　그러한 모조품들이 늘 불법적 의도의 결과물인지는 딱 잘라 말
하기가 뭐하다. 이론적으로는 대리석 덩어리가 수백 년 동안의 침
식 작용으로 콩스탕탱 브란쿠시의 작품 비슷한 모양이 될 수도 있
을 텐데 이 경우 누가 누구를 속이려는 의도 따위는 없다. 어쩌면
아메데오 모딜리아니 위작들도 처음엔 그런 의도 없이 그려졌을

것이다. 화가는 순전히 재미로 그 그림들을 그렸다가 나중에 판매하기 위해 내놓았다. 한편 히틀러의 가짜 일기는 애초에 존재하지도 않는 진짜 원본을 자처했다는 점에서 명백한 위작이다.

모조자가 원본은 존재하지 않는다는 걸 알면서도 좋은 의도에서 모조품이 원본의 기능을 대신하기를 바란 나머지 원본처럼 제시하는 경우도 있다. 전형적인 〈외교적 거짓〉의 경우다. 중세 수도사들은 날짜를 바꾸거나 수도원의 소유물을 늘리기 위해서 가짜 문서를 만들곤 했다. 그들은 전통에 따라 자기들이 그런 특권을 얻었다고 믿었고 공개적으로 그 점을 입증하려 했다. 역설적이지만 『시온 현자들의 의정서』도 — 적어도 철통같은 편견들에 사로잡힌 자에게는 — 이런 부류에 속한다. 저자들은 그 의정서가 가짜임을 의식하고 있었지만 어쨌든 그들이 진짜 유대인들의 계획이라고 판단한 바를 담았으므로 지극히 신성한 가짜라고 생각했다. 1924년에 유명한 반유대주의자 네스타 웹스터가 뭐라고 썼는지 보라.

내가 내세울 수 있는 유일한 견해는 이렇다. 『시온 현자들의 의정서』는 진짜든 가짜든 간에 세계 혁명 계획에 해당하고 그 예언적 성격과 과거 다른 비밀 집단들의 계획과의 유사성을 보건대 진짜 비밀 집단이 썼든가 그런 집단의 전통을 잘 알고 사상과 양식까지 모방할 수 있는 사람들이 쓴 것이 분명하다.

무로부터의 모조

수 세기 넘게 명성을 날리는 저자 A가 만든 다양한 대상들의 집합이 있을 수 있다(가령 파블로 피카소의 잘 알려진 작품들 집합이라고 하자). 전체 집합 A에서 어떤 추상적 유형이 도출될 수 있다. 이 유형은 집합의 모든 구성원에 딱 들어맞지 않지만 일종의 생성 규칙을 제시한다(양식이라든가, 사용되는 재료 유형이라든가). 이때 어떤 모조품을 만들고 저자 A가 만든 것이라고 선언할 수 있다. 2010년에 로스앤젤레스의 어떤 수집상이 200만 달러에 팔았던 피카소 위작이 그런 경우다. 그 수집상은 위조 작가에게 1,000달러를 주고 이 그림을 샀다. 솔직히 잘 들여다보면 더욱더 별로인 그림이어서 사기를 당한 사람도 불평할 자격이 없는 것 같다. 대상의 모방적 성격을 대놓고 인정하면 그건 작품이 될 수 있다(오마주 혹은 패러디).

두 작품이 동일하지 않다는 것을 확실히 알 수 있는 경우는, 예를 들자면, 어떤 사람이 루브르에 전시된 「모나리자」 진품 앞에 서서 「모나리자」 복제품을 보여주며 그 둘이 구분이 안 갈 만큼 똑같다고 주장하는 경우다. 있을 수 없는 경우지만 혹시 복제품이 진품이고 루브르에 걸려 있는 게 복제품이 아닐까 하는 의심이 남을 수도 있다. 저 유명한 1911년 도난 사건 이후 진품이 돌아왔다지만 무슨 일이 있었는지 알 게 뭔가.

가짜가 가짜임을 증명하려면 진품으로 가정된 것이 진짜라는 증거가 제시되어야 한다.

진짜라는 증거들

현대 과학은 원본의 진품 여부를 수립하는 여러 증거를 마련했다. 이 증거 하나하나는 어떤 것이 진짜임을 알아내기보다 가짜임을 알아내는 역할을 더 많이 해온 것으로 보인다. 가령 고문서의 양피지 재질을 분석했는데 거기에 쓰여 있는 텍스트의 집필 시기와 어긋난다면 그 고문서는 가짜다. 지금은 고고학적 유물의 정확한 연대 추정이 가능하다. 성(聖) 수의에 쓰인 옷감이 중세 것으로 밝혀진다면 그게 진짜 예수의 수의일 가능성은 없다. 그렇지만 그 옷감이 1세기경의 것으로 밝혀진다고 해도 정말로 예수의 시신을 쌌던 바로 그 수의라는 증거가 되는 것은 아니다. 현대 문헌학자들은 『코르푸스 헤르메티쿰*Corpus Hermeticum*』에서 『아스클레피오스』의 번역자가 마리오 비토리노라는 기존의 생각이 잘못되었음을 밝혀냈다. 비토리노는 모든 텍스트에서 〈그래서etenim〉를 문장 첫머리에 쓰는데 『아스클레피오스』에서는 이 단어가 스물다섯 개 문장에서 스물한 번꼴로 두 번째에 나오기 때문이다. 그러나 〈etenim〉이 늘 문장 첫머리에 나오는 어떤 텍스트가 있다고 해서 그게 비토리노의 것이라는 보장은 없다.

때로는 개념적 범주, 논증 방식, 도상 해석학 도식이 저자로 추정되는 이의 문화적 배경과 일치하는지 그렇지 않은지 판단하기가 어렵다. 어떤 텍스트의 저자가 플라톤으로 추정되는데 「요한복음」을 참조한 내용이나 표현이 있다면 그 추정은 확실히 틀렸겠지만, 어떤 텍스트가 복음서를 참조하지 〈않는다는〉 이유만으로 기원전에 집필되었을 것이라고 추정할 수는 없다.

자료가 전하는 외부 정황이 자료의 생성 시기에는 알 수 없었던 내용이라면 그 자료는 가짜일 것이다. 예를 들어 로렌초 발라는『콘스탄티누스의 기증』에서 콘스탄티노플이 총대주교구로 나오는데 당시에 그 도시의 이름은 콘스탄티노플이 아니었을 뿐 아니라 아직 총대주교구도 아니었다는 이유로 그 문서가 가짜임을 주장했다. 윈스턴 처칠과 베니토 무솔리니가 주고받았다는 편지에 대한 최근의 연구도 편지지 재질 분석 결과가 의심스러울 뿐 아니라, 처칠이 그 편지를 쓴 장소라고 하는 자택이 당시 처칠이 살지 않은 지 이미 오래된 집이었다는 점을 지적하면서 편지가 가짜라고 지적한다. 또 다른 편지는 그 편지를 작성한 날짜 이후에 일어난 사건들을 내용으로 다루고 있다.

하지만『콘스탄티누스의 기증』이 콘스탄티노플이라는 이름을 언급하지 않았다고 해서 그 텍스트가 진짜라는 증거가 될 수 있을까? 30년 전쟁을 들먹이는 텍스트의 저자가 플라톤일 리는 만무하다. 하지만 30년 전쟁을 언급하는 텍스트라고 해서 그 텍스트의 저자가 데카르트라고 추정할 수 있겠는가?

위조 개념은 〈진짜〉 원본과 가짜를 대조할 수 있음을 전제로 한다. 하지만 우리는 진위 여부를 판단하는 기준이 얼마나 부실한가를 보았다. 게다가 지금까지 다룬 기준들은 모두 〈불완전한〉 가짜들을 상대할 때만 유용한 것 같다. 어떤 문헌학적 기준을 들이대도 끄떡없는 〈완벽한 가짜〉가 있을까? 메이헤런 같은 천재적인 위조 화가가 1,500년 전의 목재를 구해서 그 위에다가 레오나르도 다빈치가 썼던 재료로 기법과 양식까지 완벽하게 재현한 그림을 제작해서 루브르의 「모나리자」와 바꿔치기한다면 과연 그게 가짜임을 알아차릴 수 있을까? 혹시 이미 그런 일이 일어나지 않았다고 누가 장담할 수 있을까?

낙관적 전망

하나하나 따로 보면 100퍼센트 만족스러운 기준이 없지만 우리는 다양한 검증법을 균형 있게 종합해서 도출한 합리적 추정을 일반적으로 믿는 편이다. 재판에서 증인 한 명은 별로 신뢰가 가지 않을 수 있지만 증인 세 명이 동일한 진술을 한다면 훨씬 믿음이 간다. 하나의 단서는 그럴듯한 정도지만 세 개의 단서는 믿어도 될 만하다. 이런 경우에 우리는 해석 체계의 기준들에 의지한다. 진위에 대한 판단은 사실임 직한 증거들에 근거한 추론의 결과다. 비록 그 증거들이 완전히 반박 불가능한 것은 아니더라도 우리는 받아들인다. 의심으로 시간을 보내는 것보다는 받아들이는 편이 훨씬 경제적으로 타당하기 때문이다.

사회적으로 받아들여진 물품이나 자료의 진위는 기존의 신념을 뒤흔들 만한 반대 증거가 나왔을 때만 의심한다. 그렇지 않다면 오늘 본 「모나리자」가 밤새 뒤바뀌지 않았고 어제 본 「모나리자」와 동일한 작품이라는 증거가 없으므로 루브르에 갈 때마다 「모나리자」를 검증해야만 할 것이다.

하지만 이런 유의 검증은 모든 정체성 판단에 필요할 것이다. 오늘 만난 내 친구 아무개가 어제 만난 아무개와 동일인이라는 보장은 없다. 아무개는 인간으로서 그림이나 조각상보다 더 큰 신체적(생물학적) 변화를 겪는다. 게다가 내가 아무개라고 생각한 상대가 사실은 교묘하게 아무개로 위장한 로봇 같은 것일 수도 있다(걸작 범죄 만화 『디아볼릭』의 고무로 된 안면 마스크를 떠올려 보라). 아무개라는 사람이 「모나리자」보다 더 위조하기 힘든 것도 아니다. 회화를 완벽하게 위조하는 것보다 다른 사람으로 변장해서 남의 눈을 속이기가 더 쉽다. 단, 화폐를 위조하거나 예술품을 위조하는 편이 대체로 더 경제적 이익이 크다.

부모, 배우자, 자녀는 아무개가 아무개임을 (내가 매일 보는 톰이 작년에도 보았던 그 톰이라는 것을) 주로 사회적 동의에 바탕을 두는 본능적 방법들로써 알아본다. 인류가 그 방법들을 수천 년 동안 사용하면서 생존했으므로 신뢰도는 보여 준 셈이다. 환경에 대한 적응에 기초한 증거로 우리에겐 충분하다.

우리는 비록 자주 오류를 범하지만, 어떤 것이 참이라고 판단하면서 웬만큼 안정적으로 세계에서 진화하는 데 성공했을 뿐 아니라 거짓말하거나 위조하는 사람을 거의 항상 잡아낼 수 있었다. 물론 지금 미술관에 걸린 작품 중에도 위작이 수두룩할지 모르고 카이사르가 알레시아 공방전에 대해서 거짓 기록을 남겼을지도 모른다. 네로가 진짜로 로마에 불을 지른 미치광이였는지 아니면 역사가들의 악의 어린 진술의 피해자였는지 우리로서는 확실히 알 길이 없다. 그렇지만 우리는 문헌학에 힘입어 콘스탄티누스가

알베르토 사비니오, 「자화상」, 1936, 토리노, 시립 근현대 미술관

기증을 하지 않았다는 것을 확실히 안다. 정치인이 조세 감면을 약속해 놓고 실행하지 않으면 수많은 사실이 그가 거짓말을 했음을 입증한다. 한나 아렌트는 이렇게 인정한다(『정치에서의 거짓말』, 1971).

정치적 목적을 실현하는 정당한 수단으로 사용되는 비밀 — 외교적으로 〈신중〉 혹은 아직도 〈통치 기밀arcana imperii〉이라고 부르는 것 —, 속임수, 의도적 위조, 단순한 거짓말은 먼 과거로 거슬러 올라가는 역사의 일부다. 진실성은 정치적 미덕에 해당한 적이 없고 거짓말은 정치적 사업에서 언제나 완벽하게 정당화되는 수단이었다.

하지만 아렌트는 결국 거짓말은 옹호될 수 없다고 판단한다. 아렌트는 미국 정부가 베트남 전쟁에 대해 어떻게 다양한 거짓말을 했는지 조목조목 자료를 제시하는 저 유명한 「펜타곤 문서」를 대하고는 그런 면들은 사실의 비교에서 배겨 날 수 없고 이 거대하고 체계적인 거짓말이 사실성에 대한 침해요, 그런 형태의 거짓말이 일반화되면 정치를 병들게 한다고 보았다. 순수하고 확고한 사실들과 비교해 보면 사담 후세인이 핵무기를 준비하고 있었다는 CIA의 주장은 거짓말이었다고 볼 수밖에 없다. 사실들의 부인 앞에서 충동적으로 거짓말을 한 사람은 모순들에 노출될 수밖에 없고, 바로 그렇기 때문에 거짓말은 오래 못 간다고들 하는 것이다.

조너선 스위프트는 『정치적 거짓말의 기술』이라는 소책자 —
정말로 그가 쓴 글인지는 다소 불분명하므로 다른 누군가가 스위
프트의 입장에서 썼을지도 모르지만 — 에서 (우리 시대가 아니
라) 자기가 살았던 시대를 두고 이 점을 상기시킨다.

정치적 거짓말을 하는 사람이 다른 거짓말쟁이들과 구별되
는 점은 기억력이 짧고 사실 그래야 할 필요가 있다는 것이다.
그는 이런저런 기회에 매 순간 자기 자신과 달라져야 하고 어
떤 사람들을 상대하느냐에 따라 모순되는 두 면을 똑같이 진
실로 생각하는 듯 맹세한다. (……) 그의 빼어난 재능은 끝없
는 정치적 거짓말이라는 자산에 있을 뿐이다. 그는 무슨 말을
하는 순간마다 그 자산을 펑펑 퍼다 쓰고 자기가 한 거짓말을
실로 관대하게 잊어버리므로 잠시 후면 바로 자가당착에 빠진
다. 그는 어떤 명제가 참인지 거짓인지 결코 알려고 하지 않고
단지 상황과 청중에 맞춰서 그 명제를 긍정하든가 부정하든가
한다. 따라서 그가 반대로 발언한 바를 해석하면서 그의 생각
을 정확히 알려고 했다가는, 마치 꿈을 해석할 때처럼, 그의 말
을 그대로 받아들이든 반대로 받아들이든 착각을 하게 된다.
(……) 게다가 여러분은 그 인물이 매번 앞뒤가 안 맞는 두 측
면을 따라가는 주제에 맹세를 하려고 할 때 느낄 법한 공포에
서 해방될 수 있을 것이다. 그와 동시에, 나는 그가 하느님과 그
리스도를 들먹이더라도 거짓 맹세를 했다고 볼 필요는 없다고
생각한다. 그 이유는 그가 하느님이든 그리스도든 믿지 않는다

는 사실을 자주, 꽤 명백하게 사람들에게 암시했기 때문이다.

자, 이번에는 스위프트가 진실을 말했다.

라 밀라네시아나, 2011, 거짓말과 진실

불완전성

예술적 불완전성의
몇 가지 형태에 대하여

불완전성을 두고 하는 말은 많지만 이 개념은 불완전하게 남을 공산이 크다. 알기르다스 쥘리앵 그레마스의 흥미로운 작은 책 『불완전에 대하여』(1987)는 불완전에 대해서 말하지 않는다. 한편 리타 레비몬탈치니의 『불완전 예찬』(1988)도 불완전성을 다루는데, 이 책은 우리 뇌를 창조적으로 만드는 한계들을 찬미한다고 보아야 한다. 완벽한 바퀴벌레는 수억 년 전에 살았던 조상 바퀴벌레의 복제다. 바퀴벌레의 뇌는 그 오랜 세월 동안 변하지 않았다. 그 뇌는 완벽하지만 인간의 뇌는 그렇지 않다. 인간의 뇌는 불완전하기 때문에 발전할 수 있다.

신학적 관점에서 이 주제에 접근하자면 인간은 신과 비교해 불완전할 것이다. 그러나 레비몬탈치니의 견해대로라면 신 또는 자연은 인간이 지속적으로 창조성을 발휘할 수 있게끔 불완전하기를 바랐을 것이다.

완전성이란 무엇인가

이제 조금 낮게 날아 보자. 일반적으로 불완전은 유(類), 표준, 법칙에 비추어 정해진다.

성 토마스 아퀴나스는 미의 기준이 〈비례, 명료성, 완전성〉이라고 했다. 앞의 두 가지는 자명해 보인다. 완전성integritas은 부족함이 없음을 뜻하므로 〈모자란 것은 그 자체가 추하다quae diminuta sunt eo ipso turpia sunt〉. 무슨 뜻이냐 하면, 속되게 말하자면 난쟁이는 키가 모자라기 때문에 불완전하고 신체 일부를 잃은 사람은 뭔가가 부족한 것이다. 마찬가지로 13세기에 오베르뉴의 기욤은 『선악에 대한 논고』에서 눈이 셋 달린 사람은 적절치 않은 것이 있기 때문에, 눈이 하나뿐인 사람은 마땅히 있어야 할 것이 없기 때문에 추하다고 했다. 요컨대 정상 상태에 비해서 뭔가가 과하거나 모자란 것은 불완전하다.

그리스도교 사상은 온전함으로서의 완전성이라는 문제에 집착해 최후의 심판 때에 육신이 어떤 상태로 부활하는지 의문시했다. 살아 있을 때의 온전한 모습으로 부활하는 건 그렇다 치자. 하지만 생의 어느 시기 모습으로 부활할까? 스무 살 때? 예순 살 때? 사망할 때의 모습이라고 치자. 하지만 죽을 때 한쪽 팔이 없거나 머리가 다 빠져 있었다면 부활할 때도 그 모습일까?

성 토마스는 『보론』 80번 문제에서 창자는 인체의 일부이므로 부활하지만 배설물이 가득한 채로 부활하지는 않을 것이고 자연은 빈 것을 싫어하므로 텅 빈 채로 부활하지도 않을 것이라고 말한다. 도둑이 한쪽 팔을 잃었는데 그가 나중에 회개하고 구원받았다 치자. 팔이 그 사람의 구원에 이바지한 바가 없는데도 육신이 부활할 때는 함께 부활할 것인가? 하지만 팔이 없다면 구원받은 복된 이가 벌을 받은 셈이 되므로 팔 없이 부활해서는 안 될 것이다. 토마스는 작품에 예술이 요구하는 그 무엇이 빠져 있다면 완벽할 수 없는 것처럼 사람도 완전한 모습으로 부활해야 할 거라고 대답한다. 따라서 부활 때에는 육신의 사지가 다 온전한 모습이어야 한다.

결과적으로 창자는 배설물 대신 고귀한 체액이 담긴 채로 부활할 것이다. 팔을 잃은 도둑은 비록 그 팔이 대속에 이바지하지 않았어도 그 사람이 나중에 마땅한 영광을 입었으니 사지를 다 보상받을 자격이 있다.

머리카락과 손톱도 부활할까? 땀, 소변, 그 외 배설물처럼 잉여 양분에 의해 생성되는 것은 부활하지 않는다. 하지만 주님께서 〈네 머리카락 한 올도 잃지 않을 것이다〉라고 하셨다. 머리카락과 손톱은 인간에게 장식으로 주어진 것이다. 그런데 인체, 특히 선택받은 인간의 몸은 아름다운 모습으로 부활해야 한다. 따라서 머리카락과 손톱도 부활할 것이다.

그렇지만 생식기는 부활하지 않을 것이다. 낙원에 들어갈 복된 이들은 〈아내도, 남편도 없기〉 때문이다. 또한 정액은 머리카락처럼 인간의 완전함에 기여하지 않고 종(種)의 완전함에 기여하므로 부활하지 않을 것이다. 낙원에서는 머리를 예쁘게 말 수 있지만 섹스는 할 수 없다.

루카 시뇨렐리, 「육신의 부활」, 산 브리치오 예배당 벽화 세부, 1499~1502, 오르비에토 대성당

아우구스티누스가 제기한 바 있는 또 다른 문제(『신국론』, XII, 20)는 식인종에게 잡아먹힌 사람은 어떤 상태로 부활하느냐다. 아우구스티누스는 식인종에게 잡아먹힌 육신은 소화되어 사라졌지만 전능하신 하느님은 사라진 것을 되돌릴 수 있는 분이므로 그 육신도 부활할 것이라고 했다. 식인종이 앗아 간 육신은 원래 주인에게 되돌아갈 것이다. 머리카락 한 올도 잃지 않을 것이라고 했는데 몸뚱이를 잃는다는 것은 말이 안 된다.

성 토마스도 비슷하게, 그렇지만 좀 더 광범위하고 심도 있게 대답한다. 요컨대 온전함으로서의 완전성은 자코모 레오파르디도 『치발도네』에서 설파했던 개념이다. 〈존재의 완전성이란 일차적 본질에 온전히 부합하는 것과 다르지 않다.〉

예술적 불완전성

좋다. 하지만 분홍색 그론키는 불완전한 데다가 시장에서 회수됐던 우표다. 조반니 그론키 대통령의 남미 순방 기념으로 발행되었던 이 우표는 페루 국경을 잘못 그려서 회수되었다. 하지만 바로 그 불완전성 때문에 희귀 우표가 되었고 수집가들 사이에서 엄청난 가격으로 거래된다.

밀로의 비너스도 팔이 없으니 불완전하다. 그러나 군중은 이 작품을 감상하려고 루브르로 몰려든다.

모피로 만든 찻잔이 갤러리 라파예트 백화점에서 팔린다면 찻

메레 오펜하임, 「모피를 입은 점심」, 1936, 뉴욕, 현대 미술관

잔 본연의 기능을 다하지 못하므로 완전하지 않을 것이다. 하지만 같은 찻잔이 메레 오펜하임의 예술 작품으로서는 완벽하다.

우리는 때때로 약간 사팔뜨기이거나, 미인 점, 안토니오 카노바의 조각상 같은 코, 비대칭적인 얼굴을 지닌 인물에게 매력을 느낀다. 미셸 에켐 드 몽테뉴도 절름발이 여인의 아름다움을 찬양한다(『에세』, III, 11).

이탈리아 속담에 절름발이 여자와 자보지 않은 사람은 비너스의 맛을 완전히 알지 못한다고 했다. (……) 절름발이 여자는 비뚤어진 동작으로 그 일에 새로운 쾌락을 더해 주기 때문에 그런 여자를 시험해 보는 이들에게 달콤한 자극을 일으키는 것이리라고 말했다. 그러나 나는 옛날 철학에서도 이 문제를 다루었다는 사실을 요즈음에야 알게 됐다. 철학은 절름발이 여자의 다리와 엉덩이가 그 불완전한 상태 때문에 영양을 충분히 공급받지 못해서 그 위에 있는 생식기가 더 충만해지고 힘차게 된 것이라고 한다. 또 이 결함은 운동에 장애가 되기 때문에 덜 소모된 힘이 비너스의 놀이에 다 쏠린다는 것이다. (……) 나는 어떤 여자에게서 더 많은 쾌감을 느꼈다고 믿게 되었는데 그 이유는 그녀가 바로 절름발이였고 내가 바로 그 상태를 그녀의 매력으로 여겼기 때문이다.

조반 바티스타 마리노는 병든 여인의 창백한 안색에서 거부할 수 없는 매력을 느꼈다(『서정시』, 14).

오, 나의 핏기 없는 작은 태양이여,
그대의 달콤한 창백함 앞에선
밝고 붉은 새벽도 그 색을 잃네.
오, 나의 창백한 죽음이여,
그대 달콤하고 해쓱한 제비꽃 앞에선
장미도 패배하고
그 붉고 요염한 색을 잃네.
오, 운명이 부디
나도 그대처럼 창백하게 해주기를.
달콤하고 창백한 내 사람이여!

우리 서양인들은 서양 여인의 날씬하고 곧은 다리에 비해서 일본 여인의 다리는 불완전하다고 생각하지만 다니자키 준이치로의 『열쇠』(1956)에서는 그렇게 생긴 다리를 찬양한다.

나는 결혼하고 나서 처음으로 완전히 벗은 아내의 몸을, 그 몸 전체의 자태를 보았다. 특히 하반신을 구석구석 남김없이 보았다. 그녀는 1911년생으로 요즘의 젊은 여성처럼 서양인 스타일의 체형은 아니다. 젊었을 때 수영과 테니스를 한 덕분에 당시의 일본 여인치고는 균형 잡힌 골격을 지니고 있지만 가슴과 엉덩이가 충분히 발달하지 못했다. 다리도 선이 곱고 길기는 하지만 무릎 아래가 안짱다리 모양으로 바깥쪽으로 조금 휘어져서 쭉 뻗은 다리라고 할 수 없었다. 특히 발목이 가늘고 잘록하지 못한 것이 결점이었지만 나는 서양 여인의 가늘고 긴 다리보다 옛 일본 여인의 다리, 그러니까 나의 어머니나 큰어머니의 약간 휘어진 다리를 생각나게 하는 그런 다리가 정겹고 좋다. 막대기처럼 쭉 뻗기만 한 다리는 감칠맛이 없다.

우리는 인간이나 동물을 논할 때 완전함의 기준을 어느 정도 갖고 있지만 예외를 많이 둔다. 그 이유는 규칙성으로서의 아름다움과 매력을 구별하기 때문이다. 매력은 정의하기 어려운 속성으로 취향에 따라 다를 때가 많다.

매력은 따질 수 없다. 그보다 우리가 분명히 밝혀야 할 것은 예술적 불완전의 기준이리라. 일단 얘기하자면, 적어도 우리 시대에

키스 해링, 「무제」, 1982, 개인 소장

는 여기에 규범 관념을 적용할 수 없다. 그렇지 않다면 파블로 피카소가 그린 얼굴은 불완전하다고 해야 한다. 하지만 그것은 자기 자신에게 규범을 부여하는 예술 작품이다. 우리가 예술 작품에서 추구하는 것은 (적어도 우리 시대에는) 취향의 표준에 대한 일치가 아니라 내적 규범이다. 작품의 구조와 형식의 일관성이 작품을 구성하는 부분들에 법칙을 부여한다. 그래서 네 살 아이가 그린 사람은 감동적이지만 불완전하다고 보고(그 아이는 사실 사람을 눈에 보이는 대로 그리고 싶었을 것이다) 키스 해링의 사람 그림이나 사이 트웜블리의 낙서는 예술가가 추구하는 스타일이라는 기준에 들어맞기 때문에 완벽하다고 본다.

트웜블리의 작품이나 라파엘로 산치오의 그림이나 루이지 파

사이 트웜블리, 「무제」, 1969, 개인 소장

레이손이 『미학』(1954)에서 정의한 예술 형식에 부응한다는 점은 마찬가지다.

예술 작품에서 부분은 다른 부분과의 관계와, 전체와의 관계라는 이중적인 관계 양식을 유지한다. 모든 부분은 다른 부분들과 떼려야 뗄 수 없는 통일성으로 연결되어 있기 때문에 어느 한 부분이라도 빠져서는 안 되며 부분들 각각은 대체 불가능한 자기 자리를 갖는다. 따라서 어느 한 부분이 없어지면 통일성이 와해되고 어느 한 부분이 변형되면 질서가 파괴된다. (……) 부분의 변형이 통일성을 깨뜨리고 전체를 붕괴시키는 이유는 전체 그 자체가 부분들 사이의 일관성을 지배하고 그것들이 합력하여 온전함을 이루게 하기 때문이다. 이런 의미에서 부분들 사이의 관계는 부분이 전체와 맺는 관계를 반영할 뿐이

다. 전체가 통일성을 떠받치기 때문에 부분들의 조화가 온전해
진다.

그래서 예술 작품에 전가할 수 있는 불완전에는 두 가지 형태
가 있다. 전체가 요구하는 어떤 부분이 빠져 있거나, 어떤 부분이
더 붙어 있거나. 밀로의 비너스는 수 세기 전에 팔이 잘려 나가서
부분이 결여된 경우다. 수많은 바보가 이 비너스를 다시 〈완벽하
게〉 만들려고 했고 그중 어떤 이는 아주 큰 팔을 붙여 주기도 했
다. 캘리포니아의 밀랍 인형 박물관에서 그런 비너스를 보았는데
〈미지의 조각가가 상상했던 모습 그대로의 비너스〉라는 명문(銘
文)이 붙어 있었다.
　하지만 왜 우리는 밀로의 비너스의 팔을 복원하려는 시도를 어
리석다고 볼까? 그 이유는, 이 비너스가 끊임없이 잃어버린 전체
를 상상하도록 우리를 매혹한다는 데 있다. 이 감성에 18세기에
탄생한 취향, 〈폐허의 미학〉이라는 용어로 요약될 수 있는 취향도
가세한다.
　이미 페트라르카의 시대에, 그리고 16~17세기 내내, 우리는
폐허에서 사라진 문명의 이미지를 보았고, 이는 인간 운명의 연약
함에 대한 도덕적 성찰을 낳았다. 프랑수아르네 드 샤토브리앙도
『파리에서부터 예루살렘까지의 여정』(1811)에서 세월에 대한
도전의 증언인 피라미드를 생각한다.

　어째서 쿠푸의 피라미드에서 돌과 해골 무더기밖에 보지 않

아프로디테상(일명 밀로의 비너스), 기원전 2세기경, 파리, 루브르 박물관

는가? 인간이 그토록 거대한 무덤을 세운 이유는 자신의 소멸에 대한 생각 때문이 아니라 불멸을 향한 본능 때문이다. 그 분묘는 태양 행로의 끝을 알려 주는 표시가 아니라, 끝없는 생으로의 진입을 알리는 표시다. 영원의 경계에 세워 놓은 일종의 영원한 문이랄까.

하지만 드니 디드로는 『1767년의 살롱』에서 이미 이렇게 말했다.

좋은 구성이든 나쁜 구성이든 그 효과는 감미로운 멜랑콜리다. 우리는 개선문, 주랑, 피라미드, 사원, 궁전의 폐허에 눈길을 주면서 우리 자신을 되돌아본다. (……) 그 순간, 고독과 침묵이 우리 주위를 지배한다. 우리는 이제 존재하지 않는 나라에 홀로 남았다. (……) 폐허가 우리에게 일깨워 주는 생각은 거대하다. 모든 것이 무너지고 소멸하고 지나간다. 세계만 남았다. 버티는 것은 시간뿐이다. 이 세계는 얼마나 늙었는가! 나는 두 영원 사이를 걷는다.

천천히 모럴리스트의 성찰은 조반 바티스타 피라네시의 판화들에서처럼 그 자체로 매혹적인 폐허에 대한 관조로 넘어간다. 이 관조에는 불규칙성에 대한 취향도 들어온다. 폐허의 미학은 형식의 완전성과 예술 작품의 온전함이라는 개념을 뒤집는다. 디드로는 또 이렇게 썼다. 〈어째서 아름다운 소묘가 제대로 된 아름다운 회화보다 더 마음에 드는 걸까? 삶은 더 깃들어 있고 형식은 덜 하기 때문이다. 형식을 도입할수록 삶은 사라진다.〉
폐허의 미학에서는, 황폐한 작품이라해도(어쩌면 그래서 오히려 더) 감상의 대상일 수 있다. 질병의 매혹과 그로써 연상되는 죽음의 낭만주의적 아름다움이 여기에 있다.

조반 바티스타 피라네시, 「시스토 다리의 폐허 혹은 안토니우스 목욕탕의 홀」,
로마 풍경 세부, 로마, 1765, 움베르토 에코 소장품

과잉의 미학

뭔가가 빠져 있는 예술 작품에 대해서는 아주 많은 것이 이야 기된 것 같다. 하지만 뭔가가 과잉인 예술 작품의 경우는 어떠 한가?

이것이 쐐기zeppa의 문제다.

사전에 쐐기는 〈부품을 결합하거나 구멍을 막는 데 쓰이는 나 무나 금속 요철〉이라고 나와 있지만, 문학에서는 〈의미라는 면 에서는 쓸모없지만 이름과 운율을 맞추기 위해서 채워 넣는 말〉 이다.

베네데토 크로체는 작품에서 시학의 순간과 구조 혹은 지지의 순간을 구별하기 위해 『시학』(1936)에 이렇게 썼다.

자기 행위의 도덕적 주체인 시인도 이러저러한 부도덕에서 결코 자유롭지 않다. 그는 자기 작품 속의 오점들에 괴로워하 고 그 흔적을 말끔히 지우고 싶어 한다. (……) 그러나 시는 번 개처럼 사람들을 찾아오고 인간의 일은 거기에 매혹되어 따라 가고, 거기서 자기가 할 수 있는 모든 것을 거둬들이고, 멈춰 달 라고 헛되이 요구하지만 시는 이미 꺼져 있다. (……) 베르길 리우스는 부분을 위해 — 아주 작은 부분을 위해 — 전체를 잃 지 않기 위해서, 작은 것을 위해 큰 것을 잃지 않기 위해, 복된 순간을 흘려보내지 않기 위해, 불완전한 시를 쓰거나 즉흥적으 로 표현하는 것을 포기했다고 그의 전기 작가는 말한다. (……)

그는 이렇게 마음을 다잡고 자기의 시를 튼튼한 기둥을 세우기 전까지 건물을 떠받치는 용도의 임시 대들보(〈플루트 연주자〉)라고 부르면서 친구들과 농담을 나누었다. 시인은 이 불완전한 것들을 두고 괴로워한다. 게다가 그는 이것들을 개선하기 원한다. 그렇지만 자기 안에 모시는 신비를 향한 신성한 존중 때문에 혹시 그 신비를 망칠까 봐 두려워 손을 대지 못할 때가 많다. 냉철해진 정신은 더 이상 뜨거운 환상이 아니기 때문이다. 줄은 〈연마〉를 할 수 있지만 퀸틸리아누스의 말마따나 가장 좋은 부분을 없애 버릴exterere 수도 있는 위험한 도구다. (······)

시에서 우리는 이론상 수정 가능한 불완전만 만나는 게 아니다. (······) 시적이지 않은데 수정이 불가능한 요소들, 독자에게 불쾌감이나 불만을 야기하지 않고 (······) 오히려 무관심하게 남는 요소들도 만난다. 관습적이거나 구조적인 부분들은 모든 시적 작품에 보일 듯 말 듯 존재하고, 때로는 특히 아주 광범위하고 복잡다단한 작품에서 유독 뚜렷하게 보인다. 이 관습적이고 구조적인 부분의 가장 잘 알려진 예가 두 시학 사이에 삽입되는 〈쐐기〉 — 프랑스어로 cheville, 이탈리아어로 zeppa라고 하는 — 다. (······) 쐐기는 왜 발생하는가? 어떤 부분에서는 소리와 이미지의 정합성을 희생하더라도 표현 리듬의 통일성을 유지하려는 필요에서 온다. (······) 루도비코 아리오스토가 브라다만테와 전쟁터에서 함께 싸웠던 두 남작이 말없이 나타났을 때 피오르딜리지의 황망함과 방황을 표현한 4행의 시를 누가 기억할까.

그들이 들어오고 그들의 얼굴에
기쁨과 승리가 없는 것을 보고
아무 소식을 듣지 못했고 아무 견해도 못 들었지만
그의 브라다만테가 더 이상 살아 있지 않음을 알았다!
Tosto che entràro, ed ella loro il viso
vide di gaudio in tal vittoria privo,
senz'altro annunzio sa, senz'altro avviso,
che Brandimarte suo non é più vivo!

세 번째 행에서 〈소식annunzio〉과 〈견해avviso〉는 사실상 동일한 것을 가리키며 둘 중 어느 표현도 딱 맞지는 않고 〈견해〉는 운율 때문에 들어간 단어다. 하지만 두 단어가 연달아 나옴으로써 리듬이 가속되고, 검열에 의해 분리된 동시에 연결된 단어들이 피오르딜리지의 두근대는 심장 박동에 맞아떨어지면서 상당한 시적 이미지를 만들어 낸다. 각운은 그 박동을 얼굴에 빛과 기쁨이 전혀 없는 두 남작 앞에서 느끼는 기대와 황망함과 연결된다.

그렇다면 〈소식〉과 〈견해〉는 쐐기가 아니라 시적으로 딱 맞는 단어들이기 때문에 크로체는 이 네 행이 놀랍다고 한 것이다. 하지만 시의 구조를 구별하고자 하는 고집 때문에 그는 이어서 이렇게 쓴다.

[이 구조적 파편들을] 받아들인다는 것이 그것들을 시적으로 본다는 뜻은 아니다. 그것은 이해가 부족한 해석자들이 범하는 오류다. 그들은 시인의 명성에 대한 미신적인 존경에 지배당했거나(하지만 진짜 시와 문학적 기법을 같은 선상에 올려놓는 것은 시인에 대한 모독이다) 지성과 미학적 감성이 부족했거나 둘 중 하나다.

파레이손의 『미학』 3장(「전체와 부분」) 3. 10.에는 〈모든 부분의 본질성: 구조, 쐐기, 불완전〉이라는 소제목이 붙어 있다. 우리는 크로체의 관념론과 투쟁적 비판의 유해한 결과에 맞서는 논쟁에서 『미학』의 주요 관심사 중 하나가 무엇인지 알고 있다. 그건 바로 예술 형식의 총체성을 요구하고 작품에서 가시덤불 속에서 피어난 꽃처럼 아주 기능적이긴 하지만 단순한 구조에 산발적으로 널려 있는 시적 순간들을 선별하기를 거부하는 것이다. 말할 필요도 없지만 거듭 말하는 것이 좋겠다. 그 시대 이탈리아에서 〈구조〉는 서정적 직관의 순간과 무관한 기계적 장치였다. 구조는 기껏해야 부정적 심급, 개념의 잔여물처럼 헤겔적인 방식으로 분리된 것으로 보였고 시적 순간들을 낱개의 보석처럼 돋보이게 할 뿐이라고 생각했다.

파레이손은 저작의 한 장을 할애하여 오히려 구조와 쐐기가 작품에 본질적으로 중요하다고, 작품은 모든 요소가 기능을 지닌 유기적 전체로 보여야 한다고 했다. 완결된 작품은 (나아가 형성 과정이 촉발되는 첫 순간부터) 스스로 존립하고, 작품을 떠받치는 유기적 의도의 관점에 부합한다. 형성적 형식은 어렴풋이 작품에 선행하고, 정교하게 만들고, 완성된 형식의 결과이자 계시로 나타난다.

파레이손은 아마 전형적인 신플라톤주의 전통 사상을 염두에 두었을 것이다. 이 사상에 따르면 전체의 완전성도 형식의 총체성으로 구제된 불완전에 기반을 두기 때문이다. 요하네스 스코투스 에리우게나(9세기)의 『자연 구분론』 5장을 보자.

전체에서 어느 일부만 볼 때는 기형적으로 보이는 것이 전체 안에서는 부분들이 조화를 이루며 아름답게 보일 수 있는데, 이는 일반적 미의 원인이 되기도 한다. 지혜는 지혜 아닌 것과 대조되고, 지식은 그것의 박탈 혹은 결여일 뿐인 무지와 대조되며, 빛과 어둠이 대조되고, 존엄한 것은 그렇지 못한 것으로 인해 찬양을 받는다. 요컨대 모든 미덕은 정반대되는 악덕으로 인해 드높여질 뿐 아니라 그러한 비교가 없으면 찬양을 받을 수도 없다. (……) 진정한 이성은 자기를 내세우기를 망설이지 않으므로 우주의 악하고 정직하지 못하고 비열하고 비참한 일부, 만물을 보편적 시각으로 보는 자들이 범죄로 여기는 것은, 어떤 그림의 아름다움에 대해서도 그런 것처럼, 범죄도 아니고 비열하거나 부정직하거나 사악한 일도 아니다. 신의 섭리에 따라 존재하는 모든 것은 선하고 아름답고 옳기 때문이다. 게다가 사실 상반되는 것들의 대조에서 창조주가 지으신 우주에 대한 잊을 수 없는 찬양을 끌어내지 않는가?

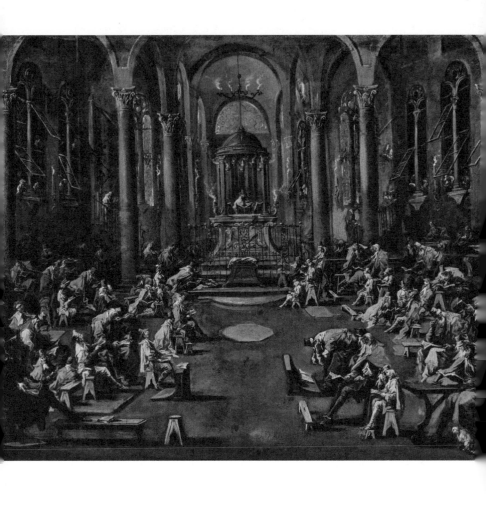

알레산드로 마냐스코, 「유대교 회당」, 1725~1735, 시카고, 아트 인스티튜트

이렇듯 파레이손은 〈전체는 온전한 하나를 이루기 위해 합쳐진 부분들의 결과이므로 중요하지 않거나 무시해도 되는 세부 사항은 없다〉고 보았다. 쐐기도 전체의 전개에 꼭 필요한 받침점, 가교, 접합점으로서 〈예술가가 그리 주의를 기울이지 않고 조급하게, 나아가 무심하게, 그저 앞으로 나아가기 위한 필요에 의해 사용한 것으로, 전체를 위한 편견 없는 관습에 맡겨질 수 있다〉.

은유를 걷어 내고 말해 보자. 파레이손은 쐐기가 어떤 부분을 다른 부분과 연결해 주는 아주 교묘한 장치라고 본다. 쐐기는 꼭 필요한 접합이다. 어떤 문이 부드럽게, 혹은 위풍당당하게 열리려면 문짝이 경첩에 잘 맞아야 하고 제 기능을 하는 장치가 있어야 한다. 미학적인 면에만 심취한 나쁜 건축가는 경첩을 없애고 싶어 하고 문이 문으로서 기능하는 순간 〈아름답게〉 보이게끔 설계를 다시 할지도 모른다. 하지만 그러면 대개 문은 삐걱거리고, 기울어지고, 잘 열리지 않는다. 반면에 좋은 건축가는 문이 열려서 다른 공간이 보이기를 바라고, 건물을 다 설계한 후에 경첩 정도는 철물 전문가에게 맡겨야 한다 해도 그리 중요하게 생각지 않는다.

쐐기는 최종의 아름다움을 얻기 위해 유용한, 대수롭지 않은 시작일 수 있다. 어느 저녁, 새벽 3시쯤, 레오파르디의 「무한」에 언급되는 레카나티의 언덕에서, 온 시대를 통틀어 가장 아름다운 소네트 중 하나의 첫 단어들이 새겨진 바로 그곳에서 나는 〈나에게 늘 각별했던 이 외로운 언덕Sempre caro mi fu quest'ermo colle〉이 아주 진부한 시구라는 것을 깨달았다. 그것은 낭만파의 어느 시인이라도, 아니 다른 시대, 다른 유파의 시인 누구라도 쓸 수 있는 구절이었다. 〈시적〉 언어에서 언덕이 외롭다는 표현이 무에 대수랴? 그렇지만 그 진부한 시작이 없었다면 시는 풀려나오지 못했을 것이다. 난파의 먹먹한 공포감이 시적으로 기억에 남기 위해서는 그렇게 대수롭지 않게 시작했어야만 했을 것이다.

텍스트에 대한 사랑 때문에라도 감히 말해 보련다. 〈우리네 인생길 반고비에서〉라는 첫 구절은 쐐기의 단조로운 위엄을 지니고 있다. 『신곡』이 뒤에 따라 나오지 않았다면 우리는 이 구절을 조금도 중요하게 여기지 않았을 것이요, 그냥 말문을 여는 방식 정도로만 기억했을 것이다.

나는 쐐기를 공격과 동일시하는 게 아니다. 쇼팽의 폴로네이즈에는 쐐기가 아닌 도입부가 있다. 〈코모 호수의 팔〉은 〈4월은 잔인한 달〉과 마찬가지로 쐐기가 아니다. 하지만 『로미오와 줄리엣』의 마지막 장면을 떠올려 보고 내가 고딕체로 강조한 저 마지막 두 행 없이 더 잘 마무리될 수 있을까를 생각해 보자.

그 아침이 우리에게 침울한 평화를 가져오고
태양은 슬픈 침묵으로 얼굴을 감춘다.
여기를 떠나 더 슬픈 일을 이야기해 보자.
용서받고 벌 받는 자들이 있으리라.
줄리엣과 그녀의 로미오 이야기보다
더 슬픈 이야기는 없었다.

그렇지만 셰익스피어가 이 진부한 교훈담으로 마무리를 짓고

자 했던 것은 관객이 묘지 장면을 보고 난 후에 마음을 진정시키고 떠날 수 있도록 환기를 해야 했기 때문이다. 따라서 쐐기가 존재해야만 했다.

〈레오는 먼저 잠들었다. 상대의 노련하지 않은 예상외의 혈기가 그의 진을 다 빼놓았다.〉(알베르토 모라비아,『무관심한 사람들』) 나쁘지 않다. 하지만 〈예상외의 혈기〉라니……. 그렇다면 소녀의 애정 공세에 무너져 내린 성인 남성이 〈진이 빠지지〉 않을 수 있나? 〈노련하지 않은 예상외의 혈기〉는 법정 선고문에서 빌려온 표현 같지 않은가? 하지만 조금은 껄끄럽지만 꼭 필요한 이 대목이 없다면 〈모든 동물은 성교 후에 슬프다Omne animal triste post coitum〉라는 슬픈 진실이 빛나는 모라비아의 『무관심한 사람들』 (1929) 10장은 시작될 수 없었을 것이다.

그렇지만 독자들을 만족시키기 위해 문체에 신경 쓰지 않고 때로는 전체가 다 단일한 쐐기에 불과한 — 부차 문학 수준의 까다로운 비판에 해당하는 — 이 작품들은 무엇을 말하는가?

알렉상드르 뒤마의 『몬테크리스토 백작』(1844)을 예로 들어 보자.

『몬테크리스토 백작』은 그간 나왔던 가장 흥미진진한 소설 중 한 권이자 온 시대와 문학을 통틀어 매우 〈못 쓴〉 작품 중 하나다. 『몬테크리스토 백작』은 모든 방향으로 나아간다. 뻔뻔하게도 똑같은 형용사를 한 줄 걸러 반복하는가 하면 그런 형용사들을 무절제하게 축적하면서 격언조의 여담을 늘어놓고 20행 주기로 헐떡대느라 문장 구조 수습도 안 한다. 소설은 기계적이고 감정 묘사가 서툴다. 인물들은 부들부들 떨고, 창백해지고, 이마에 흐르는 구슬 같은 땀을 닦고, 인간 같지 않은 음성으로 더듬거리고, 갑자기 의자를 박차고 일어났다가 털썩 주저앉는다. 저자는 강박적으로 방금 인물이 주저앉은 의자가 조금 전에 앉아 있던 바로 그 의자임을 거듭 부연한다.

우리는 뒤마가 왜 그런 식으로 나아가는지 잘 안다. 그가 글을 쓸 줄 몰라서가 아니다. 『삼총사』는 훨씬 더 건조하고, 속도감 있고, 심리적인 면을 희생하면서까지 놀랄 만큼 유동적이다. 『몬테크리스토 백작』이 그렇게 된 이유는 돈 때문이었다. 작가는 한 줄 단위로 돈을 받았기 때문에 이야기를 장황하게 늘어놓아야 했다. 어안이 벙벙한 독자들을 한 에피소드에서 다음 에피소드로 끌고 가야 하는 연재소설이라면 으레 강박적 반복의 요구에 시달리게 마련이다. 그래서 이 인물이 100면에서 했던 얘기를 105면에 가서 다른 인물을 만나 토씨 하나 바꾸지 않고 또 한다. 그래서 독자들이 초반의 세 장을 읽는 동안 에드몽 당테스는 대화 상대만 다를 뿐 몇 번이나 자신의 결혼 계획을 알리며 행복해 한다. 이런 성격의 어리석은 사내에겐 이프 성에서의 14년도 너무 짧았다.

몇 년 전에 나는 에이나우디의 요청으로 『몬테크리스토 백작』을 번역하기로 했다. 나는 그 생각에 사로잡혔다. 서사 구조에는 탄복하면서도 문체는 끔찍해 했던 소설을 번역하게 되다니, 훨씬 더 속도감과 긴장감 있는 문체로 서사 구조를 잘 살려 보고 싶었다. 물론 소설을 다시 쓸 순 없지만 쓸데없는 군더더기를 덜어 내면 텍스트가 가벼워질 것이고 (편집가에게나 독자에게나) 상당

분량의 페이지를 덜어 줄 수 있을 것 같았다.

뒤마는 한 행당 얼마 식으로 고료를 받지 않았던가? 만약 단어 하나를 줄일 때마다 보상금이 주어졌다면 저자 자신이 생략과 축약에 앞장서지 않았을까?

가령 뒤마의 프랑스어 원문은 이렇다.

Danglars arracha machinalement, et l'une après l'autre, les fleurs d'un magnifique oranger ; quand il eut fini avec l'oranger, il s'adressa à un cactus, mais alors le cactus, d'un caractère moins facile que l'oranger, le piqua outrageusement.

그대로 옮기자면 이렇다.

당글라르는 기계적으로 아름다운 오렌지나무에서 꽃을 하나하나 잡아 뜯었다. 오렌지나무의 꽃을 다 뜯어낸 후에는 선인장으로 다가갔다. 오렌지나무에 비해 성격이 녹록하지 않은 선인장은 모욕적으로 그를 찔렀다.

어떤 것도 빼지 않고 이 대목의 은근히 빈정대는 뉘앙스를 살려 번역하자면 이렇게 될 수 있다.

그는 아름다운 오렌지나무에서 기계적으로 꽃을 하나씩 잡아 뜯었다. 그러고 나서 선인장도 손보려 했지만 훨씬 성격이 까다로운 그것은 모욕적으로 그를 찔렀다.

이탈리아어 번역문의 단어 수는 프랑스어 원문에 비해 25퍼센트가 줄었다.

혹은, 〈그는 그가 빠져 있던 당혹감에서 벗어나기를 청하는 것처럼comme pour le prier de le tirer de l'embarras où il se trouvait〉 같은 표현을 만났을 때 여기서 당혹감에 빠져 있는 사람과 당혹감에서 빠져나오기를 청하는 사람이 동일인임이 명백하므로 〈스스로 당혹감에서 빠져나오기를 바라듯come per pregarlo di trarlo d'imbarazzo〉이라고만 하면 충분하다. 프랑스어 열네 단어가 이탈리아어 일곱 단어가 됐다.

나는 거의 100페이지를 그렇게 작업했다. 그러고 나서 때려치웠다. 과장된 형식, 밋밋함, 군더더기도 서사 장치의 일부가 아닐까라는 생각이 들었기 때문이다. 우리가 19세기의 번역판으로 『몬테크리스토 백작』을 처음 읽었어도 이 책을 좋아한 것처럼 좋아했을까?

초반의 주장으로 돌아가겠다. 『몬테크리스토 백작』은 지금까지 나왔던 가장 재미있는 소설 중 하나다. 뒤마는 단숨에(혹은 집중 폭격으로 몰아치면서) 사형 집행인의 마음까지 누그러뜨릴 만한 세 가지 원형적 상황을 단 하나의 소설에 끼워 넣었다. 순수는 배신당했고, 박해받은 피해자는 보통 사람은 상상도 할 수 없는 막대한 재산을 손에 넣었으며, 이 소설이 이성의 한계 이상으로 미워할 수밖에 없도록 절묘하게 그려 낸 인물들이 몰락하게 되는 복수의 전략이 있다.

이 골조 위에서 프랑스 사회의 모습이 그려진다. 백일천하, 루이 필리프와 그 시대의 댄디, 은행가, 부패한 재상, 불륜에 빠진 여인, 결혼 계약서, 국제 관계, 국가적 음모, 시각 전신기,* 신용장, 뻔뻔하고 탐욕스러운 이해타산, 배당금, 어음 할인율, 외환, 환율, 점심 식사, 무도회, 장례식, 그리고 이 연재소설의 중심 〈주제topos〉인 〈초인〉까지. 그러나 대중소설의 고전적 지위에 도전했던 다른 장인들과 달리 뒤마는 초인의 들쑥날쑥하고 성급한 심리를 그리려 했고 그가 (돈과 지식에서 오는) 아찔한 권력과 자신의 특권적 역할에서 느끼는 공포 사이에서 갈등하는 모습을 보여 주었다. 그는 의심에 빠져 괴로워하다가 자신의 권능이 고통에서 나왔음을 의식하며 마음을 가라앉힌다. 그렇기 때문에 몬테크리스토 백작은 다른 원형들보다 생생하게 살아 움직이는 새로운 원형이요, 실로 악마적인 그리스도이기도 하다. 그는 이프 성이라는 무덤에 떨어진 자, 인간의 악의에 희생당한 자, 수백 년 후 다시 발견된 보물의 섬광 속에서 산 자와 죽은 자를 심판하기 위해 다시 살아난 자, 자기가 사람의 아들임을 결코 잊지 않은 자다. 스스로 무감각해졌다고 해도, 아무리 예리한 비평가라고 해도, 상호 텍스트성**의 함정을 훤히 꿰고 있다고 해도 소용없다. 우리는 주세페 베르디의 통속극에 빠져들듯 이 소설에 빠져든다. 멜로와 키치는

---

* 1794년에 클로드 샤프가 발명한 통신 수단.
** intertextuality. 텍스트와 텍스트 사이의 관계.

과잉의 미덕에 힘입어 숭고에 가까워지고 과잉은 천재성으로 변모한다.

물론 군더더기가 매번 발에 치인다. 그렇지만 연극적 효과를 터뜨리기 전에 군더더기, 발작적인 지연이 문학적 장치로서 작용하지 않았다면 에드몽 당테스가 아주 오랜 시간이 지난 후 적들에게 정체를 연속적으로 드러낼 때(우리는 결과를 다 알면서도 매번 전율한다) 그 맛을 제대로 느낄 수 있었을까?

『몬테크리스토 백작』을 요약해도, 그의 선고, 탈주, 보물의 발견, 파리 귀환, 복수, 더 정확히는 복수의 연쇄가 200~300면 안에서 다 일어나도 이 작품의 효과가 그대로일까? 독자들이 결말을 빨리 알고 싶어서 페이지와 묘사 부분을 건너뛸 만큼(건너뛰어도 그런 부분이 있다는 건 안다. 서사의 시간이 객관적으로 확장된 것을 알면서 주관적으로 속도를 내는 것이다) 강하게 작품 속으로 끌어들일 수 있을까? 끔찍한 문체의 과격함이 〈쐐기〉로 보이지만 이 쐐기들은 핵 원자로 속의 흑연봉처럼 구조적으로 의미가 있다. 쐐기들이 리듬을 늦추기 때문에 우리의 기대는 더 찌르듯 절박해지고 우리의 예측은 더 무모해진다. 뒤마식의 소설은 불안을 생산하는 기계다. 숨넘어가는 소리의 성격이 중요한 게 아니라 길이가 중요하다.

『몬테크리스토 백작』은 문학적 관점에서, 또 사람에 따라서는 미학적 관점에서도 상당히 비판할 만하다. 다만 『몬테크리스토 백작』은 예술이 되려고 하지 않고 신화 창조적 의도를 보여주었다. 이 소설은 신화를 만들고자 했다. 소포클레스나 에우리피데스

348

가 예술로 변화시키기 전까지는 오이디푸스나 메데이아도 무시
무시한 신화적 인물에 지나지 않았다. 소포클레스가 오이디푸스
이야기를 쓰지 않았고 다른 출처를 통해서 전해졌다면, 그래서 뒤
마나 그보다 더 고약한 다른 작가의 소재가 되었다면 지그문트 프
로이트는 오이디푸스 콤플렉스를 얘기할 수 없었을 것이다. 이렇
듯 신화 창조는 미학이 불완전하다고 보는 것을 스스로 허용하기
에 숭배와 경배를 낳는다.

어설픔의 미학

사실 우리가 컬트 운운하는 작품들은 근본적으로 〈엉성하기〉
때문에 컬트가 된 것이다.

작품을 숭배의 대상으로 변화시키려면 작품을 쪼개고 해체하
고 조각내어 전체와의 원래 관계와 독립적으로 그 부분들밖에 생
각나지 않을 정도가 되어야 한다. 책의 경우는 물리적으로 쪼개어
일련의 발췌문들로 축소할 수 있을 것이다. 어떤 책이 걸작인데,
특히 아주 복잡한 걸작인 경우에 컬트 현상을 일으킬 때가 있다.
수많은 퀴즈와 단테 암호를 낳았던 『신곡』을 보라. 단테 알리기에
리의 팬들에게는 기억에 남는 몇몇 구절을 전체로서의 시를 생각
하지 않고 떠올리는 것이 중요하다. 다시 말해 걸작이라도 집단기
억 속에 강박적으로 깃들게 되면 해체 가능하다. 하지만 다른 경
우, 즉 작품이 근본적으로, 뿌리부터 엉성한 경우도 컬트의 대상

이 될 수 있다. 책보다 영화에서 그런 예가 자주 나온다. 컬트 영화가 되려면 영화 자체에 엉성하고 서툴고 일관성 없는 면이 있어야 한다. 완성도가 높아서 우리 마음대로 우리가 선호하는 관점에서 다시 읽을 수 없는 영화 — 책도 마찬가지지만 — 는 기억 속에 그 전체로서 어떤 관념 혹은 주요한 감정으로 남는다. 엉성한 영화만이 흩어진 이미지, 시각적 봉우리로 남는다. 그러한 영화는 하나의 중심적인 생각이 아니라 다양한 중심 생각들을 보여 줄 것이다. 일관적인 〈구성 철학〉을 드러내기보다는 빼어난 불안정성 덕택으로 살아남아야 한다.

과장된 「리오 브라보」는 컬트 영화가 되지만 완벽한 영화 「역마차」는 그럴 수 없는 것으로 보인다.

「지금 들리는 게 대포 소리인가요, 내 심장이 뛰는 소리인가요?」 영화 「카사블랑카」를 볼 때마다 이 장면에서 관객들은 축구 시합을 볼 때처럼 열광적으로 반응한다. 때로는 단어 하나로 충분하다. 관객들은 보기*가 〈키드kid〉라고만 해도 좋아 죽는다. 때로는 배우의 입에서 나올 다음 대사를 관객이 먼저 말해 버리기도 한다.

전통적인 미학적 표준에서 카를 테오도어 드라이어, 세르게이 예이젠시테인, 미켈란젤로 안토니오니의 영화가 예술 작품이었다면 「카사블랑카」는 예술 작품이 아니거나 예술 작품이어서는 안 된다. 형식적 일관성이라는 면에서 「카사블랑카」는 아주 소박

* Bogey. 험프리 보가트의 애칭.

잉그리드 버그먼과 험프리 보가트, 「카사블랑카」(마이클 커티즈 감독, 1942)

한 미학적 산물이다. 이 영화는 있을 법하지 않은 방식으로 모아 놓은 감상적 장면들의 집합이다. 인물들은 심리적 설득력이 없고 배우들의 연기는 성급하다. 그런데도 영화적 담론의 위대한 본보 기이자 컬트 영화가 되었다.

「이야기 하나 해도 될까요, 릭?」 일자가 묻는다. 그러고는 덧붙 인다. 「난 아직도 그 이야기 끝을 몰라요.」 릭이 대답한다. 「해봐 요, 어쩌면 그 이야기의 해피엔딩을 찾을 수 있을 거예요.」

릭의 대사는 「카사블랑카」의 요약이다. 잉그리드 버그먼의 말 대로라면 「카사블랑카」는 촬영이 진행되면서 그에 맞게 연출되 었다. 마이클 커티즈 감독 자신도 막판까지 일자가 릭과 떠날지

빅터와 떠날지 몰랐다고 한다. 잉그리드 버그먼이 그토록 수수께끼 같은 미소를 지었던 이유는 자기가 연기하는 인물이 정말로 사랑하는 남자가 누구인지 영화를 찍는 내내 몰랐기 때문이다.

그렇기 때문에 일자는 자기 운명을 선택하지 않는다. 절망에 빠진 시나리오 작가들의 손을 거쳐 운명이 그녀를 선택했다.

이야기를 어떻게 처리해야 할지 모를 때는 상투적인 상황들에 의존한다. 적어도 그 상황들은 다른 데서 기능을 했다. 주변적이지만 의미심장한 예를 들어보자. 라즐로는 마실 것을 주문할 때마다(영화에서 이런 장면이 네 번 나온다) 매번 다른 것을 주문한다. (1) 쿠앵트로, (2) 칵테일, (3) 코냑, (4) 위스키(샴페인을 마시는 장면이 있긴 한데 주문하는 모습은 나오지 않는다). 금욕적인 성격의 사내가 음주 습관에 관한 한 왜 그렇게 일관성이 없나? 심리적으로 납득이 안 된다. 내 생각에는 커티즈 감독이 그때그때 무의식적으로 다른 영화들에서 비슷한 상황을 따와서 적당히 모든 종류를 댄 것 같다.

그래서 우리는 T. S. 엘리엇이 『햄릿』을 다시 읽었던 것처럼 「카사블랑카」를 읽고 싶어진다. 엘리엇은 그 작품이 성공적이어서가 아니라 오히려 셰익스피어가 가장 못 쓴 작품이라서 매력이 있다고 했다. 『햄릿』은 이전의 다양한 버전을 어설프게 융합한 결과다. 주인공의 당혹스러운 애매성은 작가가 서로 다른 〈주제들〉을 한데 모으기 힘들었기 때문에 빚어졌다. 『햄릿』은 물론 주인공의 심리가 잘 잡히지 않기 때문에 불안한 작품이다. 엘리엇은 극중 행위를 셰익스피어의 계획 실행으로 보지 않고 이 비극을 기존의 비극적 소재들의 엉성한 패치워크로 본다면 『햄릿』의 신비가 사라질 것이라고 말한다.

일단 토머스 키드 작품의 흔적들이 있다. 우리는 다른 출처들을 통해서 간접적으로 그 흔적을 알아볼 수 있다. 키드의 작품에서는 복수가 유일한 동기다. 복수가 지연되는 이유는 호위병에게 둘러싸여 사는 군주를 암살하기가 어렵다는 것밖에 없다. 게다가 햄릿의 〈광기〉는 의심을 피하기 위해 꾸며 낸 것이다. 그런데 셰익스피어가 쓴 비극에서는 복수의 지연이 주인공의 끊임없는 망설임으로밖에 설명되지 않고 〈광기〉는 의심을 잠재우기는커녕 왕에게 더 수상하게 보이는 결과를 낳는다. 더욱이 셰익스피어의 『햄릿』은 어머니가 아들에게 저지른 잘못의 반향을 다루는데 이 주제를 기존의 오래된 비극과 잘 버무리지 못했다. 변형이 완벽하게 이루어지지 않아 설득력이 없다고 할까. 『햄릿』은 여러 면에서 다른 작품들보다 불가해하고 불안한 작품이다. 셰익스피어는 간단히 검토해 보기만 해도 눈에 들어오는 피상적이고 황당한 장면들을 그대로 남겨 두었다. 그리고 키드의 원전 희곡을 조지 채프먼이 다루면서 빚어진 것으로 보이는, 설명하기 힘든 장면들이 있다. 결론적으로 『햄릿』은 주제들이 섞이지 못한 채 켜켜이 쌓이기만 한 작품, 선배 저자들에게서 작품을 이어받은 여러 저자의 노력의 총합이다.

그래서 『햄릿』은 셰익스피어의 걸작이라기보다는 예술적 실패다. 엘리엇의 말마따나 사상과 기법이 모두 불안정하다. 아마 대부분은 『햄릿』을 흥미롭게 보았기 때문에 예술 작품이라고 생각하지 예술 작품이기 때문에 흥미롭다고 생각하지는 않을 것이다. 이 작품은 문학계의 「모나리자」다.

하위 차원에서는 「카사블랑카」도 마찬가지다.

저자들은 즉흥적으로 짜임새를 만드느라 기존에 시험해 봤던 레퍼토리를 쥐어짠다. 시험해 봤던 것의 선택이 제한될 때의 결과물은 키치에 불과하다. 그러나 시험해 봤던 것의 총체를 투입하면 가우디의 사그라다 파밀리아 비슷한 구조물이 나온다. 그런 구조물도 아찔하고 천재적이다.

「카사블랑카」는 모든 원형을 담고 있기 때문에, 배우들이 다른 작품에서 했던 연기를 답습하기 때문에, 그 안의 인물들이 〈현실적〉 삶이 아니라 다른 영화들에서 상투적으로 그려 보였던 삶을 살기 때문에 컬트 영화다. 피터 로어는 프리츠 랑에 대한 기억을 남겼다. 콘라트 파이트는 독일 장교를 연기하면서도 「칼리가리 박사의 밀실」의 향기를 묘하게 풍겼다. 「카사블랑카」는 데자뷔라는 감각을 너무 뚜렷이 남겼기 때문에 관객들은 이후의 영화들에도 그 요소들을 도입했다. 험프리 보가트가 어니스트 헤밍웨이의 인물을 맡게 된 것은 「가진 자와 못 가진 자」부터지만 그는 릭이 스페인에서 전쟁을 경험한 인물이라는 이유로 〈이미〉 헤밍웨이적인 암시들을 끌어당기고 있었다.

「카사블랑카」에서 서사성의 권능은 예술이 개입해서 기강을 잡아 주지 않은 채 야만적 상태로 전개된다. 이때 우리는 인물들의 기분, 도덕성, 심리가 매 순간 변할 수도 있음을 받아들인다. 음모자들이 스파이가 접근할 때 기침을 하느라 잠시 대화를 멈출 수

안토니오 가우디, 사그라다 파밀리아, 바르셀로나

도 있음을, 부덕한 여인네들이 「라 마르세예즈」를 들으면서 눈물을 흘리기도 한다는 것을…….

모든 원형이 뻔뻔하게 난입할 때 호메로스적인 깊이에 이른다. 두 개의 클리셰는 웃긴다. 백 개의 클리셰는 감동적이다. 클리셰들이 자기네끼리 대화를 나누고 재회를 만끽하는 것을 어렴풋이 느낄 수 있기 때문이다. 고통의 극치가 쾌락과 일맥상통하듯, 도착의 극치는 신비로운 에너지와 흡사하다. 진부함의 극치에서 숭고함이 얼핏 엿보인다.

가장 엄격한 미학자들이 정의할 수 없었던 매혹의 수많은 사례가 그러한 자취를 바탕으로 정당화된다. 프루스트의 『쾌락과 나날』(1896)에서 보잘것없는 음악에 대한 예찬을 보자. 나는 시시한 교향곡은 듣지 않지만 흔히들 부르는 노래, 유행가 후렴구 때문에 눈물 흘리거나 춤을 추는 일은 더러 있다…….

시시한 음악을 혐오하라. 하지만 경멸하지는 말라. 사람들이 음악을 연주하고 노래로 잘 부르기까지 하니까. 심지어 좋은 음악보다 더 열정적으로 부르니까. 그런 음악이 사람들의 꿈과 눈물로 차츰 채워졌으니까. 그 점에서 존중할 만하다.

이 음악은 예술사에서 존재감이 없지만 사회의 감정사에서는 중요한 자리를 차지한다. 사랑이 아니라 존중이라는 말을 쓴 이유는, 시시한 음악이 우리가 고상한 취미의 자선 혹은 그러한 취미의 회의주의라고 할 만한 형태가 아닌, 음악의 사회적 역할의 중요성을 일깨워 주기 때문이다. 예술가가 보기에는

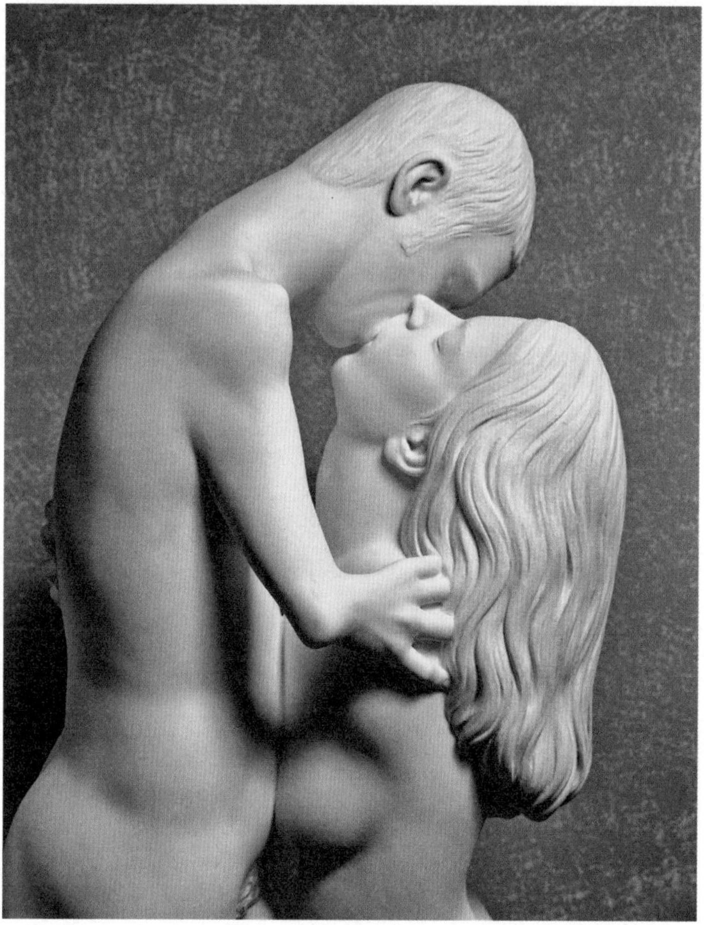

마크 퀸, 「키스」, 세부, 2001, 야나코네 소장품, 밀라노

아무 가치가 없는 노래가 얼마나 낭만적이고 사랑에 빠진 수많은 젊은이들의 심금을 울리는 곡이 되었던가!

「금반지」와「오, 오래도록 잠들어 있기를」같은 노래의 악보가 매일 저녁 유명 인사들의 떨리는 손을 거치고, 세상 가장 아름다운 눈에서 흐르는 눈물에 젖어, 가장 순수한 음악의 대가조차 그 애수 어린 관능의 명예를 부러워한다. 순진하고 영감에 가득 찬 이 노래들은 아픔을 고귀하게 높이고 꿈을 자극하며 사람들의 열렬한 비밀을 받아들인 대가로 도취 어린 아름다움의 환상을 준다.

서민, 부르주아, 군인, 귀족 가릴 것 없이 모두가 똑같은 우편배달부에게서 부고와 행복한 소식을 받는다. 보이지 않는 사랑의 전령과 모두의 소중한 고해 신부가 있으니, 그들이 바로 보잘것없는 음악가다.

고급 음악에 익숙해진 예리한 귀가 곧바로 듣기 싫어하는 그 후렴이 수많은 영혼이라는 보물을 받았고, 수많은 삶의 비밀을 지켜 준다. 그 후렴이 그들에게는 살아 있는 영감, 언제나 준비되어 있는 위로다. 늘 피아노 악보대 위에 펼쳐져 있는 꿈꾸는 우아함이자 이상이다. 어떤 아르페지오, 어떤 〈반복〉은 수많은 연인 혹은 몽상가의 영혼에 천상의 화음, 혹은 사랑하는 이의 목소리처럼 들렸다. 너무 많이 연주해서 너덜너덜해진 시시한 로망스 악보가 어떤 묘지 혹은 어떤 마을처럼 우리의 감정을 건드릴 것이다. 그 마을의 집들이 제법하지 않으면 어떻고, 그 묘지의 비석이나 장식이 악취미면 또 어떤가.

기꺼이 공감하고 존중할 만한 상상력 앞에서 잠시 미학적 경멸을 내려놓으면 이 먼지 사이에서 아직 청신한 꿈을 부리에 머금은 한 떼 영혼들이 날아오를 수 있다. 다른 세상을 느끼게 했고, 그 세계 속에서 즐기거나 눈물 흘렸던 영혼들이.

나는 프루스트의 이 글로 불완전에 대한 불완전한 찬사를 마무리하련다. 어째서 불완전 과거라는 시제에는 그런 명칭이 붙었을까? 뭔가가 일어나는 중이고, 일어났고, 일어날 것임을 알려 주는 모든 동사 시제 중에서(명령형조차도 우리가 미래를 보게 한다), 어떤 일이 오래전에 일어났거나 얼마 전에 일어났는데 시간의 어느 지점에 위치시키는 시제의 일반적 기능을 하지 않는, 혹은 하고 싶어 하지 않는 시제가 있다는 게 우연은 아닐지도? 그 시제는 우리를 사건의 시간적 상황에 대해서 불확실한 상태로 내버려 둔다. 그래서 아이들조차도 자기가 실제로 겪지 않은 일, 겪어 본 적도 없고 앞으로도 겪지 않을 일은 불완전 과거로 표현한다(「있잖아, 지금부터 나는 인디언 추장이고 넌 버펄로 빌이야.」).

프루스트는 『독서에 관하여』에서 귀스타브 플로베르를 두고 이런 말을 했다. 〈반과거(이탈리아어의 불완전 과거) 직설법의 사용은 나에게 알 수 없는 슬픔의 마르지 않는 원천으로 남아 있다. 이 잔인한 시제는 삶을 뭔가 덧없고 수동적인 것으로 제시한다. 그래서 우리의 행동을 돌아볼 때조차도 이 시제는 환상을 불어넣고 과거에서 사라지게 하면서 활동의 위안을 결코 완벽하게 남겨 두지 않는다.〉

불완전이 예술에서 중요해진 내력은 이러하다.

라 밀라네시아나, 2012, 불완전

비밀

비밀을 누설한 자는
해를 입을지니

　일단 이런 예고로 시작을 해야겠다. 〈내가 하고 싶은 말은 위대한 사건에 해당하나 비밀이기 때문에 입을 다물 수밖에 없습니다.〉 내가 이렇게 예고를 하면 큰 특권을 누릴 것이요, 여러분은 제6대 이맘 자파르 알사디크의 말대로 〈우리의 대의는 비밀 중의 비밀이요, 드러나 있는 그 무엇의 비밀, 오직 다른 비밀로만 가르칠 수 있는 비밀, 비밀이라는 점으로 족한 비밀에 대한 비밀〉이라고 믿게 될 것이다.

　비밀은 밝혀지지 않은 정보, 다시 말해 밝혀서는 안 될 정보다. 비밀이 드러나 버리면 그것을 누설한 자에게, 때로는 그 비밀을 알게 된 자에게도 해가 있을 것이다.

　이런 의미에서 국가 기밀, 회사 기밀, 은행 기밀, 군사 기밀, 산업 기밀이 존재한다. 애틀랜타에 기밀 보관되어 있다는 코카콜라 제조 비법도 그 한 예다. (숨겨져 있는 그 어떤 것과 정말로 관련된) 비밀들은 때때로 조사 위원회의 명령, 국가 문서 보관소 개방, 부

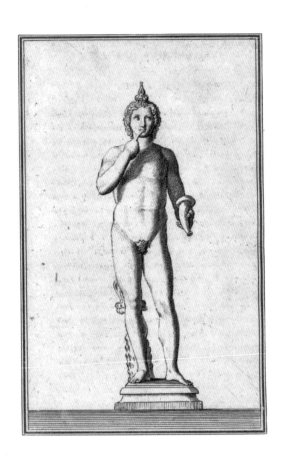

그리스 침묵의 신 하르포크라테스 조각상, 판화, 1820, 로마

주의, 배신, 그리고 무엇보다 스파이 활동으로 인해 폭로되곤 한다.

스파이 활동을 저지하고 비밀 소통을 보장하기 위해서 만들어 낸 것이 암호다. 어떤 자연 언어로 쓴 메시지가 일련의 대체를 거치고 나면 오로지 그 대체 규칙을 아는 수신자만 해독할 수 있게 되는데 암호는 바로 그런 규칙들의 체계다. 고대 사회, 인도와 『성경』 속에도 그런 암호 쓰기가 있었다. 율리우스 카이사르도 그런 언급을 남겼고, 아부바크르 아흐메드 안나바티가 쓴 논문 『고대 글의 수수께끼를 배우는 신봉자의 광적 욕망』(855)에서부터 향료, 꽃, 새, 과일 이름을 써서 문자를 지칭하는 암호를 언급한 이븐할둔의 『무깟디마』(14세기)까지 아랍 문명에도 암호 해독학이 있었다.

유럽 국가들이 탄생한 근대에 광대한 영토에서 군대와 군사 작전의 조직은 점점 더 복잡해졌고(30년 전쟁 시대) 나중에는 암호 기술이 본격적으로 발달했다. 트리테미우스 사제가 움직이는 볼링크를 써서 작성한 암호는 최초의 근대적인 암호 체계였다. 첫 번째 원주의 한 문자는 두 번째 원주의 다른 문자로 대체된다. (훨씬 복잡한) 최근의 예로는 나치 독일이 사용했지만 앨런 튜링에게 뚫려 버렸던 암호 에니그마가 있다. 암호의 원칙 중 하나가 아무리 완벽한 암호라 해도 언젠가는 풀린다는 것이기 때문에 암호화된 비밀은 수명이 짧고 우리는 금세 무관심해진다.

마찬가지로 우리는 저 유명한 〈풀치넬라의 비밀〉(공공연한 비밀)을 무시할 것이다. 그런 비밀은 수다쟁이 귀에 들어갔다가 금세 널리 퍼진다. 단, 때로는 정보 요원들이 적을 색출하기 위해서

이븐할둔, 『무깟디마』, 왕과 지배자들의 명부,
런던, 영국 도서관

거짓 비밀에 대한 거짓 누설을 교묘하게 흘리기도 한다. 허다한 거짓 비밀의 폭로가 비밀로 남고자 하는 또 다른 비밀을 은폐한다.

　17세기 바로크 시대에 절대 권력의 세계에서 살아남으려면 자기 모습을 반대로 보여 주든가(발타사르 그라시안) 자기 속내를 내비치지 않는(토르카토 아체토) 위장의 기술을 알아야 한다는 생각이 싹텄다. 그래서 정치인들은 자기와 관련된 것은 전부 비밀에 부쳤다. 마자랭 추기경은 「정치인들을 위한 지침」(유고, 1684)에서 이렇게 말한다.

　책을 읽을 때 누가 갑자기 나타나거든 재빨리 책장을 넘겨보는 척하면서 그대의 관심이 발동했음을 상대가 알지 못하게 하

라. 책을 무더기로 쌓아 놓아서 다른 사람이 그대가 무슨 책을 읽는지 모르게 하면 더 좋다. 책을 읽거나 편지를 쓰는 중에 성가신 이가 나타났고 그자가 그대가 읽는 책이나 작성 중인 편지의 내용을 아는 것이 위험하다면 그 자리에서 태워 버려라. 그러고는 책이나 편지 내용과 완전히 무관한 질문을 마치 무슨 관계가 있기라도 한 것처럼 상대에게 던져라.

조심성

카르디날 쥘 마자랭의 태도는 결국 편집증적인 〈조심성〉이었다고 하겠으나 개인적 비밀도 조심성에 해당한다. 당사자는 그런 비밀을 무덤까지 가져가기도 한다. 개인적 비밀은 대개 차마 털어놓을 수 없는 행동과 관련이 있지만 다 그렇지만은 않다. 얼마든지 자신의 질병, 성적 지향, 출신을 밝히고 싶지 않을 수 있다. 사회는 비밀 유지의 권리를 인정한다. 사회학자 게오르크 지멜도 이 주제에 관한 연구에서 그러한 권리가 사회적 규약의 중요한 한 부분이라고 보았다.

비밀 유지권이 대중매체 사회에서 가치를 잃어 가고 있다는 점에 주목해 보면 흥미롭겠다. 이 사회에서 조심성의 포기는 노출증의 모양새를 띤다. 뒷말이라는 상당 부분 유익한 보안 장치는 사라진다. 원래 마을에서 수다쟁이나 술집 중심으로 만들어지는 뒷말은 사회를 결속시키는 요소다. 뒷말하기 좋아하는 사람들은 남의 불행에 대해서 입방아를 찧으며 기뻐한다기보다 연민을 느끼고 표하곤 했다.

그러나 이 결속의 요소는 피해자들이 그 자리에 없고 자기가 피해자임을 모를 때만(혹은 알면서도 모르는 척할 수 있을 때만) 작용한다. 그러므로 뒷말이 사회적 안전장치로서의 가치를 지키려면 가해자와 피해자 모두 조심성이 있어야 한다. 최초의 변형은 배우나 가수 같은 연예인, 망명 중인 왕족, 유명한 바람둥이에 관한 뒷말을 기사화하는 특수한 언론이 등장하면서 일어났다. 그런 사람들은 사진 기자와 취재 기자 앞에 기꺼이 자신을 드러냈다. 뒷말은 수군거림에서 고성 수준으로 증폭되어 피해자들을 양산했다. 그러나 동시에 그들은 유명세를 얻으며 익명의 사람들에게 욕망의 대상이 되기도 했다. 이 때문에 텔레비전은 누구나 자기 이야기를 쏟아 내면서 유명해질 수 있는 방송 프로그램들을 만들어 냈다. 이제 텔레비전에서 배우자와 서로 불륜을 저질렀던 과거를 왈가왈부하거나, 연인에게 버림받은 사연을 토로하거나, 성관계 문제를 가차 없이 분석하면서 이혼담을 늘어놓는 모습을 보게 되었다.

세상이 어떻게 나올지 내다봤던 어느 피에몬테 사람이 조심성을 요구한 것은 당연했다. 체사레 파베세는 자살을 하면서 기억할 만한 메모를 남겼다. 〈너무 험담하지는 마세요.〉 하지만 아무도 그 말을 듣지 않았다. 우리는 이제 그의 불행했던 연애사를 다 안다.*

---

* 피에몬테 출신 작가 체사레 파베세는 이탈리아의 권위 있는 문학상을 수상한 직후에 평소 좋아하던 여성들을 만찬에 초대했지만 거절당했고, 실제 저러한 내용의 메모를 남긴 후 자살했다.

루이 그로스클로드, 「세 아낙네」, 19세기, 뤽상부르, 장피에르 페스카토르 미술관

하지만 최근에는 비밀 유지권의 포기가 다른 양상을 띤다. 일단 누구라도 우리의 신용카드, 휴대전화 통화, 병원 진료 기록 등을 통제할 수 있으면 우리의 일거수일투족을 알 수 있는데 우리는 그 점을 의식하면서도 아랑곳하지 않는 듯 보인다. 다른 한편, 국가와 정부는 비밀을 유지하는 부분이 있어야만 하는데 — 어떤 접촉이나 계획은 정보가 누설되면 실패할 수밖에 없고 그 피해는 공동체에게 돌아가므로 — 위키리크스는 통치 기밀의 공개가 민주적 활동이라고 우리를 설득하는 듯하다. 정부 구성을 위한 협의를 〈중계〉하면서 전부 공개하고자 한다면 관계자는 시종일관 감시당하는 기분, 체면을 잃고 싶지 않다는 생각에 협상을 거부하고 공식 입장을 앵무새처럼 되풀이할 수밖에 없다. 하지만 정치적 관계의 핵심은 협상에 있다.

신비한 비밀

조심성의 시대는 끝났다. 그러나 신비한 비밀, 다시 말해 난해하고 오컬트적인 비밀에 대한 생각은 수천 년을 이어져 왔다. 피타고라스의 교의는 신비로운 진리에 대한 앎, 고대 이집트에서 이루어졌던 계시의 결과로 소개되었다. 2세기경 이성주의의 위기 시대에 비그리스도교 세계는 점점 더 진리를 비밀, 즉 불분명한 방식으로만 말해진 것과 동일시했다. 지혜가 정말로 비밀스러워지려면 아주 오래되고 이국적인 것이어야 했다. 특히 동방은 역사가 길고 서양인이 모르는 언어를 사용했기 때문에, 그리고 알지 못한다는 것이 비밀이기 때문에, 오직 신만이 알 수 있는 그 비밀의 한 조각을 품고 있는 것처럼 생각되었다.

이로써 고전적인 그리스 지식인의 전형적인 태도는 뒤집혔다. 과거에 그러한 지식인은 야만인oi barbaroi들을 말더듬이, 다시 말해 제대로 된 단어 하나 입 밖에 내지 못하는 사람으로 취급했지만 외국인의 그 더듬거리는 말은 신성한 언어가 되었다.

여기서 진리는 잃어버린 전통의 수호자들만 간직하고 있는 비밀이라는 확신이 발전했다. 르네상스 시대에는 모든 마법서가 말을 하는 사람 본인도 알 수 없는 언어(만들어 낸 언어나 히브리어를 변용한 언어)를 읊조림으로써 계시에 접근한다고 주장했다.

장미십자회

장미십자회의 역사는 비밀스러운 교의들의 자산으로서 아주 좋은 예다. 유럽이 국가 간 갈등과 종교적 증오로 한창 불타오르던 17세기에 〈황금의 세기〉에 대한 생각이 싹텄다. 그러한 분위기는 가톨릭과 프로테스탄트 양쪽 진영 모두에 파고들어 이상 국가에 대한 계획, 보편 군주제와 관습 및 종교적 감성 개혁에 대한 열망이 성행했다. 1614년에 〈형제애에 대하여Fama fraternitatis〉라는 선언이 나왔고, 이어서 1615년에는 〈장미십자회 형제들의 고백. 유럽의 현자들에게Confessio fraternitatis Roseae crucis. Ad eruditos Europae〉

장미십자회 연회, 레오 탁실의 「프리메이슨의 신비」 복제화, 1887, 개인 소장

(위) 장미십자회 상징, 로버트 플러드의 『최고선』에 실린 판화, 1629
(아래) 『장미십자회의 비밀 상징』에 나오는 선악의 나무, 1785, 파리, 프랑스 국립 도서관

가 나왔다. 이 두 선언에서 장미십자회라는 수수께끼의 단체는 자신들의 존재를 공개하고 신화적인 창립자 크리스티안 로젠크로이츠에 관한 정보를 제공한다. 장미십자회는 유럽에서 금, 은, 보석을 넘치도록 소유하고 재화를 필요한 곳과 좋은 목적에 쓰이도록 왕들에게 나눠 줄 수 있는 단체가 탄생하기를 희망했다. 그들의 선언은 자기네 모임의 비밀스러운 성격과 회원들이 절대로 정체를 드러내서는 안 된다는 사실을 강조했다(〈우리 조직은, 이미 10만 명이 접근한 바 있으나, 불순한 세계로부터 영원히 감춰져 아무도 우리 조직에 다다를 수 없고 우리 조직을 파괴할 수 없을 것이다〉). 그렇지만 이 단체는 유럽의 모든 식자(識者)에게 자기네 무리의 신도들과 접촉할 것을 권한다. 〈지금 당장은 우리 이름과 만남의 장소를 밝힐 수 없지만 (……) 누구든지 우리에게 이름이 전해지는 자는 우리 중 한 명과 실제로 대화를 주고받거나, 사정이 여의치 않으면 편지를 주고받을 수 있을 것이다.〉

즉시 유럽 전역에서 장미십자회와 접촉하려는 움직임이 나타났다. 그중에는 영향력 있는 오컬티스트 로버트 플러드도 있었다. 아무도 장미십자회를 안다고 하지 않았고 아무도 자기가 그 회원이라고 밝히지 않은 채 이 기획에 맞춰 나가고 있음을 보여 주고자 했다. 미하엘 마이어는 『황금 법칙』(1618)에서, 이 단체가 실제로 존재하지만 자신은 너무 보잘것없는 사람이라서 회원이 될수 없었노라 고백한다. 다들 장미십자회가 비밀결사라는 것을 알기 때문에 역사학자 프랜시스 예이츠(1972)는 자기가 그 회원이라고 말하는 사람은 사실 회원이 아니었다고 보았다(회원들 간의

카르보나리 회합, 판화, 1864

비밀 유지 조약을 파기한 셈이므로). 이 논리는 지금도 유효하다. 적어도 장미십자회의 사상을 진지하게 연구했던 르네 귀에농의 말대로라면 그렇다. 〈장미십자회의 일원을 자처하거나 공공연히 그 일원이라는 얘기가 나도는 사람들 대부분은 사실 그 일원이 아닐 확률이 높다. (……) 심지어 그들은 절대 회원이 아니라고 믿어도 좋을 것이다. 그들이 그런 단체에 가입해 있다면 그거야말로 역설적이고 딱 보기에도 모순적인 일이라는 사실을 이해하기는 어렵지 않다.〉(『입문에 대한 통찰』, 1946)

결과적으로 장미십자회가 정말로 존재했다는 역사적 증거는 없다. 하지만 다행히 그 후속 집단들이 존재했다는 역사적 증거는 확실히 남아 있다. 그 집단들은 서로 논쟁을 벌이면서 장미십자회의 적통 후계임을 자처했다. 가령 고대 신비 장미십자회Anticus et mysticus ordo rosae crucis는 지금도 캘리포니아 산호세에 이집트 도상학들로 가득한 사원을 가지고 있다. 그렇지만 천 년의 전통을 지녔다는 장미십자회 조직이 먼저 그 전통의 자료에는 접근할 수 없다고 말할 것이다. 『장미십자회 개론』(1984)은 〈형제회와 그랜드 화이트 로지가 눈에 보이는 조직이 아님은 당연히 이해가 갈 것이다〉라고 한다. 고대 신비 장미십자회의 공식 자료도 장미십자회가 실제로 존재했음을 입증하는 원문 자료는 아무도 접근할 수 는 곳에 보관되어 있다고 말한다.

1623년에 장미십자회의 파리 진출을 알리는 익명의 선언들이 나오면서 격렬한 논쟁이 일어났다. 장미십자회가 사탄을 숭배하는 단체라는 의혹도 있었다. 심지어 르네 데카르트도 독일 여행

중에 장미십자회와 접촉하려고 했다가(그 시도는 불발됐지만) 파리에 돌아와서 그 단체의 회원으로 의심받았다. 아드리앵 바이예는 『데카르트 선생의 삶』(1691)에서 그가 장미십자회는 사람들 앞에 나서지 않는다는 속설을 이용해 일부러 여러 자리에 모습을 보이며 그러한 의혹을 벗었다고 전한다.

딱한 데카르트의 발상은 지멜이 비밀에 대한 에세이에서 거듭 강조하는 점, 즉 비밀결사의 전형적 성격이 비가시성임을 잘 보여 준다. 잘 생각해 보면 비밀결사, 가령 카르보나리*는 늘 눈에 띄지 않기를 바랐다. 바이에른 일루미나티도 그 점은 마찬가지였다(지금도 일부 테러리스트 조직은 그렇다). 신봉자들도 소집단을 이끄는 수령 한 명밖에 모르고 그 상위 위계와는 접촉이 불가능하다.

수많은 카르보나리가 참수형이나 총살형을 당했지만 그 이유는 비밀이 누설되었기 때문만은 아니다. 비밀결사의 목적이 반란을 야기하는 것이라면 반란이 터진 이상 비밀은 더 이상 비밀이 아님을 알아야 한다. 어떤 비밀은, 가령 적대적 인수·합병을 준비하는 기업이 인수·합병에 성공하거나 실패한 시점에서는, 더 이상 비밀이 아니다. 특정 목표를 지향하는 집단들의 비밀은 너무 오래 끌지 않아야 한다. 그랬다가는 그 집단의 구성원들이 아무것도 실현할 수 없는 바보가 되어 버린다.

* Carbonari. 19세기 초 이탈리아에서 독립과 자유를 내세우고 활동한 비밀결사. 이탈리아어로 〈숯 굽는 사람〉이라는 뜻으로, 단원들이 정체를 숨기기 위해 숯장이로 가장하는 경우가 많았다고 한다.

하지만 장미십자회의 경우는 다르다. 그들은 일을 즉시 성공시키는 데 연연하지 않았다. 1623년에 노이하우스라는 인물은 장미십자회가 눈에 띄지 않고도 존재할 수 있었던 까닭을 설명하는 책『장미십자회 형제들의 신실하고도 유용한 경고』를 출간했다. 그는 여기서 그들이 존재했는지, 그들이 누구인지, 그들의 이름이 어디서 왔는지, 어떤 목적이 있을 때 표면에 나서는지 파헤치고 이 놀라운 말로 마무리를 짓는다. 〈그들은 이름을 바꾸거나 여러 개의 이름을 쓰고, 나이를 속인다. 그들이 하는 말로는 정체가 드러나지 않는다. 따라서 그들의 실제 존재 여부를 논리적으로 부인할 수 있는 사람은 없다.〉

장미십자회가 인기가 있었던 것은 그들이 비밀을 예고하면서도 그 비밀의 성격만 빼놓고 전부 다 말했기 때문이다.

18세기에 장미십자회 전통과 관련이 있는 상징적 집단이 「앤더슨 규약」을 내놓고 솔로몬 성전 건축자들의 후손을 자처했다. 그 후, 이른바 스코틀랜드 지부를 통해서 성전 건설자들과 성전 기사단의 관계가 기원 신화에 들어왔다. 성전기사단의 비밀 전통이 장미십자회를 매개로 오늘날의 프리메이슨에 이르게 됐다고 할까. 이러한 주장을 떠받치기 때문에 수많은 프리메이슨 조직이 — 늘 영국의 그랜드 로지와 마찰을 겪으면서 — 성전기사단과 장미십자회 전통에 입각해 있음을 강조하는 상징과 의식을 채택했다. 그리하여 입문 단계는 33개로 다각화되었다(각 단계는 비밀에 대한 앎의 단계에 해당하는데 원래는 3단계에 불과했다). 가령 칼리오스트로가 설립한 멤피스 미즈라임의 고대 원시 의식의

조지프 콘스턴틴 스태들러, 퀸 스트리트 프리메이슨 홀의 행렬, 단원 영애들의 연례 만찬,
루돌프 애커먼의 판화, 「소우주 런던」, 석판화, 1808, 개인 소장

「베르사유 궁전의 칼리오스트로」, 판화, 1750, 개인 소장

상위 단계들을 보자.

평면 구형도 기사, 황도궁 왕자, 숭고한 헤르메스적 철학자, 지고의 천체 기사장, 숭고한 이시스의 신관, 성스러운 언덕 왕자, 사모트라케의 철학자, 캅카스의 거인, 황금 리라의 아이, 진정한 불사조의 기사, 스핑크스 기사, 숭고한 미궁의 현자, 브라만 왕자, 성소의 신비한 수호자, 신비로운 탑의 위대한 설계자, 성스러운 성벽의 왕자, 상형문자의 해석자, 오르페우스교의 박사, 세 불의 수호자, 전할 수 없는 이름의 수호자, 거대한 비밀의 숭고한 오이디푸스, 신비의 오아시스의 사랑받는 목자, 성스러운 불 박사, 빛나는 삼각형의 기사.

각 단계는 프리메이슨의 비밀에 입문하는 연속적 국면들을 나타낸다. 그 비밀의 가장 아름다운 정의는 조반니 자코모 카사노바의 펜 끝에서 나왔다.

비밀을 알기 위해서 메이슨에 들어가기로 결심한 자들은 실수할 수도 있다. 50년을 지부의 마스터로 살더라도 그 단체의 비밀에 접근하지 못할 수도 있다. 프리메이슨의 비밀은 그 성격상 침해될 수가 없다. 비밀을 아는 메이슨도 짐작으로만 알기 때문이다. (……) 그가 비밀에 이르면 누구에게도, 설령 가장 친한 동료 메이슨이라고 해도, 그 비밀이 누설되지 않도록 조심한다. 비밀을 꿰뚫어 볼 재능이 없었으므로 그것을 말로

오귀스트 르루, 「베네치아의 카사노바」, 『카사노바의 회고록』 삽화,
1725~1798. vol. 5, 30면, 개인 소장

전하여 요긴하게 사용할 재능도 없다. (……) 지부에서 하는 일은 전부 비밀에 부쳐야 한다. 그러나 불손한 경솔함으로 지부에서 있었던 일을 거리낌 없이 누설한 자들도 본질을 누설하지는 않은 셈이다. 자기들이 알지도 못하는 본질을 어떻게 누설한단 말인가? 그들이 비밀을 알았다면 의식들을 누설하지도 않았을 것이다.

요컨대 입문의 비밀은 밝혀질 수 없으므로 누설될 수도 없다. 프리메이슨의 비밀에 관심을 가진 이로는 한때 이탈리아 정기 그랜드 로지의 그랜드마스터를 지냈던 줄리아노 디 베르나르도가 있었다. 그는 논리학 전문가였고 로지의 상징주의를 오컬트적으로 해석하지 않았다. 『프리메이슨의 철학』에서 그는 이렇게 말한다.

[상징에서] 비의적인 진리, 연금술의 진리, 현자의 돌을 찾으려고 하는 자들이 있다. 이 경우, 상징이 너무 빈곤해서 비의적 삶의 심오한 의미를 잘 표현하지 못한다. 프리메이슨 상징의 이러저러한 해석들이 잘못되어 있기 때문에 상징의 진정한 성격을 포착하기에 적절치 않다. 그 성격은 이렇게 표현될 수 있다. 프리메이슨에서 상징들은 단 하나의 비밀, 입문의 비밀만 표현한다. (……) 그 비밀을 듣지 못하는 자는 언제나 그 속인의 상태에 머물 것이다. 우연히 프리메이슨 사원에 들어와 자기에게 친숙하지 않은 직각자, 컴퍼스, 망치, 책 같은 물건을 구

경하되 그것들의 상징적 의미는 이해하지 못한다는 얘기다. 자기가 보는 바를 읽어 내리려면 프리메이슨의 빛이 필요하고 그것은 입문을 통해서만 얻을 수 있다. 그러니까 오직 이때만 프리메이슨의 비밀을 이해할 수 있는 것이다. (……) 비밀을 드러내더라도 그 비밀을 상징과 분리한다면 프리메이슨의 토대를 파괴한 셈이다. 입문이라는 토대 없는 프리메이슨은 박애주의적 성격의 그렇고 그런 단체와 다르지 않다.

(내가 해석하기에) 비밀 없는 프리메이슨은 그냥 로터리 클럽이라는 얘기다. 당연히, 명백한 이유에서, 디 베르나르도의 책은 프리메이슨의 비밀이 무엇인가를 전혀 말하지 않는다.

18세기부터 비밀결사의 비가시성과 비밀 유지의 결과로, 세계의 운명을 이끄는 〈미지의 상층부〉 신화가 생겼다. 1789년에 장-피에르루이 뤼셰 후작은 『계시를 받은 자들의 일파에 대하여』에서 경고했다. 〈가장 짙은 어둠 속에서 남에게 보이지 않되 자기를 잘 아는 새로운 자들의 단체가 형성된다. (……) 이 단체는 예수회에서 맹목적인 복종을 따왔다. 프리메이슨에서는 시험과 외부 의식을 따왔다. 성전기사단에서는 지하세계에 대한 암시와 믿을 수 없는 대담성을 따왔다.〉

1797년에서 1798년 사이에 오귀스탱 바뤼엘 사제는 『자코뱅당의 역사를 위한 회고록』에서 프랑스 대혁명이 일어난 원인에 대해 썼다. 그는 여기서 미남왕 필리프에게 소탕된 성전기사단이 군주제와 교황권을 무너뜨리고자 비밀결사로 변했다고 말한다.

템플 교회의 성전기사단 석상, 12세기, 런던

18세기에 그들은 프리메이슨을 장악했고 일종의 아카데미를 구성했는데 볼테르, 안 로베르 자크 튀르고, 마르키 드 콩도르세, 드니 디드로, 장 르 롱 달랑베르 같은 악마적인 인물들이 다 여기에 속해 있었다. 그런데 자코뱅당을 통제하는 더 비밀스러운 다른 결사가 있었으니 그 결사가 바로 시역(弑逆)을 소명으로 삼았던 바이에른 일루미나티다. 이러한 음모의 최종 결과가 프랑스 대혁명이라는 것이다.

바뤼엘의 책은 유대인에 대해서 전혀 언급하지 않았다. 하지만 1806년에 바뤼엘은 시모니니라는 선장에게 유대인들이 프리메이슨을 만들었고 그들이 다양한 비밀결사에 잠입해 있다는 내용의 편지를 받았다. 그로써, 지금의 우리가 신경 쓰지 않는 또 다른 역사, 유대인들의 음모라는 신화가 탄생했다. 결국 그 신화는 슬프게도 유명한 『시온 현자들의 의정서』에까지 이어졌다. 안타깝게도 그 흔적들은 지금도 아주 많은 곳에, 가령 인터넷 사이트들에도 널려 있다.

지금도 세계사의 흐름을 보이지 않게 주도하는 비밀집단이 있다는 생각을 이론화하고 있다는 얘기다. 인터넷에서는 삼자 회담, 빌더버그 회의, 다보스 정상 회의 등을 기업가, 정치가, 은행가들이 자기네 입맛대로 경제 전략을 세우는 자리처럼 묘사하곤 한다. 하루하루 절약하며 살아가는 사람들이 파생상품 투기로 파산한 것에 대해서도 깊이 감춰진 음모가 있다는 듯이.

인터넷에서는 프란체스코 교황이 마르티니 추기경의 지지를 받아 프리메이슨과 결탁했느니 어쩌니 하는 또 다른 비밀들에 대한 주장을 볼 수 있다.

바로 여기서 황당한 음모 신드롬이 발달했다. 쌍둥이 빌딩 테러가 조지 W. 부시의 비밀 계획의 일부였다느니, 유대인들의 기획이라느니 하는 음모론이 얼마나 성행했는가.

인터넷을 직접 뒤져 보자. 〈뉴욕시티New York City〉와 〈아프가니스탄Afghanistan〉은 모두 알파벳 열한 자로 이루어져 있다. 타워를 공격한 테러리스트의 이름 람진 유수프Ramsin Yuseb와 대통령 부시George W. Bush도 열한 자다. 쌍둥이 빌딩은 11자 모양이었고 뉴욕은 미국 연방의 열한 번째 주이며 타워에 처음 충돌한 비행기 번호도 11번이었다. 비행기에는 92명이 타고 있었는데 9+2=11이고, 또 다른 충돌을 빚은 77호기는 65명의 승객을 태우고 있었는데 6+5=11이다. 테러가 발생한 9월 11일은 미국의 응급구조 요청 번호 911을 연상시킨다. 게다가 9, 1, 1을 모두 더하면 11이 나온다. 공중 납치당한 비행기들에서 발생한 희생자는 254명이었는데 2, 5, 4를 모두 더해도 11이다. 이런 식의 카발라화가 계속이어진다.

언뜻 신기해 보이는 이 우연의 일치들을 어떻게 반박할 수 있을까?

시티City를 붙이지 않은 도시 이름 뉴욕은 열한 자가 아니다. 아프가니스탄은 열한 자이지만 비행기 납치범들은 아프가니스탄이 아니라 사우디아라비아, 이집트, 레바논, 아랍에미리트연합 출신이었다. 람진 유수프는 열한 자이지만 Yuseb 대신에 Yussef라고 쓰면 열한 자가 아니다. 부시 대통령 이름도 미들네임의 약자 W.를 넣었을 때만 열한 자다. 쌍둥이 빌딩의 모양이 11자라고 할 수도 있지만 로마 숫자 II라고 할 수도 있다. 77호 비행기는 타워에 충돌하지 않고 펜타곤에 충돌했는데 승객은 65명(더해서 11이 나오는 숫자)이 아니라 59명이었다. 또한 희생자 수도 사실은 254명이 아니라 265명이었다. 그 외에도 잘못된 부분이 너무많다.

인터넷에는 맨 처음 타워에 충돌한 비행기 편명이 Q33NY이고 여기에 뉴욕시티를 뜻하는 NYC를 덧붙이고 컴퓨터 문서 프로그램에서 타임체나 가라몬드체 같은 일반 서체가 아니라 윙딩체로 입력하면 놀라운 비밀 메시지가 뜬다는 얘기도 있다.

유일한 문제는, 편명에 Q33이 들어가는 비행기가 타워에 충돌

프리메이슨의 상징, 태피스트리, 20세기, 밀라노, 리소르지멘토 미술관

프리메이슨에서 사용한 카발라의 상징들(헥사그램, 일명 솔로몬의 인장, 육각별, 다윗의 별,
다윗의 방패, 더블트라이앵글, 토성 부적), 판화, 19세기, 개인 소장

한 적이 없다는 것이다. 따라서 그 비밀의 메시지라는 것을 얻어 내기 위해서 굳이 이 약호를 지어 냈다고 봐야 한다.

그리고 비밀이라고들 떠들어 댔지만 정작 밝혀지고 나니 실망 스러운 경우들이 있었다. 1944년에 루치아 수녀가 봉인된 편지로 남기고 간 파티마의 세 번째 비밀은 1960년 이후에 개봉되었다. 요한 23세와 그 후대 교황들이 그 비밀을 밝히지 않는 편이 낫다 고 생각했기 때문에 요한 바오로 2세 때 와서야 대중에게 편지 내 용이 알려졌다. 편지 내용을 알고 있던 유일한 인물은 라칭거 추 기경이었는데 그는 별다른 내용이 없으니 편지를 원래대로 봉인 하는 게 좋겠다고 상식적인 판단을 내렸다. 그러나 비밀의 매혹은 이미 선을 넘어 있었다. 공개된 편지 내용은 비극적인 묘사가 넘 쳐 나긴 했지만 이베리아의 묵시록들의 이미지에서 영감을 받은 듯했고 예언이라는 면에서도 장차 끔찍한 일들이 일어날 것이라 했지만(편지가 작성되기 전에도, 루치아 수녀가 살았던 스페인에 서는 그랬다) 그건 성모를 보지 못한 이도 다 알고 짐작할 수 있는 바였다.

당시 신앙 교리성의 수장이었던 라칭거 추기경은 메시지에서 늘 숨겨진 의미를 찾고 싶어 하는 암호 애호가들, 파티마의 비밀 과 메주고레의 비밀 사이에 연관이 있다고 생각하는 이들과는 달 리 사적 환시는 신앙의 문제가 아니요, 알레고리가 곧 예언은 아 니라고 경고하면서 유보적인 태도를 보였다. 그는 「요한 묵시록」 과의 〈유비〉를 환기하고 〈비밀의 결론은 루치아가 신앙서에서 보 았을 수도 있는 이미지를 연상시킨다. 그런 책들의 내용은 신앙에

「일곱 번째 봉인의 공개」, 세밀화, 베아투스 디 리에바나의 『묵시록 해설』
730?~798, 필사본, 스페인

대한 고대의 직관에서 비롯된 것이다〉라고 지적했다. 결과적으로 「사적 계시의 인류학적 구조」라는 제목이 붙은 장에서 라칭거 추기경은 환영을 보는 주체가 〈자신에게 가능한 표상과 인식의 형태로써〉 사물을 보기 때문에 〈자신의 역량과 가능성에 한해서만 이미지에 이를 수 있다〉라고 썼다. 쉽게 말해 루치아 수녀가 황홀경 상태에서 2,000년 된 신앙서들과 수도원 서적들에서 읽었던 내용을 환영으로 보았다는 얘기다. 파티마의 세 번째 비밀이 전한 내용은 이미 오래전부터 성 바울로의 딸 수녀회 서점에서 절찬리에 팔리고 있었다.

드러난 비밀은 쓸모가 없다

장미십자회 오컬티스트 조제핀 펠라당이 말한 대로 입문의 비밀은 드러나는 순간 쓸모가 없어진다. 하지만 대중은 비밀을 탐하고 아직 밝혀지지 않은 비밀을 쥐고 있는 것 같은 사람에게 권력이 있다고 생각한다. 그 사람이 언제 그 비밀을 폭로해 버릴지 모르기 때문이다. 어떤 것을 잘 알수록, 혹은 잘 알고 있음을 드러낼수록 권력을 쥐게 된다. 지구의 절반에서는 이것이 경찰과 첩보 활동의 원칙이었다. 비밀을 가지고 있다고 믿게 만드는 것이 중요하다. 첩보 활동은 정부의 기밀문서가 공개될 때, 혹은 위키리크스 같은 단체가 기밀을 파고드는 데 성공했을 때 무너진다. 이때 우리는 첩보원들과 대사들이 작성한 보고서가 신문 스크랩 수준에 불과하며 폭로되기 전부터 웬만큼 알고 있었던 내용임을, 대사에서부터 말단 경찰까지 월급 값도 못한다는 것을 알게 된다. 그들에겐 가위와 풀로 스크랩을 하는 재주밖에 없다.

그렇다면 비밀이 공개되지 않게 함으로써 비밀의 소유에서 나오는 권력을 유지하려면 어떻게 해야 하나? 공허한 비밀을 노출시키는 방법이 있다. 비밀을 드러내지 않는 것이 거짓말을 하는 것은 아니다. 그건 극단적 형태의 조심성일 뿐이다. 하지만 존재하지 않는 비밀을 가지고 있다고 하면 〈비밀에 관하여 거짓말을 하는〉 것이 된다. 지멜은 말한다. 《〈난 이거 아는데 너는 모르지〉라고 거만하게 떠벌리는 어린아이들이 그렇다. 이런 경우는 너무 흔하다. 사실 비밀을 갖고 있지 않은데도 형식적으로 이런 말을 하면서 허세를 부리고 상대를 얕본다.》

어린아이의 가짜 비밀은 다른 아이에게만 영향을 미친다. 하지만 여러 입문 집단(혹은 첩보 기관)의 가짜 비밀은 비밀을 알고 싶어 하며 비밀이 있다고 기꺼이 인정하는 어른들에게 영향을 미친다.

여러분 중 일부는 내가 『푸코의 진자』에서 공허한 비밀 신드롬을 다루었다는 사실을 알 것이다. 이 소설에서 방랑하는 음유시인다운 현학 혹은 현학적인 시정을 지닌 세 친구는 오컬트 서점가에서 떠도는 잡동사니에서 영감을 받아 어떤 보편적 계획을 만들어 낸다(장난은 아니었지만 나중에 댄 브라운도 그런 식으로『다빈치 코드』를 구상했다). 세 친구는 그 계획의 최종 비밀이 무엇인지 모른다. 심지어 비밀을 불분명하게 내비치고 다닌다. 하지만 어떤 비밀 오컬트 추종자들의 무리는 그들의 말을 심각하게 받아들인다. 결국 마지막 안식일에 야코포 벨보가 푸코의 진자에 매달리는 사건이 일어난다. 하지만 그전에도 벨보는 자신의 공허한 비밀에 매료되어 ─ 자기 장난에 걸려든 셈으로 ─ 컴퓨터에 이렇게 쓴다.

너는 비밀이 있다고 생각하고 네가 입문한 것처럼 느낄 거야. 대가를 치를 것도 없어. 뿌리가 없기 때문에 뿌리 뽑을 수도 없을 거대한 의망을 만드는 거야. 존재하지도 않는 선조들이 네가 배신을 했다고 말할 리는 없겠지. (……) 윤곽이 흐릿한 비밀 만들기. 누가 그 비밀을 정의하려고만 해도 축출해 버리는 거야. 너보다 더 흐릿한 것만을 정당화하면서.

벨보가 죽은 후 그의 친구이자 소설의 화자 카소봉은 심란해서 어쩔 줄 몰라 한다.

우리는 존재하지도 않는 계획을 발명해 냈다. 그러자 그들은 그 계획이 실재하는 것이라고 믿었을 뿐만 아니라 (……) 논리적이고 반박할 여지가 없는 유추와 유사와 의혹을 거미줄처럼 교직한 우리 계획의 계기와 동일시하기까지 했다. 그러나 누가 계획을 발명하고 다른 사람이 그것을 수행한다면 계획은 존재하는 것이나 다름이 없다. 이 대목에 이르면 계획은 실제로 존재하게 된다. 그러므로 이제부터 수많은 악마 연구가들이 지도

펠리시엥 롭스, 『감성 입문』 표제, 19세기, 파리, 오르세 미술관

를 찾는답시고 온 세계를 들쑤시고 다닐 것이다. 우리는 사적
으로 깊은 좌절에 빠져 허우적대는 사람들에게 지도를 제시했
다. 어떤 좌절이었더라? 벨보의 마지막 파일이 나에게 그것을
암시해 주었다. 계획이 실재한다면 실패는 있을 수가 없다. 패
배할지도 모르나 그것은 네 잘못으로 패배하는 것이 아니다.
우주적 의지에 고개를 숙이는 것은 창피한 일이 아니다. (……)
너는 필멸의 운명, 네 손으로 어찌할 도리가 없는 무수한 미생
물의 먹이가 되어야 하는 운명을 한탄하지 않게 된다. 네 발
이 사물을 움켜쥘 수 없고 너에게 꼬리가 없고 머리칼과 이빨
이 빠지는 족족 다시 나지 못하고 네 동맥이 세월과 더불어 경
화하는 것은 네 책임이 아니다. 질투하는 천사들에게 책임을
물어야 할 일이다. 이것은 우리 일상에서도 똑같다. 주식 시장
의 붕괴를 예로 들어보자. 주식 시장의 붕괴는 개개인이 장세
를 그릇 판단하여 엉뚱한 거래를 하게 되고 그런 거래가 집단
화하면서 공황 상태를 야기하기에 생기는 것이다. 이렇게 되면
심지가 굳지 못한 사람은 적을, 이 음모를 꾸민 자를 하나 찾아
내지 않으면 안 된다. 찾아내지 않으면 자기가 책임을 져야 하
기 때문이다. 사람은 책임감이나 죄의식을 느끼면 음모를 하나
꾸민다. 하나가 아니라 여러 개를 꾸미기도 한다. 그 음모를 맞
받아치려면 이쪽에서도 음모를 조작하지 않으면 안 된다. 그
러나 이해력 부족을 은폐하기 위해 음모를 조작하면 조작할수
록 자기가 꾸며 낸 음모에 그만큼 집착하게 된다. (……) 하느
님은 당신이 파멸시키려는 사람의 눈을 멀게 하신다네. 그러니

까 우리가 조금만 도움을 드려도 그자들은 알아서 파멸의 길로 간다. 음모라는 것이 있다면 비밀에 부쳐야 한다. 우리가 그 전모를 알게 될 경우, 비밀이라는 것은 우리를 낭패감에서 해방시켜 주고 필경은 우리를 구원해 준다. 비밀이 구원하지 못한다면, 비밀을 안다는 것 자체가 벌써 구원이다. 자, 이렇게 굉장한 비밀이 정말로 존재할 수 있을까? 있다. 절대로 밝혀질 수 없는 비밀이라면 그런 비밀 노릇을 할 수 있다. 비밀이라는 것은, 전모를 알게 되면, 실망만 안겨 준다. 알리에는 안토니우스 황제 시절에 유행하던, 대중의 신비 열망에 관해 말하지 않았던가? 그때 누군가가 나타나 자기가 세상의 죄를 대속할 하느님의 아들, 강생한 신의 아들이라고 선언했다. 그게 저급한 신비였을까? 그는 만인에게 구원을 약속했다. 이웃을 사랑하면 된다고 했다. 그게 사소한 신비였을까? 이어서 그는, 누구든 옳은 말을 때맞추어 하는 사람은 빵 한 덩이와 포도주 반 잔을 하느님 아들의 살과 피로 바꾸어 만인을 먹일 수 있다는 것을 보여 주었다. 그게 보잘것없는 수수께끼였을까? 그는 초대 교회의 교부들을 교화하여 하느님은 하나인 동시에 셋이고 성령이 성부와 성자에게서 나왔지 성자가 성부와 성령에게서 나온 게 아니라고 선언했다. 이는 물질에만 눈이 어두워져 있던 무리를 위한 교리였을까? 그러나 이로써 구원, 셀프서비스 구원의 비밀을 손에 넣을 수 있게 된 무리는 들은 척도 하지 않았다. 이게 전부인가? 그렇다면 신비치고는 참으로 빈부하다. 그래서 어떻게 되었나? 그들에게는 다른 종류의 신비가 필요했다. 그래서 배를 타고 지중해를 돌아다니면서 잃어버린 지식의 보고를 찾아 헤맸다. 30데나리온의 도그마는 표면적 베일, 마음이 가난한 자를 위한 비유에 불과했다. (……) 삼위일체의 신비는 너무 단순했다. 그들은 그 이상이 필요했다.

루빈스타인이었나? 하느님을 믿느냐는 질문에 〈아니, 나는 그보다 더 큰 것을 믿소〉라고 대답했다는 사람이? (……) 어떤 것도 신보다 더 큰 비밀은 아니다. 더 큰 비밀은 존재하지 않는다. 모든 비밀은 밝혀지는 순간 하찮게 느껴지므로. 텅 빈 비밀밖에 없다. 잡으려고 하면 빠져나가는 비밀밖에 없다. (……) 우주는 양파처럼 껍질이 벗겨진다. 양파는 껍질로만 이루어져 있다. 영원한 양파를 상상해 보자. 중심은 도처에 있고 둘레는 어디에도 없는 양파를. 비의를 전수한다는 것은 끝없는 뫼비우스의 띠 위를 여행하는 것이다. 진정한 비의 전수자는, 세상에서 가장 무서운 비밀이 내용 없는 비밀이라는 사실을 아는 사람이다. 그런 비밀은 원수가 고백을 강요하지 못하고 경쟁자가 빼앗아 갈 수도 없다. (……) 벨보는 비밀을 손안에 넣었다고 선언함으로써 그들에게 자기 힘을 과시했다. (……) 벨보가 비밀을 드러내기를 거부할수록 그들은 그 비밀이 그만큼 더 대단하리라 믿었다. 벨보가 비밀을 가지고 있지 않다고 주장할수록 그들은 그만큼 더 굳게 벨보가 비밀을 알고 있으리라 확신했다. 진정한 비밀일 것이라 확신했다. 하찮은 것이면 벨보가 쉽게 폭로해 버렸을 것이므로. 수 세기 동안 이 비밀에 대한 수탐은, 그 수많은 파문과 내분과 기습 공세 속에서도 그들을 하나로 응집

플랑드르파의 그림, 「삼위일체」, 1500년경, 개인 소장

시키는 구심점이 되었다. 그런데 바야흐로 그것이 만천하에 공개될 시점에 이르자 그들은 두 가지를 두려워 했다. 첫 번째 두려움은 그 비밀이 별것이 아니면 어쩌나 하는 두려움, 두 번째 두려움은 그 비밀이 공개되면 더 이상 비밀이 없게 된다는 두려움이었다. 비밀이 없어지면 그들도 존재할 수 없었다.

알리에의 복안은 이랬다. 만일 벨보가 자기가 아는 것을 전부 공개하면 알리에는 지금까지 카리스마와 권력을 보장했던 후광을 잃는다. (……) 그래서 알리에는 벨보의 자존심을 상하게 하여 그가 결정적으로 자신의 제안을 단호히 거부하게 만든 것이었다. 다른 사람들 역시 두려움을 느낀 나머지 그를 죽이고 싶어 했다. 벨보를 죽이면 지도를 잃는다. 그러면 또 몇 세기 동안 지도를 찾아야 한다. 그러나 그로써 천박하고 감상적인 욕망을 생생하게 지킬 수 있게 되었다.

자, 진짜 비밀로 마무리를 하자. 침해할 수 없고 다다를 수 없는 비밀을 악착같이 추구하는 것은 장황한 욕망이다. 알카에다의 몇몇 자살 특공대원이 쌍둥이 빌딩을 무너뜨렸다는 사실을 아는 것으로는 충분하지 않다. 우리는 모두가 눈으로 본 것에 결코 만족하지 못한다. 우리는 서툴고 불량한 조물주의 아이들이기 때문이다.

라 밀라네시아나, 2013, 비밀

음모

권력의 도구

　강박 혹은 편집증이라는 주제를 다루게 됐을 때 우리 시대의 가장 큰 강박관념은 음모에 관한 것이라는 생각이 들었다. 인터넷을 재빨리 훑어보기만 해도 얼마나 많은 (거짓) 음모가 고발당하고 있는지 알 것이다. 그렇지만 음모 강박은 우리 시대에만 있는 게 아니라 오래전에도 있었다.

　음모들이 있었고 역사적으로도 존재했던 것은 명백한 사실이다. 카이사르 암살 음모에서부터 화약 음모 사건에 이르기까지, 조르주 카두달의 지옥 기계를 거쳐 오늘날 주식 확보로 기업을 장악하려는 음모까지 말이다. 하지만 실제 음모의 특징은 금세 발각된다는 데 있다. 오르시니의 나폴레옹 3세 암살 음모처럼 실패로 돌아가서 발각되든가 1969~1970년에 저 유명한 〈삼림 경비대〉 쿠데타를 기획했던 주니오 발레리오 보르게세, 리초 젤리의 음모도 그랬다. 그래서 현실의 음모들은 그렇게 신비롭지도 않고 우리의 관심을 끌지도 못한다.

장-레옹 제롬, 「카이사르의 죽음」, 1859~1867, 볼티모어, 월터스 아트 뮤지엄

　그 대신 우리는 인터넷에 넘쳐 나는 수수께끼의 음모 신드롬, 우주적인 음모 우화화 현상을 살펴볼 것이다. 그 이유는 그런 음모가 게오르크 지멜이 말하는 비밀과 똑같은 성격, 즉 공허하기 때문에 더욱더 강력하고 매력적이라는 특성을 지니기 때문이다. 공허한 비밀이 위협적으로 일어나고 그 비밀은 반박되거나 폭로될 수 없기 때문에, 바로 그런 이유로 권력의 도구가 된다.

　여러 인터넷 사이트를 장악한 9·11 테러 음모론을 보자. 세간에 떠도는 수많은 음모론 중에는 유대인이 이 테러를 기획했다는 (주로 아랍 근본주의 사이트나 네오나치 사이트의) 극단적 버전

로마노 비토리, 「1858년 1월 14일 오르시니의 습격」, 1862, 파리, 카르나발레 미술관

도 있다. 그래서 쌍둥이 빌딩에서 근무하는 유대인들은 미리 언질을 받고 그날은 출근하지 않았다나.

레바논 텔레비전 방송국 알마나르에서 제공한 뉴스는 물론 거짓이다. 실제로 그날 테러로 발생한 화재에서 이스라엘 국적을 가진 사람만 해도 최소 200명은 죽었고 그 외 수백 명의 유대계 미국인들이 목숨을 잃었다.

그다음에는 조지 W. 부시 대통령이 이라크와 아프가니스탄을 침공할 명분을 만들기 위해 테러를 기획했다는 안티 부시 음모론이 있다. 다소간 정석적이지 않은 미국 첩보 기관들이 그 일을 꾸

몄다는 음모론도 있다. 아랍 근본주의 조직에 대해서 미국 정부가 다 알고 있었으면서도 이라크와 아프가니스탄 전쟁의 명분을 얻으려고 테러를 방조했다는 음모론 말이다(프랭클린 루스벨트 대통령이 진주만 공습을 알고 있었으면서 일본에 전쟁을 선포할 명분을 찾기 위해 미국 해군 보호 조치를 취하지 않았다는 음모론과 흡사하다). 이 모든 경우에서 음모론자들은 공식적인 사건의 재구성이 거짓이고 불성실하고 미숙하다고 생각한다.

음모론에 대해서 좀 더 알고 싶은 독자는 줄리에토 키에사와 로베르토 비뇰리의 『제로. 어째서 9·11 테러 공식 버전은 거짓인가?』를 읽어 보라. 내 말은 안 믿겠지만 그 책의 협력 필진 명단에는 믿을 만한 이름들이 잔뜩 올라와 있다. 여기서 그 이름들을 직접 언급하는 것은 결례인 듯하니 삼가겠다.

반박을 듣고 싶은 독자는 피에메 출판사에게 고마워하라. 이 출판사는 (시장에서 대립하는 두 파를 모두 정복할 수 있음을 보여 주면서) 그해에 자못 태연하게 음모론을 반박하는 『9·11. 불가능한 음모』를 펴냈다. 마시모 폴리도로가 책임 편집한 이 책에도 명망 높은 협력 필진이 참여했다. 나는 양측의 주장을 세세하게 파고들지 않겠다. 어느 쪽이든 그들의 주장은 설득력 있게 보인다. 대신, 나는 이른바 〈침묵의 증거〉에 의지하련다. 가령 침묵의 증거 모델은 미국의 달 착륙 장면이 조작된 영상이라고 말하는 이들에게 반박할 때 써먹을 수 있다. 미국의 달 착륙선이 달에 내리지 못했다면 소련은 그 사실을 확인하고 널리 알리고 싶어 했을 것이다. 그런데 소련이 잠잠하다는 사실 자체가 미국의 달 착륙이 성공했다는 증거다. 이걸로 끝이다.

음모와 비밀에 대해서 경험(역사적 경험을 포함해서)이 가르쳐 주는 바는 (1) 비밀은 단 한 명만 알고 있어도 그 한 명이 조만간, 아마 잠자리에서 누설할 것이다(순진한 프리메이슨과 성전 기사단의 가짜 의식을 신봉하는 이들만이 비밀의 불가침성을 믿는다). (2) 어떤 비밀이 있다면 그것을 누설하게 만드는 적정 금액이 있다(거액의 저작권은 영국군 장교가 다이애나 황태자비와의 불륜을 미주알고주알 털어놓는 책을 쓰기에 충분한 이유다. 만약 황태자비 시어머니와의 불륜이었으면 금액이 배로 뛰었을 것이요, 이런 부류의 젠틀맨은 기꺼이 그 사연도 낱낱이 털어놓았으리라). 그런데 쌍둥이 빌딩 테러를 꾸며 내려면(일에 착수하고, 공군 개입을 막고, 당혹스러운 증거들을 숨기고 등등) 적어도 수백 명이 이 음모에 협력했어야만 한다. 그러한 기획에 고용된 자들은 대개 점잖은 사람들이 아니니 거액을 준다고 하면 얼마든지 비밀을 누설했을 것이다. 요컨대 이 이야기에는 〈내부 고발자〉가 없다.

음모 신드롬은 세계만큼이나 오래됐고, 그 자취를 대단한 철학으로 추적한 인물이 바로 칼 포퍼다.

그는 이미 1940년대에 『열린사회와 그 적들』에서 이렇게 썼다.

내가 음모론이라고 부르는 (……) 반대 주장이 존재한다. 그 주장에 따르면 사회 현상은 그 현상을 일으켜서 득을 보는 자들이 누구인가를 밝히기만 해도 충분히 설명이 된다. 그러한 주장은 사회에서 일어나는 모든 일, 전쟁, 실업, 궁핍, 빈곤 등이 강력한 개인과 집단의 의도에서 직접적으로 비롯된다는 잘못된 생각에서 출발한다. (……) 종교적 미신의 세속화도 그 현대적인 형태다. 호메로스의 신들의 음모는 트로이 전쟁을 설명해 주었다. 이제 그 신들은 독점, 자본가, 제국주의자 들로 대체되었다.

나는 물론 음모의 존재를 부정하지 않는다. 오히려 음모는 사회적 현상이다. 심지어 사람들이 자기네가 권력에 접근할 수 있다고 믿을 때마다 그런 음모는 무성해지기까지 한다. 그리고 지상천국을 이룩하는 법을 안다고 진심으로 믿는 사람들은 그 어느 때보다 기꺼이 음모론을 채택하고 존재하지 않는 음모론자들에 대한 반음모에 뛰어든다.

포퍼는 1969년에 『추측과 논박』에서도 이렇게 썼다.

이 이론은 호메로스가 우리에게 드러낸 유신론과 비슷하며 다른 종류의 유신론들보다 원시적이다. 호메로스에 따르면 트로이 평원에서 일어난 모든 일은 올림포스에서 주모한 이런저런 계략들이 반영된 결과일 뿐이다. 이렇듯 음모의 사회적 이론은 이 유신론의 한 형태, 즉 자신의 변덕과 선의로 모든 것을 다스리는 신에 대한 믿음이다. 음모 이론은 신에 대한 참조가 사라지고 그 후에 반드시 떠오르는 〈신의 자리에 누가 있는가?〉라는 의문의 결과다. 이제 그 자리를 차지한 것은 강력한 인간과 집단이다. 어떤 음험한 압력 집단들이 있고, 세계 대공황이나 우리가 겪고 있는 온갖 고통이 다 그들 탓이라고 보

는 것이다. (……) 음모론자들이 권력에 도달하면 음모론은 실
제 사건을 기술하는 이론의 성격을 띠게 된다. 예를 들어 시온
현자들의 음모를 믿는 히틀러가 권력을 잡으면 그는 그 음모에
맞서서 지지 않으려고 애쓸 것이다.

음모 심리는 사태에 대한 가장 명백한 설명이 만족스럽지 못하
기에 발생한다. 그런 설명이 만족스럽지 못한 이유는 우리가 받아
들이기 힘들어서다. 알도 모로* 납치 이후의 〈일 그란데 베키오〉
(위대한 노인) 음모론을 생각해 보라. 어떻게 30대들이 그렇게 완
벽한 작전을 세울 수 있지? 분명히 배후에 노련한 브레인이 있었
을 거야. 하지만 그 무렵 다른 30대들은 기업을 이끌거나 대형 여
객기를 조종하거나 새로운 전자기기를 발명하고 있었다. 요컨대
문제는 어떻게 30대들이 모로를 파니 거리에서 납치할 수 있었
느냐가 아니라 30대들이 〈위대한 노인〉 얘기를 꾸며 내는 자들의
아들뻘이었다는 것이다.

포퍼 이후에도 음모 신드롬을 연구한 저자는 많았다. 그중에서
1997년에 나온 『음모 — 편집증은 어떻게 번성하고 어디에서 기
원하는가』만 언급하겠다. 책의 첫머리에는 클레멘스 폰 메테르니
히가 러시아 대사의 사망 소식을 듣고 했다는 말이 인용되어 있
다. 「도대체 동기가 뭐였을까?」

* 1916~1978. 이탈리아의 법학가이자 정치가. 이탈리아 총리를 다섯 차례나 지
냈으나 붉은여단 소속의 테러리스트에게 납치, 살해되었다.

『음모, 시온 현자들의 의정서에 얽힌 비밀 이야기』의 미국판,
윌 아이스너, 2005

마티외 골로빈스키가 쓴 것으로 추정되는 『유대인의 위험. 시온 현자들의 의정서』 표지,
1900년경, 개인 소장

『다빈치 코드』의 진실

인류는 늘 환상적인 음모에 매혹되었다. 포퍼는 호메로스를 인용했지만 좀 더 나중 사례로 프랑스 대혁명이 프리메이슨 지부에 들어가 있던 성전기사단 생존자들의 음모로 일어났다고 주장한 오귀스탱 바뤼엘 사제를 생각해 보자. 시모니니 선장이라는 수수께끼의 인물은 유대인들이 프리메이슨에 잠입했다는 증언으로 바뤼엘의 음모론을 완성시켰으며 장차 『시온 현자들의 의정서』의 초석을 놓은 셈이 되었다.

요 전날 나는 인터넷에서 최근 두 세기 사이의 온갖 파렴치한 사건을 예수회가 일으켰다고 주장하는 웹사이트도 보았다. 거기에 조엘 라브뤼예르의 「예수회의 병든 세계」라는 장문의 글이 있었다. 제목이 암시하는 대로 그 글은 세계의 대형 사건은 죄다(꼭 우리 시대의 사건이 아니더라도) 예수회의 전 지구적인 음모 탓이라고 주장하고 있었다.

바뤼엘 사제부터 안토니오 브레시아니 신부의 소설을 거쳐 『라치빌타 카톨리카』*의 탄생에 이르기까지, 19세기 예수회에는 유대-프리메이슨 음모론에 상당한 영감을 주었을 법한 인물이 많다. 그들은 자유주의자, 마치니 지지자, 프리메이슨, 반교권주의자들에게 행한 대로 마땅히 돌려받았다. 이 예수회 음모론은 유

---

* *La Civiltà Cattolica*. 1850년부터 예수회가 교황청의 사전 승인을 얻어 격주 발행해 온 정기간행물.

「콘클라베에서 계산에 몰두하는 예수회」, 19세기, 채츠워스 하우스, 데번셔 공작 소장품

명 서적이자 소책자, 가령 블레즈 파스칼의 『시골 친구에게 보내는 편지』(1656~1657), 빈첸초 조베르티의 『현대의 예수회』(1846), 쥘 미슐레와 에드가르 키네의 글보다는 『방황하는 유대인』(1844~1845), 『민중의 신비』(1849~1857) 같은 외젠 쉬의 소설들 덕분에 유명해졌다.

요컨대 새로운 것이라고는 없다. 라브뤼예르의 웹사이트는 예수회 강박의 극치일 뿐이다. 라브뤼예르의 음모 상상력이 워낙 웅장하므로 대략 열거하겠다. 예수회는 교황과 유럽 군주들을 장악하여 세계 정부를 구성하려고 했다. (공산주의자들처럼 예수회가 만들어 놓고 나중에 고발한) 바이에른 일루미나티를 중개 삼아 예수회를 탄압한 군주들을 실각시키려 했다. 타이태닉호를 침몰시킨 것도 예수회다. 이 대형 사고 이후에 예수회가 자기들이 장악한 몰타 기사단 덕분에 연방준비은행을 수립할 수 있었으니 말이다. 타이태닉호 침몰로 세계에서 가장 부유한 유대인 세 명(존 제이콥 아스토르, 벤저민 구겐하임, 이자 슈트라우스)이 모두 사망한 것은 결코 우연이 아니라나. 예수회는 그 후 두 번의 세계 대전에 자금을 댔다. 전쟁으로 이득을 본 건 누가 봐도 바티칸뿐이었다. 또한 CIA가 이그나티우스 로욜라의 영성 훈련에서 영감을 받은 예수회 프로그램으로서 탄생했고 예수회는 소련 KGB를 통해서 CIA를 통제했으니 케네디 암살 사건의 배후도 타이태닉 침몰의 배후와 일치한다고 짐작할 만하다.

네오나치와 반유대주의 집단들은 당연히 모두 예수회에서 영감을 받았다. 리처드 닉슨과 빌 클린턴의 배후에도 예수회가 있다

마르크 샤갈, 「방황하는 유대인」, 1923, 제네바, 프티팔레 미술관

나. 오클라호마시티 학살을 일으킨 것도 예수회였다. 그들은 프랜시스 조지프 스펠먼 추기경이 베트남 전쟁을 지지하도록 사주했다. 베트남 전쟁은 예수회 연방은행에 2억 2000만 달러를 안겨주었다. 당연히 예수회가 몰타 기사단을 통해서 장악하는 오푸스 데이도 빼놓을 수 없다.

이상의 내용은 댄 브라운의 『다빈치 코드』를 생각나게 한다. 음모 신드롬을 소재로 사용한 이 소설을 읽고서 순진한 대중은 영국과 프랑스의 몇몇 장소를 직접 찾아가 보기에 이르렀다. 물론 소설 속에 묘사된 것들은 거기 없었다. 브라운이 서사에 꾸며 내어 집어넣은 것들은 무수히 많다. 일례로 그는 고드프루아 드 부용이라는 프랑스 왕이 예루살렘에 시온 수도회를 창설했다고 하지만, 우리가 알기로 고드프루아는 결코 왕의 직함을 받아들인 적이 없다. 클레멘스 5세가 성전기사단을 제거하려고 〈비밀 지령을 작성하여 1307년 10월 13일 금요일 온 유럽의 심복들에게 공개할〉 예정이었다고 하지만, 역사적으로 살펴보자면 프랑스 왕국의 대법관과 지방 법관이 그때 받은 메시지는 교황이 아니라 미남왕 필리프가 작성한 것이었다(교황이 어떻게 온 유럽에 심복을 두고 있었는지 우리는 알 수 없다). 또한 브라운은 1947년에 쿰란에서 발견된 문서(여기에 〈성배의 진짜 역사〉나 〈그리스도의 직분〉에 대한 언급은 일절 없다)와 영지주의 복음을 일부 담고 있는 나그 함마디 문서를 혼동하고 있다. 마지막으로 하나 더 말하자면 소설은 파리 생 쉴피스 성당의 자오선이 〈과거 이교 사원이 있었던 흔적〉이고 거기에 나타나는 로즈라인이 루브르 지하, 그 유명한 거꾸로 된 피라미드 밑까지 이어진다고 주장한다. 지금도 수많은 미스터리 사냥꾼이 로즈라인을 찾아 생 쉴피스 순례를 오는 탓에 성당 관리자들은 이런 팻말을 설치하기에 이르렀다.

이 성당 바닥에 놋쇠로 표시된 자오선은 18세기에 파리 천문대 책임자들이 교회 당국의 허가를 받아 지구의 공전 궤도 변수를 측정하기 위해 이곳에 설치한 천문 해시계라는 과학적 도구의 일부입니다. (……)

최근 큰 성공을 거둔 소설에서 상상으로 암시한 내용과는 달리, 생 쉴피스 자오선은 과거 이 자리에 있었던 이교 사원의 흔적이 아니며 로즈라인이라고 불렸던 적도 없습니다. 또한 이 선은 천문대가 지도에서 기준으로 삼는 자오선과 일치하지 않습니다. 이 천문학 도구에 종교적 의미를 부여하는 유일한 방식은 신을 시간의 창조자이자 지배자로 인정하는 것밖에 없습니다.

또한 가로 회랑 양 끝 원형 창 위의 P와 S는 본 성당의 수호성인인 피에르(성 베드로)와 쉴피스(성 술피치오)를 의미하며 순전한 상상의 산물인 시온 수도회와는 아무 관련이 없습니다.

음모론의 기법

어째서 그런 헛소리가 성공을 거둘까? 다른 이들에게 부인된

앎을 약속하기 때문이다. 최근에 프레데리크 로르동은 『르몽드 디플로마티크』에서 음모 신드롬이 사태를 이해하고 싶어 하지만 완전한 정보에 대한 접근이 막혀 있는 대중의 반응이라는 가설을 내놓았다. 로르동은 17세기에 나온 스피노자의 『신정론』을 인용한다. 〈평민에게 진실이 없고 국가의 가장 큰 사안이 평민을 배제한 채 일어나기 때문에 아무것도 모르니 판단도 할 수 없음은 당연하다.〉 하지만 국가 기밀, 신중, 음모 사이에는 차이가 있다. 리처드 호프스태터의 『미국 정치의 편집증적 양식』(1964)은 사회적 사상에 정신의학 범주를 적용해서 음모 취향을 해석해야 한다고 본다. 편집증 환자가 온 세상이 자기를 해치려는 꿍꿍이가 있다고 생각하듯 사회적 편집증은 숨은 권력층의 박해가 자기 집단, 자기 나라, 자기 종교를 겨냥한다고 생각한다. 그런데 사회적 편집증은 자기의 강박을 수많은 타인과 공유하고 자신이 사리사욕 없이 음모에 저항한다고 믿기 때문에 개인적 편집증보다 위험하다고 하겠다. 이렇게 보면 현재 사회에서 일어나는 많은 일, 나아가 과거에 일어났던 많은 일 또한 설명이 된다.

피에르 파올로 파솔리니도 음모는 진실을 마주해야 하는 부담을 덜어 주기 때문에 우리를 열광하게 한다고 했다. 그렇다면 세상에 음모론자들이 우글거린다는 사실에 우리는 무관심해질 수도 있다. 어떤 사람이 미국이 달 착륙을 못했다고 생각한다면 그건 그 사람 문제 아닌가. 2013년에 대니얼 졸리와 캐런 더글러스는 『음모론의 사회적 결과』에서 〈음모론을 지지하는 정보에 노출되는 사람들은 음모론을 반박하는 연구를 믿는 사람들보다 정치

참여 의욕이 위축된다〉라는 결론을 내렸다. 사실 신세계 질서를 수립하려는 비밀결사 — 그게 일루미나티든 빌더버그 회의이든 — 가 세계사를 이끈다고 믿는 사람이 도대체 뭘 해볼 수 있겠는 가? 체념하고 속을 끓이는 게 전부다. 이렇게 모든 음모론은 사람들의 상상력을 존재하지 않는 위험으로 끌고 가서 진짜 위협을 보지 못하게 만든다. 놈 촘스키를 인용하자면 〈음모론의 음모〉를 상상하는, 즉 음모에 대한 열광에서 커다란 이익을 얻을 만한 제도 및 기관은 음모론이 겨냥하는 바로 그 제도 및 기관이다. 부시가 이라크 침공의 명분을 얻으려고 쌍둥이 빌딩 테러를 기획했다고 상상하고 이런저런 환영 사이를 헤매다 보면 부시가 이라크에 개입하고 싶어 하는 진짜 이유와 수법, 그와 신보수주의 정치에 미치는 영향력에 대한 분석은 놓치기 십상이다.

이 말인즉슨, 내가 여기서 다루고 싶은 것은 누구나 보고 아는 비밀 신드롬의 전파가 아니라 그 기법, 가짜 기호학이라고 부를 만한 그 방식이다. 음모는 그 기법을 통해서 입증되고 정당화된다.

일반적으로 음모론은 우연한 동시성을 활용한다. 그 동시성이 의미로 채워지고 완전히 별개인 사건들을 연결한다. 어떤 근사한 우연의 일치가 음모로 변질되지 않았다면 그건 용인할 수 있는 한계다. 인터넷에서 에이브러햄 링컨이 1846년에 의회에 입성했고 존 F. 케네디는 1946년에 들어갔다는 글을 봤다. 또 링컨은 1860년에 대통령이 됐고, 케네디는 1960년에 대통령이 됐다. 그들의 아내는 둘 다 백악관에서 지내는 동안 아이를 잃었다. 둘다 금요일에 남부 사람에게 머리를 총격당했다. 링컨의 비서 이름

1865년 4월 14일 워싱턴 포드 극장에서의 링컨 대통령 암살, 판화, 1900년경, 개인 소장

은 케네디였고, 케네디의 비서 이름은 링컨이었다. 링컨의 후임은 존슨(1808년생)이었고, 케네디의 후임은 린든 B. 존슨(1908년생)이었다. 링컨 암살범 존 윌크스 부스는 1839년생이었고, 케네디 암살범 리 하비 오즈월드는 1939년생이었다. 링컨은 포드 극장에서 암살당했고, 케네디는 포드 사가 생산한 링컨 차량에 탑승한 상태에서 암살당했다. 링컨 암살범은 극장에서 총을 쏘고 창고로 도망쳤고, 케네디 암살범은 창고에서 총을 쏘고 극장으로 도망쳤다. 두 암살범은 모두 재판 전에 살해당했다. 영어에서만 유효한 〈화룡점정〉이 있다. 링컨은 암살 일주일 전에 메릴랜드주 먼로에in Monroe 있었고, 케네디는 암살 일주일 전에 매릴린 먼로 안에in Monroe 있었다.

쌍둥이 빌딩 테러와 11이라는 숫자의 반복적 등장을 두고도 별의별 얘기가 다 만들어졌다.

재미 삼아 인터넷을 계속 살펴보자. 50달러 지폐를 특정 종이 접기 방법대로 접으면 불타오르는 두 개의 탑 그림이 보인다고 한다. 프리메이슨의 음모가 아주 오래 전부터 이 재앙을 내다보고 계획했다는 증거라나(미국 독립선언문을 쓴 사람들의 대다수가 프리메이슨이었으니 미국 은행권에서 프리메이슨 상징이 자주 보이는 것은 우연이 아니다).

나는 몇 년 전 이 노고 어린 상상들에서 영감을 받아 브라운의 『다빈치 코드』패러디를 한 편 썼다. 레오나르도 다빈치의 「최후의 만찬」을 보면 열세 명이 만찬을 함께한다. 하지만 (죽을 날이 머지않은) 예수와 유다를 지우면 참석자는 11명이다. 11은 Petrus(베드로)와 Judas(유다)의 이름 철자를 합친 수이고, Apocalypsis(묵시록)라는 단어의 철자 수이고, Ultima coena(최후의 만찬)의 철자 수다. 예수의 양옆에 앉은 제자 중에서 한 명은 두 손을 펼치고 있고 다른 한 명은 집게손가락을 들고 있으니 손가락 수가 모두 11이다. 마지막으로 이 그림에는 측면 액자와 창틀을 포함해 모두 11개의 틀이 보인다. 게다가 카발라 원칙에 따라서 알파벳 26자에 차례대로 숫자를 부여하고 〈Leonardo da Vinci〉라는 이름을 수로 옮겨서 더하면 $12+5+15+14+1+18+4+15+4+1+22+9+14+3+9=146$이 나오는데 이 146은 다시 $1+4+6=11$이 된다. 이제 Matteo(마태오)라는 이름을 똑같이 처리해 보자. 첫 번째 계산에서 74가 나오고, $7+4$는 11이다. $11 \times$

레오나르도 다빈치, 「최후의 만찬」, 1494~1498, 밀라노, 산타 마리아 델레 그라치에

조토 디 본도네, 「마리아 막달레나의 마르세유 여행」, 1307~1308,
아시시, 산 프란체스코 대성당

11=121이다. 여기서 십계명의 10을 빼면 111이다.

Giuda(유다)라는 이름은 처음에 42가 나오니 4+2=6이다. 이 6에 111을 곱하면 짐승의 수 666이 나온다.

그러므로 「최후의 만찬」은 그리스도가 배신당함을 고발하는 동시에 적그리스도의 도래를 예고하는 작품이다.

당연히 이런 계산이 나오게 하려고 나는 베드로는 라틴명 Petrus로 쓰면서 마태오는 이탈리아명 Matteo를 썼다. 심지어 유다는 한 번은 이탈리아명 Giuda로 쓰고 다른 한 번은 프랑스명 Judas로 썼다. 최후의 만찬도 일부러 이유 없이 Ultima coena라는 라틴어로 썼고 111을 얻기 위해 괜히 십계명을 들먹였다. 5가 필요했다면 이집트의 다섯 재앙을 썼을 것이고, 7이 필요했다면 자비의 일곱 가지 육체적 행위를 들먹였을 것이다. 수점(數占)이란 이런 식이다.

오류투성이 음모

지금도 호기심 많은 이들의 발길을 렌르샤토 마을로 이끄는 오류투성이 음모를 재구성하면서 마무리를 지어 볼까 한다. 이 마을은 예수가 마리아 막달레나와 결혼해서 메로빙거 왕조를 세웠고, 아직도 허깨비 같은 시온 수도회가 활동 중이라는 전설의 중심지다. 이 음모는 당연히 성배 미스터리와 관련이 있다.

전설의 성배는 모진 시련을 겪으며 이곳저곳을 거쳐 왔다. 나치 대위 오토 란의 저작에서 비롯된 최근의 전설에 따르면 성배는 프랑스 남부 몽세귀르에 있다고 한다. 따라서 그 일대는 성배 전설이 강화되고 불붙기에 딱 좋은 곳이다. 빌미 하나만 잡으면 충분했다. 1885년부터 1909년까지 렌르샤토 사제였던 베랑제 소니에르의 이야기가 그 빌미를 제공해 주었다. 렌르샤토는 카르카손에서 40킬로미터 거리에 있는 작은 마을이다. 소니에르는 마을 성당 내부와 외부를 복구하면서 베타니 별장을 지었고 언덕에 예루살렘의 다윗 탑을 연상케 하는 막달라 탑을 세웠다.

이 공사에 당시 돈으로 20만 프랑이 들었다. 시골 사제 월급을 200년 모아야 하는 금액이었으므로 카르카손 주교가 조사에 나섰고 소니에르를 다른 교구로 이동시켰다. 소니에르는 이 이동 명령에 불복하여 교단을 떠나 세속인으로 살다가 1917년에 죽었다.

그의 죽음을 둘러싸고 이런저런 가설들이 난무했다. 소니에르가 성당 복구 공사 중에 보물을 발견했다는 소문이 돌았다. 사실이 꾀바른 사제는 광고를 내어 기부금을 받고 고인을 위한 미사를 올려 주기로 했는데 돈만 받고 미사를 올리지 않기를 수백 번 하면서 부를 축적했다. 카르카손 주교가 그를 내쫓은 것도 사실은 이 때문이었다.

소니에르는 전 재산을 마리 데나르노라는 하녀에게 남기고 죽었다. 이 여자는 자기가 물려받은 유산에 가치를 더하기 위해 보물 전설을 부추겼다. 1946년에 데나르노의 유산을 물려받은 노엘 코르뷔라는 사람이 마을에 식당을 열자 지역 신문에는 보물 사냥꾼들을 도발하는 〈억만장자 사제〉의 미스터리를 둘러싼 기사가 넘쳐 났다.

바로 이 시기에 극우파 투사 피에르 플랑타르라는 인물이 끼어들었다. 그는 반유대주의 단체들을 만들었고 열일곱 살에 이미 비시 정부의 나치 협력을 지지하는 알파 갈라테스라는 운동을 조직하기도 했다. 그런데도 전후에 자기가 세운 조직의 구성원들을 레지스탕스로 둔갑시켜 소개하곤 했다.

1953년 12월에 그는 부역 혐의로 6개월 형을 살고 나온 후(나중에 미성년자 약취로 1년 형을 또 살게 된다) 소니에르가 발견했다는 자료를 바탕으로 2000년 역사의 시온 수도회를 제시했다. 그 자료에 따르면 메로빙거 왕조의 후손들이 생존해 있는데 플랑타르는 자신이 다고베르투스 2세의 혈통을 물려받았다고 주장했다.

플랑타르의 사기극은 제라르 드 세드의 책과 뒤엉켜 있다. 드 세드는 1962년에 발표한 책에서 자신이 노르망디의 지소르 성에서 로제 롬무아르를 만났다고 말한다. 부랑자인지 예언자인지 모를 이 인물은 성에서 정원사 겸 경비 일을 하면서 2년간 밤마다 성의 지하 통로를 찾으려고 애쓰다가 어떤 방을 발견했다고 한다. 그 방에서 돌로 된 제단을 보았고, 예수와 열두 사도의 모습이 벽에 그려져 있었으며, 벽을 따라 석관과 30여 개의 귀금속 궤짝이 놓여 있었다나.

드 세드의 책이 촉발한 그 후의 연구는 지하 통로 일부를 발견하긴 했지만 그 놀라운 방을 찾아내지는 못했다. 그러는 동안 플랑타르가 드 세드에게 접근해서 자기에게 안타깝지만 보여 줄 수 없는 비밀 문서가 있고 그 신비로운 방의 지도도 있다고 주장했다. 사실 그 지도는 롬무아의 설명을 참조해서 플랑타르가 직접 그린 것이었다. 하지만 드 세드는 그의 말에 고무되어 그 방이 성전기사단의 흔적이라는 가설을 책으로 내놓았다. 1967년에 출간된 드 세드의 『렌르샤토의 저주받은 보물』은 언론 매체의 관심을 완전히 시온 수도회로 집중시켰다. 그사이에 플랑타르는 가짜 양피지 문서를 제작해서 여러 도서관에 심어 두었다. 사실 플랑타르 본인이 나중에 고백했듯이 가짜 양피지 문서는 필리프 드 셰리제가 그린 것이었다. 프랑스 라디오 방송 작가 겸 배우였던 셰리제는 1979년에 와서야 자신이 가짜 문서를 만들었고 파리 국립 도서관에서 찾아낸 자료를 옹시알체로 베꼈노라 고백했다.

드 세드는 그 자료에서 니콜라 푸생의 유명한 그림에 대한 불안한 언급을 발견했다. (구에르치노의 그림도 같은 경우였지만) 그 그림 속에서 양치기들은 〈나는 아르카디아에도 있다〉라고 쓰여 있는 무덤을 발견한다. 이 표어는 전형적인 〈죽음을 기억하라Memento mori〉, 죽음은 행복한 이상향인 아르카디아에도 있다는 뜻이다. 하지만 플랑타르는 이 말이 13세기부터 자기 가문의 문장에 나타나 있었다고 주장했다(플랑타르는 하인의 아들이었으므로 말이 안 된다). 또한 두 그림의 풍경이 렌르샤토와 비슷하다고 주장했다(푸생은 노르망디 사람이었고, 구에르치노는 프랑스에 가본 적도 없었다). 또한 두 그림 속의 무덤이 1980년대 렌르샤토와 렌레뱅 사이에서 볼 수 있던 분묘와 비슷하다고도 했다. 하지만 문제의 분묘는 20세기에 지어진 것으로 밝혀졌다.

구에르치노, 「나는 아르카디아에도 있다」,
1618~1622, 로마, 국립 고미술관

니콜라 푸생, 「아르카디아의 양치기들 I」, 1637~1638년경, 파리, 루브르 박물관

어쨌든 이런 주장이 시온 수도회가 구에르치노와 푸생에게 그림을 의뢰했다는 증거처럼 받아들여졌다. 푸생 그림의 수수께끼 풀이는 거기서 끝나지 않았다. 〈나는 아르카디아에도 있다Et in Arcadia ego〉의 애너그램이 〈물러나라! 나는 하느님의 신비를 감추고 있다! Tego arcana Dei〉라는 주장이 그 무덤이 예수의 것이라는 〈증명〉으로 통했다.

드 세드는 소니에르가 복원한 성당에서 〈여기는 무서운 곳이다 Terribilis est locus iste〉라는, 미스터리 애호가들을 흠칫 떨게 할 문구를 발견했다. 사실 그 문구도 「창세기」 28장에서 발췌한 것으로 이미 여러 교회에서 볼 수 있었다. 『성경』에서 야곱은 하늘에 올라가는 꿈을 꾸고 일어나서는 〈여기는 무서운 곳이구나!〉라고 외친다. 하지만 라틴어 terribilis는 〈공경할 만하다〉, 〈경외감을 불러일으키다〉라는 뜻으로 그렇게까지 위협적인 표현이 아니다.

성수반은 무릎 꿇은 악마가 떠받들고 있는데, 이 악마는 아스모데우스로 해석된다. 하지만 로마네스크 교회에 악마의 형상이 있는 경우는 아주 많다. 아스모데우스는 네 명의 천사 위에 올라가 있고 이런 글귀가 새겨져 있다. 〈이 표지로써 너는 그를 이기리라Par ce signe tu le vincrais.〉 콘스탄티누스의 〈이 표지로써 승리하리라In hoc signo vinces〉가 생각난다. 하지만 〈그를〉이 문장에 들어온 탓에 미스터리 사냥꾼들은 이 글귀가 모두 스물두 자라는 데 집착한다. 묘지 입구에 놓여 있는 해골의 이빨이 스물두 개다. 막달라 탑의 총안이 스물두 개다. 탑으로 올라가는 두 개의 계단이 스물두 단이다. 또한 〈그를〉에 해당하는 〈le〉는 문장에서 열세 번

렌르샤토 성당 입구 조개껍데기 모양 성수반을 떠받치는 악마 형상

째, 열네 번째 문자인데 1314년은 성전기사단 단장 자크 드 몰레가 화형을 당한 해다. 그리고 석상으로 표현된 성인들(Germaine, Roch, Antoine Eremite, Antoine de Padoue, Luc)의 이니셜을 따서 모으면 Graal(성배)이라는 단어가 된다.

드 세드의 책이 헨리 링컨이라는 기자를 자극하지 않았다면 렌르샤토 전설은 서서히 퇴색했을 것이다. 헨리 링컨은 이 마을을 소재로 BBC 다큐멘터리를 세 편이나 만들었다. 그는 또 다른 오컬트 미스터리 전문가 리처드 리, 기자 마이클 베이전트와 손을 잡고 『성혈과 성배』(1982)를 출간했다. 이 책은 출간 즉시 엄청난 베스트셀러가 되었다. 간단히 말해 이 책은 드 세드와 플랑타르가 뿌려 놓은 정보들을 그대로 취해 소설화하고는 반박 불가능한 역사적 진실인 것처럼 제시했다. 예수 그리스도의 시온 수도회 설립자들의 혈통이 계승되었고, 예수는 십자가에서 죽지 않고 마리아 막달레나와 결혼해 프랑스로 떠나 메로빙거 왕조의 조상이 되었다는 식으로 말이다. 소니에르가 찾은 것은 보물이 아니라 예수의 혈통을 입증하는 자료였다. sang royal, sang real(왕가의 피)이 변형되어 Saint Graal(성배)이 되었다. 소니에르는 이 무서운 발견을 누설하지 않는 대가로 바티칸에서 거액을 받아 부자가 되었다. 게다가 플랑타르는 이미 산드로 보티첼리, 레오나르도 다빈치, 로버트 보일, 로버트 플러드, 아이작 뉴턴, 빅토르 위고, 클로드 드뷔시, 장 콕토 등이 시온 수도회 소속이었다고 주장했다. 아스테릭스까지 들먹이지 않은 게 어디인가.

이 모든 거짓 자료가 렌르샤토 신화를 공고히 했다. 순례자들이 마을에 몰려들었다. 이 엉터리 수작을 만들어 낸 장본인들은 결코 그 신화를 믿지 않았지만 말이다. 베이전트 일당이 이야기를 허무맹랑하게 부풀려 놓은 이후, 드 세드는 소니에르를 둘러싼 사기와 거짓을 고발하는 책을 1988년에 내놓았다. 1989년에는 플랑타르도 이전에 했던 주장을 모두 부인하고 시온 수도회는 1781년에 와서야 렌르샤토에서 설립되었다는 새로운 주장을 내놓았다. 게다가 그는 이전의 거짓 자료를 다시 검토하고 시온 수도회 명단에 프랑수아 미테랑 대통령의 절친이었고 나중에 불법 주식 거래로 재판을 받게 되는 로제 파트리스 펠라를 집어넣었다. 플랑타르는 증인으로 불려가 선서까지 하고는 자기가 지어낸 시온 수도회의 역사를 읊어 댔다.

이제 아무도 그의 말에 진지하게 귀 기울이지 않았다. 하지만 2003년에 드 세드, 베이전트, 리, 링컨, 그 외 오만 가지 오컬트 문학에 영감을 받은 것이 분명한 『다빈치 코드』가 나왔다. 댄 브라운은 자신이 소설에 활용한 정보가 모두 역사적 사실이라고 주장했다. 그러나 링컨, 베이전트, 리가 표절 소송을 걸었다. 그런데 『성혈과 성배』 서문은 그 책의 내용이 역사적 사실이라고 소개했다. 누군가가 어떤 역사적 사건을 사실로 확인했다면 그 역사적 사실은 공개된 순간부터 집단의 것이 된다. 카이사르는 3월 15일에 암살당했다. 이것은 역사적 사실이다. 카이사르가 원로원에서 스물세 번이나 칼에 찔렸다고 이야기하는 사람은 표절로 고소당할 일이 없다. 하지만 링컨, 베이전트, 리는 브라운을 표절로 고소하면서 자기네가 상상의 산물을 역사적 사실처럼 팔았노라 공개적으로 시인하고 자기들에게 배타적 권리가 있음을 주장했다. 수십억에 달하는 브라운의 저작권 수입을 일부 가져올 수만 있다면 누구라도 자기 친아버지를 부정하고도 남을 상황이기는 했다. 링컨, 베이전트, 리는 우리가 너그럽게 봐줘야 했을 것이다. 하지만 참 희한하게도 브라운은 재판 내내 자신은 링컨, 베이전트, 리가 쓴 책을 읽은 적이 없다고 주장했다. 믿을 만한 출처에서 자료를 취했노라 주장한 작가치고는 모순된 발언이다(『성혈과 성배』 저자들도 똑같은 주장을 했다).

이쯤에서 렌르샤토 이야기를 접어도 되겠다. 이제 그 마을은 메주고레가 그렇듯 순례의 장소일 뿐이다. 렌르샤토의 경우는 전설을 〈아예 처음부터〉 지어내기가 얼마나 쉬운지, 또한 역사학자와 법정과 기타 기관이 거짓임을 입증한 전설조차 얼마나 힘이 셀 수 있는지 보여 준다. 그래서 우리는 길버트 키스 체스터턴의 아포리즘을 떠올리게 된다. 〈인간이 더는 신을 믿지 않을 때는 아무것도 믿지 못해서가 아니라 뭐든지 믿을 태세이기 때문에 그렇다.〉 포퍼의 관찰과도 일치하는 이 아포리즘은 음모 신드롬에 대한 성찰의 명구로 안성맞춤이지 싶다.

라 밀라네시아나, 2015, 광증과 강박

성스러움

성스러움은 어떻게
표현되는가

나는 남이 하라고 하는 일을 하는 사람 축에 든다. 엘리사베타 스가르비*가 올해의 주제는 〈보이지 않는 것들〉이라고 했다. 그래서 그대로 따른다.

몇 년 전에 성스러움에 대한 이탈리아 기호학 연구회에서 비슷한 주제를 다루면서 가장 비가시적인 것 중 하나가 성(聖)임을 깨달았다. 그러므로 본래 가시적이지 않은 것을 가시적으로 만드는 양상들을 살펴볼까 한다.

몇 년 전에 〈절대〉에 대한 글을 쓰면서(라 밀라네시아나가 다루기 힘든 주제들에 강박적으로 매달리는 것이지 내 잘못은 아니다) 성스러움이 경험을 초월하지만 경험에 의미를 주는 어떤 것에 대한 비전이나 감정이라는 뜻으로 으레 쓰인다는 것을 알았다.

---

* 이탈리아 문화 축제 〈라 밀라네시아나〉의 기획자이자 설립자. 2015년까지 봄피아니 출판사의 편집 이사를 지냈으며, 현재 영화 편집자이자 감독으로 활동하고 있다.

주세페 안젤리, 「하늘에서 내려온 만나」, 18세기, 베네치아, 산 스타에

성을 절대와 동일시하는 사람도 더러 있을 것이다. 그러나 절대는 철학이나 종교의 대상이요 철학적 개념인 반면, 성은 종교적 사상이나 감정을 일으키는 신비로운 힘으로 여겨진다. 절대는 철학을 만들지만 철학은 기껏해야 성의 존재 — 적어도 인간 정신에 나타나는 심리적 기조로서 — 를 알아본다. 달리 말하자면, 천둥 번개가 치며 나무를 내리친대도 거기서 어떤 초월적 의지나 본체의 현현을 보지 않는 한 그 자체는 무서운 사태일 뿐, 아무 의미가 없다. 그러나 사건을 숭상하게 된다고 해서 무섭지 않게 되는 것은 아니다.

　성스러움은 이때부터 이성을 당황스럽게 하고 경이감, 당혹감, 망연자실을 촉발하는 〈전율과 황홀의 거룩한 신비 numinoso,

카라바조, 「성 바울로의 회심」, 1601, 로마, 산타 마리아 델 포폴로

mysterium tremendum et fascinans〉로 제시된다. 성은 밀어내는 동시에 끌어당기기에 개념적으로 묘사할 수 없지만, 프리드리히 슐라이어마허의 표현을 빌리자면, 무한을 마주할 때 느끼는 의존감, 연약함, 무능감, 쓸모없는 기분처럼 느껴진다.

성스러움을 경험한 자는 현존을 느끼지만 그것을 표현하지 못한다. 그래서 복종이나 희생, 때로는 인신공양의 행위로 반응한다. 또 어떨 때는 — 특히 순박한 사람들이 자주 그러한데 — 성스러움을 〈보고〉 싶어 한다. 여기서 히에로파니hierophany(성현聖顯), 즉 성의 존재를 이해할 수 있도록 가시적 모습을 취해야 한다는 요구가 나온다. 성의 존재를 체험한 사람은 그것을 말하기 위해 성스러운 것을 보기 원한다. 그러지 않으면 경이감, 당혹감, 망연자실, 공포 같은 효과에만 머물게 될 것이므로(그런데 그는 이 효과에서 벗어나기를 원한다).

성스러움이 늘 인간과 비슷한 모습으로 나타나지는 않는다. 어떤 문화에서는 다양한 대체 형상, 어쨌든 인간이 〈다른〉 것을 엿볼 수 있는 나무, 돌의 모습을 취한다.

그러므로 순박한 사람들은 성스러움을 인간 혹은 동물의 형상으로 알아보려는 태도를 갖고 있음이 분명하다. 그게 토템적인 이미지일 수도 있고 신비주의자와 신학자들에게 늘 빈축을 사는, 신에게 인간과 닮은 면을 부여하는 방식일 수도 있다.

그렇기 때문에 성의 근본 문제는, 성스러움을 나타나게 하고 우리 경험에 의미를 부여하게 하려면 성스러움을 우상, 아말감, 이미지의 형태로 드러내고 말할 수 있어야 한다는 것이다. 하지만 성스러움이 본래 우리의 경험 너머에 있는 것이라면 어떻게 성스러움의 이미지를 만들어 낸단 말인가?

표상 불가능성 문제

오컴의 윌리엄은 우리를 다소 당황스럽게 하는 글에서, 이미지는 우리가 이미 아는 것을 개별적 실체로서 떠올리게 하는 기호일 수밖에 없다고 했다. 그렇지 않다면 이미지는 그것이 표상하는 바와 닮은 것으로 우리에게 다가오지 않는다. 내가 헤라클레스를 본 적이 없다면 헤라클레스 조각상은 나에게 헤라클레스를 떠올리게 할 수 없다(Quaest. in II Sent. Reportatio 12~13).

이 텍스트는 (일반적으로 합의할 수 있는 문제로서) 어떤 아이콘을 보더라도 기존에 알지 못했던 어떤 것을 상상하게 되지는 않는다는 사실을 받아들인다. 우리의 경험은 언뜻 그 반대인 것처럼 보인다. 가령 그림, 사진, 몽타주를 써서 아직 대면한 적 없는 인물, 동물, 사물을 알아보기도 하지 않는가. 이미 오컴의 시대에도 군주들은 딸의 초상화를 혼처로 낙점한 이웃 나라 친척에게 보내곤 했다. 오컴의 당황스러운 주장은 인식론적으로 설명할 수 있다. 아우구스티누스는 기호가 다른 그 무엇을 〈사유에 들어오게in cogitationem venire〉 하는 것이라고 했다. 아리스토텔레스 전통에서도, 적어도 토마스 아퀴나스까지는 기호가 즉각적으로 개념을 떠올리게 하고 개념은 다시 사물의 이미지를 떠올리게 한다고

라파엘 화파, 「콘스탄티누스에게 현시된 십자가」, 1520~1524, 바티칸시티, 콘스탄티누스의 방

보았다. 개념이 사물을 의미하는 자연 기호라면 단어는 사물과의 직접적 관계로 부여된 것이다. 〈말은 두 번째 의미에서 영혼의 정념에 주로 끼치는 사물을 나타내는 기호다. voces sunt signa secundario significantia illa quae per passiones animae primario importantur.〉(Summa logicae I, 1) 단어는 개념이 나타내는 것과 같은 것을 나타내나 개념을 나타내지는 않는다!

개별적 사물의 유일한 기호가 개념이고 (단어 혹은 이미지라는) 물리적 표현이 내적 이미지의 징후일 뿐이라면, 사물에 마련된 직관 표상 notitia intuitiva이 없을 때는 그런 표현이 아무 의미가 없다. 단어나 이미지는 뭔가를 만들어 내지 않는다. 경험적 현실의 가능한 유일한 기호가, 다시 말해 정신적 기호가 이미 존재하지 않는다면 말(단어)을 받아들이는 자의 정신에 (아우구스티누스 기호학에서처럼) 뭔가를 탄생시키지 못한다.

그런데 어떤 표상, 가령 몽타주가 정신을 자극해서 정신적 기호를 만들어 내고 그로써 뭔가를 알아볼 수도 있다고 오컴에게 반박할 수 있지 않을까? 덕분에 우리는 한 번도 만난 적 없는 헤라클레스나 히틀러도 상상할 수 있지 않은가. 하지만 오컴의 글은 흥미로운 문제를 제기한다. 몽타주 정보를 제공하는 증인들이 몽타주 속 인물을 만난 적 없다면 어떤 수사관도 몽타주를 만들 수 없다. 피에트로 아니고니가 엘리자베스 2세를 만난 적이 없다면 초상화를 그릴 수도 없었을 것이다. 그러므로 확고한 결론이 나온다. 아무도 〈결코〉 본 적 없는 그 무엇의 이미지란 존재할 수 없다. 다만 켄타우로스의 경우처럼 이미 아는 것들의 부분들을 조합해 알지 못하는 것을 만들 수는 있겠다. 그래서 히틀러의 이미지, 미키마우스의 이미지는 만들 수 있다. 그러나 중심이 어디에나 있고 원주는 아무데도 없는 원의 이미지는 만들지 못한다. 이미지에 대한 오컴주의 전통은 경험에서 비롯한 사물의 이미지와 관련해서 반박될 수 있으나 경험을 초월한 것의 이미지에 대해서는 완벽하게 들어맞는다.

성스러움의 표상 및 명명 불가능성이라는 문제를 맨 처음 제기한 사람은 아마 아레오파고스의 위 디오니시우스일 것이다. 그는 일자(一者)를 한량없고 모순적인 것으로 보았다. 그의 글에서 신은 〈육체가 없고, 모습이 없고, 형상이 없고, 질이 없고, 양이 없고, 부피가 없고, 어떤 장소에 있지 않고, 보이지 않고, 감각적으로 접촉되지 않고, 느끼지 않고, 느껴지지도 않고 (……) 영혼도 없고, 지성도 없고, 상상도 없고, 견해도 없고 (……) 수나 질서가 아니고, 크거나 작음이 아니며 (……) 실체도 아니고, 영속성도 아니고, 시간도 아니며 (……) 어둠도 아니고, 빛도 아니다. 오류도 아니고, 진리도 아니다〉라고 했다. 이런 식으로 신비주의적인 실어증이 몇 장에 걸쳐 이어진다(『신비신학』). 위 디오니시우스는 신을 어떻게 불러야 할지 모르기에 〈신비가 숨겨진 침묵의 눈부신 어둠〉(같은 책, I, 1, 410), 〈눈부신 어둠〉(같은 책, II, 410)이라고 한다. 하지만 이조차도 경험의 자료를 떠올리게 하는 이미지다. 경험의 자료에 바탕을 둘 수 없는 것을 어떻게 경험의 자료에 바탕을 둔단 말인가?

사실 위 디오니시우스에게 신은 말할 수 없는 것이므로 신을 말하는 유일한 방법은 침묵이다(같은 책, III, 412~413). 누군가가 말을 한다면 그것은 신의 신비를 이해할 수 없는 자들에게 그 신비를 감추기 위함이다(『서한집』IX, 1, 452).

그렇지만 이 신비적인 태도는 신의 현현이라는 정반대 태도에 의해 끊임없이 반박되었다. 신은 만물의 원인이기 때문에 모든 이름을 그분께 돌릴 수 있다는 태도 말이다. 즉 모든 결과의 원인을 신으로 소급할 수 있다는 의미다(『신명론』I, 7). 그러므로 신에게 인간, 불, 호박(琥珀)의 형상을 부여할 수도 있다. 신에게 눈, 코, 귀, 머리칼, 얼굴, 손, 어깨, 날개, 팔, 등, 발을 부여할 수 있고 왕관, 옥좌, 성배, 잔, 그 외 신비로 가득한 모든 것을 돌릴 수 있다(같은 책, I, 8).

야코포 틴토레토, 「천국」, 세부, 1582~1588, 파리, 루브르 박물관

　그렇지만 위 디오니시우스는 그러한 상징적 명명이 결코 적절
하지는 않다고 본다. 그래서 이 표상들은 (모순어법이 되겠지만)
아주 미약한 과장을 고발하게 마련이다. 우리는 신을 〈상이한 유
사성〉 혹은 〈부적절한 닮지 않음〉으로 명명할 수밖에 없다(『천상
의 위계』 II, 2~3). 때때로 신의 이미지는 〈향기로운 향유나 모난
돌과 같은 가장 낮은 위계에 있다. 때로는 사자와 표범의 특징을
부여하여 사나운 짐승처럼 표현하거나, 성내며 울부짖는 곰 같다
느니, 표범 같다느니 할 수도 있을 것이다〉.(같은 책, II, 5, 87) 이
러다 보면 신에게 벌레의 모습을 부여할 수도 있겠다. 닮지 않음
의 가장 극단적인 예는 『서한집』 IX, 5에서 인용된다. 여기서는
「시편」 78편의 한 대목, 분노에 찬 신이 〈자다가 깬 자같이, 술 기

운으로 깨어난 용사같이 일어나셔서, 사람들이 회복할 수 없는 수치를 당하게 하셨다)라는 부분을 언급한다.

하지만 이 또한 표현 불가능한 성스러움을 경험에서 끌어온 사물의 표상을 통해 암시한 것이다. 이 모든 것이 신을 인간의 모습으로 나타내려는 시도와 다르지 않다(수염을 기르고 삼각형 후광에 둘러싸인 모습의 신). 성령을 동물로 나타내는 방식은 또 어떠한가. 요컨대 신은 무엇이 아닌가만을 말하는 부정신학을 수립하기란 실로 어려워 보인다. 그런 식으로 신학을 하다 보면 결국 신의 표상이 우리 중 하나인 것처럼 받아들이게 된다. 「창세기」도 입부에도 그렇게 되어 있다. 신이 자기 형상대로 인간을 지었다고 하지 않는가. 이는 곧 인간이 신을 자기와 닮은 모습으로 상상할 수 있다는 얘기다.

어떤 면에서 그리스도교는 강생한 신을 말함으로써 이 불가능성을 극복했다. 강생은 보잘것없는 이들도 신을 생각할 수 있고 표상할 수 있고 이해할 수 있게 ― 비단 예수의 이미지뿐만이 아니라 성모나 성인들처럼 성스러움의 매개 노릇을 했던 이들의 겉모습을 통해서도 ― 한 기호학적 장치다.

그러나 오컴의 성찰은 이 경우에도 유효하다. 예수나 성모의 초상을 그리거나 조각한 사람들은 모델을 결코 보지 못했다. 복음서 속 인물들의 초상화는 모두 예수가 죽고 한참 후에야 그려졌다. 베로니카의 아마포로 예수의 얼굴을 닦아 드렸을 때 그 천에 새겨졌다는 초상 만딜리온 혹은 성스러운 수의도 훨씬 나중에 등장했다.

신의 모습

신을 직접적으로 체험한 사람들은 신비주의자들이다. 그들은 성스러움을 지각할 수 없고 이미지로 표현할 수 없다는 생각에 충실하게 언제나 그런 경험을 어둠, 깊은 밤, 공허, 침묵으로 묘사한다.

위대한 신비주의자들은 모두 말로 표현할 수 없는 능력인 환시를 통해서 신에게 이미지를 부여할 수 있었다고 주장한다. 신비주의자에게 신은 거대한 무(無)처럼 나타난다.

카르투시오회의 디오니시우스는 말한다. 「오, 무엇보다 사랑받으실 주여, 당신이 빛이요, 빛의 무리이시니 당신의 선택받은 이들이 거기서 평화와 안식과 잠을 찾나이다. 당신은 가장 넓고 결코 건널 수 없는 사막 같아서 모든 정념을 깨끗이 씻어 낸 신실한 마음이 하늘의 빛을 받고 성스러운 열정에 불타 그곳을 방랑하나 결코 헤매지 않고, 헤매지만 결코 방랑하지 않으며, 기쁘게 주저앉았다가 다시 걷기 시작하고는 결코 주저앉지 않습니다.」

마이스터 에크하르트는 침묵하는 신의 양태도 없고 형상도 없는 심연을 이야기하며 자기 안에 아무도 없는 내밀함을 통해 단순한 토대, 침묵의 사막에 들어가고자 한다. 그곳에는 다양성이 없고 성부, 성자, 성령도 없다. 거기서 이 빛이 충족되고 토대는 부동(不動)의 단순한 침묵이기 때문에 빛은 그 자체 이상이다. 이렇게 해서 영혼은 무한 개념에서 아찔한 현기증을 느낀다. 영혼은 업(業)도 없고 이미지도 없는 황량한 신성으로 파고들 때에만 지복을 누릴 수 있다.

요하네스 타울러는 『설교집』에 이렇게 썼다.

정화되고 변모된 정신은 신성한 어둠, 고요한 침묵, 상상할
수 없고 표현할 수도 없는 합일에 빠진다. 이 탕진 속에서 닮음
과 닮지 않음이 다 사라진다. 이 심연 속에서 정신은 자기 자신
을 잃고 신도, 자신도, 닮음도, 닮지 않음도, 그 무엇도 알지 못
하게 된다. 그는 신과의 합일에 빠져들었고 모든 구별이 사라
진 바 되기 때문이다.

그는 이렇게 빗장 걸린 감각, 이미지의 부재, 자아 무시에 힘입
어 진정한 단순성에 이른다고 보았다. 모든 사건, 모든 외적 행위
에서 우리는 자기 감각의 주인이 되어야 한다. 감각은 인간을 내
면 밖으로 끌어내고 외부의 이미지들을 내면으로 가져오기 때문
이다. 거룩하게 살아가는 신부가 5월에 자기 독방에서 나와서는
수단의 두건을 푹 눌러써 눈을 가렸다. 사람들이 왜 그러느냐고
묻자 신부는 대답했다. 「정신의 시야가 방해받지 않도록 나무들
을 보지 않으려고 합니다. 오, 친애하는 자녀들이여, 이미 야생의
나무를 보고 마음이 흔들렸다면 세상의 다채롭고 경박한 것들은
우리에게 얼마나 해가 되겠습니까!」

십자가의 성 요한이 하는 말을 들어보자(『가르멜의 산길』).

초자연적 변신에 이르자면 영혼이 어둠에 거하며, 이성적이

고 감성적인 자연스러운 삶과 관련된 모든 것을 떨쳐 버려야 함이 분명하다. 초자연이라는 말은 자연 위에 있는 것을 뜻한다. 결과적으로, 자연스러운 것은 아래에 있다. 그러나 변신과 합일은 인간의 감각과 재주에 의존하지 않으니, 영혼은 위에 있는 사물이든 아래에 있는 사물이든 마음을 두지 말고 온전히 비워야 할 것이다. (……) 영성에 힘쓰는 사람은 초자연적으로 다가오는 표상들을 온전히 느낄 수 있다. 그리하여 눈은 다른 생의 모습과 인물을, 성인들을, 좋은 천사와 악한 천사를, 어떤 빛 혹은 범상치 않은 광휘를 지각한다. 청각은 눈에 보이는 자들, 혹은 눈에 보이지 않는 자들이 전하는 범상치 않은 말씀을 듣는다. 후각은 때때로 어디서 오는지 모를, 아주 그윽한 향기를 뚜렷하게 맡는다. 미각은 가장 귀한 맛을 느끼고, 촉각은 어떤 상황에서 행복이 골수에 파고들 만큼 생생한 희열을 느끼니 몸이 다시 젊어져 열락에 푹 빠질 지경이다. 그러한 열광은 정신의 기름부음과 비슷하다. 순수한 영혼의 소유자는 정신에서 솟아난 것이 온몸 구석구석으로 퍼진다. 영성에 힘쓰는 이들에게 이러한 감각의 그윽함은 몹시 일상적이다. 그러한 경지는 정신의 감각적 헌신과 열의에서 오기 때문인데, 사람에 따라 정도의 차이는 있다.

그런데 신체 감각에서 일어날 수 있는 이 모든 결과가 하느님이 일으키신 것임을 알아야 한다. 그런 결과를 확실한 것으로 받아들여서는 안 된다. 그보다는 그런 결과가 좋게 일어난 것인지 나쁘게 일어난 것인지 분별하려 들지도 말고 완전히 피하는 편이 낫다. 게다가 그런 것이 외적이고 신체적일수록 신에게서 왔는지가 덜 분명하다. 신께서 정신으로 소통하심이 더 자연스럽고, 더 일반적이다. 감각의 길보다는 그 길이 영혼에게 더 이롭고 확실하다. 감각의 길에는 대개 위험과 착각이 많다. (……) 그래서 그런 유의 열정을 높이 사는 사람은 실수를 많이 한다. 그는 아주 큰 위험에 발을 들이고 착각에 빠지곤 한다. 적어도 정말로 영적인 사람이 되는 데 방해가 되는 걸림돌이 자기 안에 생길 것이다. 게다가 말씀과 환시가 확실히 하느님으로부터 왔는지 알기 어렵다는 문제 외에도, 그런 말과 현시 가운데 악마에게서 오는 것도 으레 있다는 문제가 있다. 일반적으로 악마는 신이 영혼과 맺는 관계와 방법을 흉내 낸다.

야코프 뵈메도 근본적인 신비 체험을 했다. 그는 어느 날 아침 주석 그릇에 비치는 햇살을 보고 일종의 눈부신 현현에 힘입어 우주 자체의 핵심과 자신의 관계를 깨달을 수 있었다. 그가 정확히 무엇을 보았는지 말하지 않으므로 우리는 알 수 없지만 그가 신비적 직관을 설명하고자 했던 책들은 전부 해독하기 어려운 순환 구조와 방사(放射) 형식을 취한다. 그는 『그리스도에 이르는 길』(1620)에서 이렇게 썼다.

영원 혹은 한없음 안에서는, 자연의 바깥에서는 존재 없는 침묵이 전부다. 뭔가를 주는 이도 없다. 무엇과도 비교할 수 없는 영원한 안식, 시작도 없고 끝도 없는 심연. 한계도 없고 장소도 없으며, 찾지도 않고 구하지도 않고, 가능성이 있을 법한 그 무엇도 없다. 이 한없음은 자기 자신의 거울이요, 실존(움직임)이 없다는 점에서 눈[目]을 닮았다. 빛도 아니고 어둠도 아니며 기본적으로 마법이다. 우리를 흔들어 놓기 때문에 감히 뜯어보거나 측량해서는 안 될 어떤 의지가 있다. 우리는 그 의지에 의해 기원 없는 신성의 바탕을 이해한다. 그 바탕은 자기 안에서 스스로 이해하기에, 자연을 벗어난 일이기에, 여기 우리는 마땅히 침묵한다.

그렇지만(나는 신비주의 역사 전문가가 아니므로 이 가설을 조심스럽게 내밀어 보자면) 표현할 수 없는 순수한 〈무(無)〉의 체험은 남성 신비주의자의 고유한 특성 — 내가 보기에는 — 같다. 신을 순수한 무로 보았던 여성은 많지 않았다. 오히려 가장 걸출한 신비주의자 여성들은 그리스도를 거의 육체적인 존재처럼 떠올리곤 했다. 여성의 신비주의에서는 히에로파니가 우세하다. 신의 이미지를 본 여성은 의심할 여지없는 성애적 황홀경을 묘사하면서 십자가에 못 박힌 이와 주고받은 사랑의 감정을 토로한다.
성 마리아 막달레나 데 파치의 『40일』(1598)에서 이 대목을 보기만 해도 알 것이다.

사랑, 사랑, 사랑이 내 음성에 힘을 주니 동방에서 서방까지, 세계 곳곳에, 지옥에까지 당신을 사랑이라고 부르는 내 말이 들리기를, 모두가 당신을 알고 당신을 사랑하기를 원합니다.

사랑, 사랑, 사랑이시여, 당신은 강성한 분입니다. 사랑, 사랑, 당신만이 헤아리고 꿰뚫어 보십니다. 당신만이 만물을 부수고 지배하십니다. 오, 사랑이시여, 당신은 신이자 인간, 사랑이자 증오, 기쁨이자 신성한 고귀함, 오래되고 새로운 진리이십니다. 오, 사랑받지도, 이해받지도 못했던 사랑이시여. 그러나 저는 그 사랑을 아는 한 여인을 봅니다.

아빌라의 성 테레사 역시 신성한 사랑의 술이 자신의 혈관에 흘러 들어와 취하게 했다고, 신성한 신랑이 일순간 천국의 영광과 아름다움을 누리게 해주었지만 그 방식을 말로 표현할 수는 없다고 했다.

넘치는 행복과 영광과 결합한 고통에 나는 정신이 온통 나가서 아무것도 이해할 수 없었습니다. (……) 천사들이 내 앞에 자주 나타났지만 나는 거의 항상 그들을 보지 못했습니다. 하지만 한번은 우리 주님께서 허락하신 대로 내 왼쪽 옆에서 육체의 형상을 지닌 천사를 볼 수 있었습니다. 그는 키가 작고 놀랍도록 아름다웠으며 얼굴에서 발하는 광채를 보아서는 아주 높은 천사인 듯했습니다. (……) 천사는 황금 투창을 손에 들고 있었는데 날이 넓적했고 <u>끄트</u>머리가 불타고 있는 것 같았습니다. 그가 투창으로 내 심장을 여러 번 찔렀고 창날을 뽑을 때마다 내 내장이 죄다 딸려 나가며 나는 하느님의 크신 사랑으로 활활 불타올랐습니다. 불이 너무 뜨거워 비명이 터졌으나 비명과 극도의 기쁨이 한 덩어리가 되어 나는 그 감미로운 고통에서 벗어나기를 원할 수 없었고, 오직 주 안에서 안식과 만족을 구할 수도 없었습니다.

아빌라의 성 테레사는 이런 시도 썼다.

다정한 사냥꾼이 나를 쏘아
기진맥진하였으니
사랑의 품에
내 영혼 안겨 머무나이다. (……)
오, 내 주여, 당신 없는 삶이
얼마나 슬픈지요.
당신을 뵙기 원하여
죽기를 갈망하나이다.
아야! 당신이 내 심장을 찔러 주시니
그 순간, 오 주여, 당신을 잃을까 두렵습니다.

프랑스 살레시오회의 수녀였던 마르그리트 마리 알라코크 (1647~1690)는 열다섯 살 때부터 〈예수와 약혼한 사이〉를 자처했다. 그녀는 심지어 어느 날 예수가 자신을 덮쳤고 그녀가 항거하자 〈나는 네가 이제 내 사랑의 노리개가 되기를 원한다. (……) 저항하지 말고 너를 맡겨야만 한다. 내가 너를 취하게 하라. 너는 아무것도 잃지 않을 것이다〉라고 말했다고 한다.

그녀의 자서전을 들여다보자.

[한번은] 성체 앞에서 잠시 시간을 가졌다. 내게 맡겨진 일이 나를 조금도 놓아 주지 않았기 때문에 그 신성한 현존에 내가 누구인지, 어디에 와 있는지도 잊을 지경으로 몰두하였다. 나는 그 신성한 〈영〉에 나를 맡기고 내 [심장을] 그 사랑의 힘에 내놓았다. 그는 나를 자신의 성스러운 품에서 쉬게 하였고 내게 늘 감추어져 있던 사랑의 경이와 성심(聖心)의 말할 수 없는 비밀을 발견하게 하셨다. (……) 그 후에 그분이 내 심장을 요구하셔서 나는 제발 가져가십사 청하였다. 그분은 내 심장을 가져가 자신의 사랑스러운 심장에 가져가셨다. 그 심장에서 작은 원자 같은 것이 뜨거운 불가마 속에서처럼 타오르고 있었다. 그분이 심장 모양의 불꽃을 꺼내어 내 심장을 꺼낸 자리에 놓으시고는 말씀하셨다. 「나의 사랑하는 자여, 이것이 내 사랑의 귀중한 증표다. 내 사랑이 너의 갈비뼈 속에서 가장 환한 불꽃으로 타오르면서 너의 심장 역할을 하고 너를 최후의 순간까지 불타게 하리라. 그 열기는 결코 꺼지지 않고 사혈(瀉血)을 할 때나 조금 식을 것이다.」 (……) 내가 방금 갈비뼈의 통증에 대해서 밝힌 우여곡절이 매달 첫 번째 금요일마다 다시 일어났다. 성심이 눈부시게 빛나는 태양처럼 내게 나타나셨고, 그 열기가 내 심장에 직통으로 떨어지면 처음에는 내 몸이 재가 되어 버릴 듯 뜨거운 불에 활활 타는 것 같았다. 특히 그런 때에 나의 신성한 주인께서 내게 무엇을 원하는지 가르치시고 그 사

랑스러운 심장의 비밀을 알게 하셨다. 또 한번은 나의 모든 감각과 능력을 모아 내 안에 몰두하고 난 후 성체를 뵈었는데 나의 다정한 주인이신 예수 그리스도께서 영광으로 밝게 빛나며 내게 나타나셨다. 주님의 다섯 상처는 다섯 개의 태양처럼 빛났고 이 거룩하신 분의 사방으로, 특히 가마를 닮은 사랑스러운 주님의 가슴에서 불꽃이 솟았다. 가슴이 열리고 그분의 사랑하고 사랑받는 심장이 보였다. 그 심장에서 불꽃이 활활 일어나고 있었다.

나는 고통에 민감해서 아주 조금 더러운 것에도 심장이 떨어지는 것 같았다. 그러나 그분이 나를 다시 강하게 붙드시고 어느 병자가 토한 것을 치우게 하시니 나는 내 혀로 그것을 치우고 먹는 것도 마다할 수 없었다. 그분께 〈나에게 천 개의 몸, 천 개의 사랑, 천 개의 삶이 있다면 그 모든 것을 바쳐 당신을 섬기겠나이다〉라고 말씀드렸다. [그때로부터] 나는 그러한 행위에서 한량없는 기쁨을 느낀 나머지 매일매일 그런 식으로 오직 주님만을 증인 삼아 나 자신을 극복할 기회를 바랄 지경이었다. 그러나 오직 그분의 호의로만 나 자신을 극복할 힘을 얻을 수 있었고 그분이 기뻐하시는 모습을 볼 수 있었다. 다음 날 밤, 내가 잘못 안 게 아니라면, 그분은 내가 성심의 상처에 두세 시간 내내 입을 맞추고 있게 하셨다. 그때 내가 느낀 감정이나 은총이 내 영혼과 심장에 일으킨 효과를 표현하기란 실로 어려울 것이다. (……)

이렇게 신성한 사랑이 미천한 여종을 즐거이 여기셨다. 이질에 걸린 환자를 돌보느라 비위가 상했을 때도 주님이 나를 강하게 붙드시니 그 환자가 쏟아 낸 배설물에 내 혀를 오랫동안 담그고 내 입을 채움으로써 내 잘못을 보상하지 않을 수 없었다. 만약 아무것도 허락 없이 먹어서는 안 된다는 말씀이 없었다면 그것을 삼킬 수도 있었을 것이다.

어째서 여성들은 (남성적) 신의 이미지와 성애적인 관계를 맺는 반면, 남성들은 그렇지 않은지(가령 성모와의 관계에서 그만큼 강렬한 황홀경에 빠진다든가) 나는 설명할 역량이 없다. 장마르탱 샤르코라면 히스테리가 여성에게만 있는 병이라고 했겠지만 그 주장은 반박되었다. 여성의 신체적 감수성이 더 발달해서 그렇다고 말할 사람도 있으리라. 혹은 순전히 문화적인 설명, 즉 남성은 성애적 관계의 가능성이 금지되어 있지 않아서 동정을 선택하지만, 여성은 결혼 외의 모든 성 경험을 박탈당했기 때문에 히에로파니의 성관계에서 억압된 욕망을 충족시켰다는 설명도 있다. 어쨌든 나는 잘 모르고 이 주제를 다룰 생각도 없다.

나는 다만 성녀들이 성스러움을 인간의 모습으로 본 이유는 그들이 참조하기에 적당한 경험이었기 때문이라고 말하고 싶다. 십자가의 성 요한의 어두운 밤noche oscura 속에서는 길을 잃고 침묵한다.

따라서 성스러움은 그 정의상 표현할 수 없는 것이지만 인간에게는 그것을 보고픈 욕구가 있기에 어떻게든 표현이 되게 마련이다. 그러나 성스러움은 본질적으로든 그것을 구현하는 개인의 경험적 실패 때문이든 접근이 불가능하므로 인간적인 모습으로,

혹은 역사적으로 기존에 수립된 모델들에 의거해서만 표현될 수 있다.

성스러움과 문화

내가 지금 다루고 싶은 것은 성스러움이 역사적 시대와 그 시대의 예술적 취향에 따라 다양한 모양새를 취하는 방식이다.

중세에는 〈코르셋으로 받친 작은 젖가슴이 아름답다〉라고 했다. 그래서 세속적 상상 속의 귀부인이나 성모는 그런 모습으로 그려졌다(다음 면의 작품을 보라).

르네상스 시대에 한스 홀바인과 라파엘로 산치오가 그린 풍만한 여인들은 로렌초 로토의 성모를 연상시킨다. 페테르 파울 루벤스는 비너스의 아름다움을 이상 비대증을 방불케 할 만큼 과장되게 표현했지만 그런 점은 「무염시태」의 옷차림 너머에서도 느껴지고 아기천사들의 포동포동한 살집에서도 명백하게 드러난다.

우리는 다양한 문화 양식이 아시아 문화에서 성스러움의 형상화에 반영된 방식을 살펴볼 수도 있을 것이다. 하지만 낭만적·퇴폐적 남성미의 표상들을 인용하면서 그러한 이상이 19~20세기 성심의 이미지에 어떻게 구현되었는지 살펴보는 정도로 그치는 것이 좋겠다. 세기말 탐미주의자의 무기력이 성인들의 무기력에 반영되었음은 말할 것도 없다.

레이먼드 퍼스는 『공적 상징과 사적 상징』에서 성심을 신의 사

마리 마들렌 흉상 세부, 15세기, 파리, 클뤼니 국립 중세 미술관

조르조네, 「잠든 비너스」, 1508~1510, 드레스덴, 알테마이스터 회화관

로렌초 로토, 「비너스와 큐피드」, 1530년경, 뉴욕, 메트로폴리탄 미술관

카를로 마라타, 「성가족」, 1675년경, 로마, 카피톨리노 미술관

고프레도 마멜리의 초상, 밀라노, 리소르지멘토 미술관

랑의 현현으로 보았던 신비주의자를 다룬다. 그는 마르그리트 마리 알라코크가 신비 체험을 했던 시대에도 사람들은 심장이 감정의 소재지가 아니라는 사실을 알고 있었다고 지적한다. 하지만 그녀에게 나타난 예수, 혹은 그녀의 고해 신부가 신비 체험을 시각적으로 표현할 수 있게 도왔을 것이고 그때 고려한 것은 과학이 아니라 속인들이 세상을 바라보는 방식이었을 것이다. 과학은 신자들에게 신이 어떻게 세상을 만들었는지 설명한다. 하지만 지금도 속인들은 사랑과 심장을 엮어 말하고 심장이 부서지는 것 같다는 표현을 쓰지 않는가.

루르드에서 성모는 베르나데트에게 발현했다. 당시의 사진 덕분에 우리는 베르나데트 수비루가 실제로 어떻게 생겼는지 안다. 교회 당국은 여러 차례 베르나데트의 사진 촬영을 허락했지만 베르나데트가 성녀로 명성이 높아지면서 당시의 사진 기술은 그녀를 점점 더 매력적으로 보이게 했다. 급기야 1950년대에는 할리우드에서 제니퍼 존스를 베르나데트 역으로 캐스팅해서 영화를 제작하기에 이른다. 베르나데트의 얼굴이었던 바로 그 제니퍼 존스가 영화 「백주의 결투」에서 에로틱한 장면을 연기했을 때 가톨릭 교계에 파란이 일어났던 게 기억난다.

파티마의 목동들은 우아하고 아름다운 모델이 아니었다. 하지만 역시 1950년대의 할리우드는 그들을 변모시킬 수 있었다. 복자(福者)로 시복되었다가 나중에 성인품(聖人品)에 든 도메니코 사비오의 이미지가 어떻게 변해 갔는지 보자. 처음에는 멋없이 단정하기만 한 옷, 무릎을 너무 많이 꿇어서 모양이 틀어진 바지 차림의 어린애였다. 그러다 점점 멋있게 표현되기 시작하더니 나중에는 아주 잘생기고 남자다운 모습이 되었다. 심지어 다른 복녀, 그와 마찬가지로 어린 나이에 죽어서 시복된 라우라 비쿠냐와 짝을 이루어 약혼한 선남선녀처럼 그려지기도 한다.

성모의 변모는 더 말해 무엇 하랴. 루르드의 옛 성모상은 프란체스코 하예즈가 그린 여성들을 연상시킨다. 파티마의 성모 초상 중 어떤 것은 다른 시대의 미인도와 비슷하다. 하지만 오늘날 메주고레의 성모가 신도들에게 어떤 모습으로 제시되는지 보라. 일곱 고통의 성모상보다는 모니카 벨루치를 더 닮지 않았는가.

마찬가지 맥락에서 성 마리아 고레티가 어떤 변모를 겪었는지 보라. 키치적인 헌신의 성상이 조금씩 당대 여배우의 이미지에 맞게 변해 가는 것을 볼 수 있다.

이제 놀라운 사례를 하나 보겠다. 파티마의 세 번째 비밀 발표가 그 사례다.

파티마의 세 번째 비밀에 관한 루치아 수녀의 자료를 읽다 보면 이 텍스트가 글을 읽고 쓸 줄 몰랐던 어린 시절이 아니라 1944년에, 그러니까 성인이 되고 수녀가 된 후에 쓴 것이고 「요한 묵시록」에서 인용한 부분이 꽤 많다는 것을 알 수 있다. 루치아는 성모 왼편 위에서 왼손에 불의 검을 든 천사를 보았다고 했다. 그 검은 번쩍거리면서 세상을 다 태워 버릴 듯 불꽃을 내뿜었으나 그 불은 성모의 오른손에서 퍼지는 빛에 닿자마자 꺼졌다고 했다. 그리고 천사는 오른손으로 땅을 가리키면서 힘차게 외쳤다. 「회개하라! 회개하라! 회개하라!」 아이들은 이어서 광대한 빛을

(좌) 베르나데트 수비루, 1860, 사진
(우) 「베르나데트의 노래」(헨리 킹 연출, 1943)의 제니퍼 존스

도메니코 사비오의 초상들

(좌) 메주고레의 성모상
(우) 「태양의 눈물」(앤트완 퓨콰, 2003)의 모니카 벨루치

보았다. 그 빛은 하느님이었는데 〈마치 사람들이 거울 앞을 지나가면서 자기 모습을 볼 때와 비슷했고〉, 흰옷 입은 주교(〈우리는 그분이 성부 하느님이라고 예감했다〉), 또 다른 주교들, 사제, 수도사와 수녀가 험준한 산에 오르는 모습을 보았다. 그 산꼭대기에는 껍질을 벗기지 않은 코르크떡갈나무로 만든 듯 다듬어지지 않은 거대한 십자가가 서 있었다. 성부는 반쯤 폐허가 된 대도시를 지나 그곳에 다다랐다. 그는 고통과 아픔에 부들거리는 발걸음을 옮기며 자신이 만나는 시체들의 영혼을 위해 기도했다. 이윽고 십자가 아래 도착해 엎드렸으니 한 무리의 병사들이 쏘아 대는 총과 화살에 맞아 죽고 말았다. 그를 뒤따르던 다른 주교, 사제, 수사, 각기 다른 신분과 지위의 속인도 차례차례 죽었다. 십자가 양쪽으로 천사가 한 명씩 서 있었는데 그들은 수정 물뿌리개를 들고 있었다. 천사들은 거기에 모인 순교자의 피를 하느님께 가까이 가려는 영혼들에게 뿌려 주고 있었다.

요컨대 루치아는 세상을 태우려는 듯 불의 검을 들고 있던 천사를 보았다. 세상에 불을 놓는 천사들에 대해서는 「요한 묵시록」 8장 9절에 나오는 두 번째 나팔과 관련해서 말한다. 이 천사는 사실 불의 검을 들고 있지 않지만 그 검이 어디서 나왔는지는 보게 될 것이다(전통적 성화에 이미 불의 검을 든 대천사의 이미지가 넘쳐 나지만 말이다). 그리고 루치아는 신의 빛이 마치 거울을 보는 것 같았다고 했다. 이 암시는 「요한 묵시록」이 아니라 성 바울로가 고린토 교회에 보낸 첫 번째 편지에서 찾을 수 있다(13장 12절 〈우리가 지금은 거울에 비추어 보듯이 희미하게 보지만 그

때에 가서는 얼굴을 맞대고 볼 것입니다〉).

흰옷 입은 주교도 보자. 이 주교는 한 명이지만 「요한 묵시록」 에는 순교할 운명의 흰옷 입은 주의 종들이 다수 등장한다(6장 11절, 7장 9절, 7장 14절). 뭐, 이건 넘어가자. 그다음에 험준한 산 을 오르는 주교와 사제가 나온다. 「요한 묵시록」 6장 15절에는 큰 지진이 일어나 강한 자들이 산의 동굴과 바위로 다 꺼져 버린다는 언급이 있다. 성부는 〈반쯤 폐허가 된〉 도시를 지나가면서 시체 들의 영혼을 만난다. 「요한 묵시록」 11장 8절이 도시(큰 도성)와 시체를 언급한다. 11장 13절에서 그 도시는 무너져 폐허가 되고, 18장 19절에서도 폐허가 된 도시 바빌론의 모습이 그려진다.

계속해 보자. 주교와 신도들은 병사들의 총과 화살에 맞아 죽었 다. 총은 루치아 수녀만 언급한 부분이지만 9장 7절에 병사처럼 무장을 갖춘 메뚜기들이 날카로운 촉(꼬리)으로 학살을 저지르는 장면이 나온다. 수정 물뿌리개(스페인어로 regador)로 순교자의 피를 뿌려 주는 두 천사를 보자. 그런데 「요한 묵시록」에 피를 뿌 려 주는 천사는 한두 번 등장하는 게 아니다. 8장 5절에는 금향로 를 지닌 천사가 나오고, 14장 20절에서는 술통에서 피가 넘치며, 16장 3절에서는 천사가 대접에서 피를 쏟는다. 그런데 왜 물뿌리 개일까? 나는 파티마가 아스투리아스 왕국에서 멀지 않다는 데 생각이 미쳤다. 중세에 이 왕국에서 「요한 묵시록」의 눈부신 모사 라베 양식의 세밀화들이 나왔고 다시 수없이 복제되었다. 나팔을 든 천사들의 이미지에서 나팔은 불의 검으로 보일 수 있고 거기서 뭔가가 뿜어 나오는 것처럼 표현되었기 때문에 물뿌리개로 보일 수도 있다. 또 어떤 이미지에서는 천사가 형체가 불분명한 잔에서 피를 쏟는데 그 모습이 꼭 세상에 피를 뿌려 주는 것 같다.

흥미로운 것은, 라칭거 추기경(훗날의 교황 베네딕토 16세)이 파티마의 계시에 달았던 주석이다. 여기서 그는 사적 환시는 신앙의 문제가 아니요, 알레고리가 곧 예언은 아니라고 경고하면서 유보적인 태도를 보였다. 또한 「요한 묵시록」과의 〈유비〉를 환기하고 〈비밀의 결론은 루치아가 신앙서에서 보았을 수도 있는 이미지를 연상시킨다. 그런 책들의 내용은 신앙에 대한 고대의 직관에서 비롯된 것이다〉라고 지적했다. 이 때문에 파티마의 메시지에 대한 신학적 주석에는 〈사적 계시의 인간학적 구조〉라는 의미심장한 제목이 붙었다.

이 영역에서 신학적 인간학은 지각 또는 〈환시〉를 세 가지 형태로 구분한다. 감각의 환시는 외적이고 신체적인 지각이다. 그리고 내적 지각과 영적 환시visio sensibilis-imaginativa-intellectualis가 있다. 루르드, 파티마 등에서의 환시가 일반적이고 외적인 감각 지각의 문제가 아님은 분명하다. 보이는 모습과 형태는, 나무나 집처럼 어떠한 공간에 놓여 있지 않다. 이는 매우 명백한 사실로 (……) 특히 함께 있던 모든 사람이 본 것이 아니라 〈환시를 보는 자〉만 보았기 때문이다. 마찬가지로, 더욱 고차원적인 신비주의에서 발견되는 것처럼, 이미지가 없는 지성의 〈환시〉가 아니라는 점도 분명하다. 그러므로 우리가 다루는 것은 중간 범주, 즉 내적 지각이다. (……) 내적 환시는 주관적인 상상의 표현에 불과한 환상과 다르다. 내적 환시는 영혼이, 감각을 초월해 실제적인 어떤 것과 접촉하는 것을 의미한다. 비록 그 어떤 것은 감각을 초월하는 것, 감각으로 보이지 않는 것이지만 영혼의 〈내적 감각〉을 통해 볼 수 있게 된 것이다. (……) 따라서 아이들이 이러한 발현의 주된 수신자가 되는 이유를 이해할 수 있을 것이다. 아이들의 영혼은 아직 변질되지 않았으며, 그들의 내적 지각 능력 역시 별로 손상되지 않았기 때문이다. (……) 〈내적 환시〉는 환상이 아니다. 그것은 한계가 있다. 외적 환시에도 주관적인 요소는 있다. 우리는 대상을 있는 그대로 보지 못하고, 우리 안에서 해석 작용을 하는 감각이라는 여과기를 통해 본다. 이 점이 내적 환시의 경우에 더욱 분명하다. 특히 그 자체로 우리의 지평을 초월하는 실체들에 대해서는 더욱더 그러하다. 환시를 보는 주체는 더욱 강력히 몰입한다. 그는 구체적 가능성으로써, 자신에게 가능한 표상과 인식의 형태로써 본다. 내적 환시에서는 해석 과정이 외적 환시의 경우보다 훨씬 광범위하다. 이 환시의 주체는 나타난 것의 형상을 만드는 데 본질적으로 참여하기 때문이다. 그는 자신의 역량과 가능성에 한해서만 이미지에 이를 수 있다. 그러므로 이러한 환시는 내세를 그대로 보여 주는 〈사진〉이 아니며, 지각하는 주체의 잠재 능력과 한계를 반영한다.

　성인들의 위대한 환시에서도 이 점은 입증될 수 있다. 파티마 아이들의 환시에 대해서도 마찬가지다. 그들이 묘사한 이미지는 단순한 환상의 표현이 아니라, 드높고 내적인 데서 비롯된 실제 지각의 결과다. 하지만 그러한 환시를, 마치 다른 세계에 드리워진 베일이 일순간 벗겨져, 우리가 훗날 하느님과 궁극적으로 하나가 될 때 보게 되기를 희망하는 그 하늘나라가 순수한 실체로 나타난 것처럼 받아들여서는 안 된다. 오히려 그러한 이미지들은, 말하자면 높은 곳에서 오는 자극과 그 자극을 받아들일 수 있는 주체, 곧 환시를 본 아이들의 능력이 종합된 것이다.

좀 더 세속적으로 말해 보자면, 환시를 보는 자는 자기 문화가 보라고 가르쳐 주고 상상하라고 허용한 것만 볼 수 있다는 뜻이다. 내가 보기에는 추기경의 승인이 성스러움의 성상학에 대한 나의 간략한 고찰을 마땅히 뒷받침해 주지 싶다.

라 밀라네시아나 준비 원고, 2016

움베르토 에코는 자신이 인용했거나 권장하는 특정 판본을 표시하지 않았습니다. 에코는 이탈리아 판본을 참고했을 가능성이 높지만, 독자의 편의를 위해 일부 영어 판본 정보를 제공합니다. 국내 번역서는 절판된 책을 포함했습니다.

거인의 어깨 위에서

Aldhelm of Malmesbury. "Letter to Eahfrid." In James Ussher, *Veterum Epistolarum Hibernicarum Sylloge,* letter no. 13, 37 – 41. Dublin: Societatis Bibliopolarum, 1632.

Apuleius. Florida. In *Apologia. Florida. De Deo Socratis.* Trans. Christopher P. Jones. Loeb Classical Library, no. 534. Cambridge, MA: Harvard University Press, 2017.

Aristotle. "Logic." In *The Works of Aristotle*, vol. 1, trans. William David Ross. London: Encyclopædia Britannica, 1971.

Auraicept na n'Eces: The Scholar's Primer [7th century]. Trans. George Calder. Edinburgh: John Grant, 1917.

Dante Alighieri. *De vulgari eloquentia* [1304 – 1307]. "On the Eloquence of the Vernacular." In *De Vulgari Eloquentia: Dante's Book of Exile*, trans. Marianne Shapiro. Lincoln: University of Nebraska Press, 1990.

Diderot, Denis, and Jean Baptiste le Rond d'Alembert. *Encyclopédie ou dictionnaire raisonné des sciences, des arts et des métiers*. Paris: Briasson-David-Le Breton-Durand, 1751 – 1780.

Gregory, Tullio. *Scetticismo ed empirismo: Studio su Gassendi* [Skepticism and Empiricism: A Study of Gassendi]. Bari: Laterza, 1961.

Horace. Epistles. In *Satires. Epistles. The Art of Poetry*. Loeb Classical Library, no. 194. Cambridge, MA: Harvard University Press, 1926.

Jeauneau, Édouard. *Nani sulle spalle di giganti*. Naples: Guida, 1969.

Jerome, Saint. *Adversus Jovinianum* [c. 390]. "Against Jovinianus." In *Nicene and Post-Nicene Fathers*, trans. W. H. Fremantle, G. Lewis, and W. G. Martley, ed. Philip Schaff and Henry Wace, 2nd ser., vol. 6. Buffalo, NY: Christian Literature Publishing, 1893.

John of Salisbury. *The Metalogicon of John of Salisbury: A Twelfth-Century Defense of the Verbal and Logical Arts of the Trivium*. Trans. Daniel D. McGarry. London: Peter Smith, 1971.

Merton, Robert K. *On the Shoulders of Giants*. New York: Free Press, 1965.

Nietzsche, Friedrich. *Unzeitgemässe Betrachtungen* [1876].『비극의 탄생 · 반시대적 고찰』, 이진우 옮김(책세상, 2005)

Ovid. *Ars amatoria*. Trans. B. P. Moore. London: Folio Society, 1965.『사랑의 기술』, 김원익 옮김(메티스, 2020)

Ortega y Gasset, José. *Man and Crisis*. Trans. Mildred Adams. New York: W. W. Norton, 1958. Ortega y Gasset. *En torno a Galileo* [1933]. In Obras completas, vol. 5. Madrid, 1947.

Rifkin, Jeremy. *Entropy: A New World View*. New York: Viking, 1980.『엔트로피』, 이창희 옮김(세종연구원, 2015)

Virgil the Grammarian [Virgilius Maro Grammaticus]. Epitomae; Epistolae. In *Virgilio Marone Grammatico: Epitomi ed Epistole*, trans. G. Polara. Naples: Liguori, 1979.

William of Conches. "Commentaries on Priscian's Institutiones grammaticae." In *Glosulae de magno Prisciano* [*Institutiones I–XVI*]. Versio altera, ed. Édouard Jeauneau Turnhout: Brepols.

01 미

Barbey d'Aurevilly, Jules. *Léa* [1832]. In *Le cachet d'Onyx; Léa*. Paris: La Connaissance, 1919.

Bernard of Clairvaux. *Apologia ad Guillelmum. Cistercians and Cluniacs: St. Bernard's Apologia to Abbot William.* Trans. Michael Casey. Kalamazoo, MI: Cistercian Publications, 1970.

Burke, Edmund. *A Philosophical Enquiry into the Origin of Our Ideas of the Sublime and Beautiful* [1757]. A new ed. London: printed for J. Dodsley, 1787. 『숭고와 아름다움의 이념의 기원에 대한 철학적 탐구』, 김동훈 옮김(마티, 2006)

Clement of Alexandria. *The Stromata, or Miscellanies. In Ante-Nicene Fathers, vol. 2: Fathers of the Second Century: Hermas, Tatian, Athenagonas, Theophilus, and Clement of Alexandria.* Ed. A. Roberts and J. Donaldson, rev. and arr. A. Cleveland Coxe, 299–368. New York: Christian Literature Publishing, 1885.

Formaggio, Dino. *L'arte*. Milan: ISEDI, 1973.

Guido Guinizelli. *Vedut'ho la lucente stella diana.* "I've Got the Bright Star Diana." In *An Anthology of Italian Poems 13th–19th Century*, trans. Lorna de' Lucchi. New York: Alfred A. Knopf, 1922, 28–32, 348.

Hildegard of Bingen. *Selected Writings* [12th century]. Trans. Mark Atherton. London: Penguin, 2001.

Pacioli, Luca. *De divina proportione* [1509]. Sansepolcro: Aboca Museum, 2009.

Physiologus: *A Medieval Book of Nature Lore* [2nd–5th century]. Trans. Michael J. Curley. Chicago: University of Chicago Press, 2009.

Piero della Francesca. *De perspectiva pingendi*, 1472–1475. "On Perspective in Painting," Aboca Museum Editions, facsimile of the Treatise stored in the Panizzi Library in Reggio. http://www.codicesillustres.com/catalogue/de_prospectiva_pingendi/.

Platon. *Timaios*. 플라톤, 『플라톤의 티마이오스』 박종현, 김영균 옮김(서광사, 2000)

Pliny the Elder. *Natural History*. 플리니우스 세쿤두스, 가이우스, 『박물지』, 존 S. 화이트 엮음, 서경주 옮김(노마드, 2021)

Proust, Marcel. *A la recherche du temps perdu: Du cote de chez Swann* [1909–1922]. 『잃어버린 시간을 찾아서』, 김희영 옮김(민음사, 2012)

Pseudo-Callisthenes. *The Romance of Alexander the Great* [3rd century]. Trans.

Albert Mugrdich Wolohojian. New York: Columbia University Press, 1969.

Pseudo-Dionysius the Areopagite. *On the Divine Names and On the Mystical Theology*. Trans. C. E. Rolt. London: SPCK, 1920.

Shaftesbury, Anthony Ashley Cooper, Third Earl of. *Characteristics of Men, Manners, Opinions, Times*. Ed. Lawrence E. Klein. Cambridge: Cambridge University Press, 1999.

Sue, Eugène. *The Mysteries of the People, Or, History of a Proletarian Family across the Ages*. Trans. Daniel De Leon and Solon De Leon. New York: NY Labor News, 1904. Sue. *Les Mystères de Paris*. Originally serialized in ninety parts in Journal des débats, June 1842 to October 1843.

Thomas Aquinas. *Summa Theologiae: Latin Text and English Translation*. New York: McGraw-Hill, 61 vols., 1964 –. Repr. New York: Cambridge University Press, 2006.

Xenophanes of Colophon. *Fragments*. Trans. J. H. Lesher. Toronto: University of Toronto Press, 1992.

02 주

Aesop Romance: The Book of Xanthus the Philosopher and Aesop His Slave, or the Career of Aesop. Trans. Lloyd W. Daly. In *Anthology of Ancient Greek Popular Literature*, ed. William F. Hansen. Bloomington: Indiana University Press, 1988.

Baudelaire, Charles. *Les fleurs du mal* [1857]. *The Flowers of Evil*. Trans. Marthiel Mathews and Jackson Mathews. New York: New Directions, 1955.

Bonaventure of Bagnoregio. *Commentaria in quattuor libros sententiarum Magistri Petri Lombardi. Bonaventure on the Eucharist: Commentary on the 'Sentences.'* Trans. Junius Johnson. Wilsele, Belgium: Peeters, 2017.

Broch, Hermann. "Kitsch" (1933) and "Notes on the Problem of Kitsch" (1950). In *Kitsch: The World of Bad Taste*, ed. Gillo Dorfles. New York: Universe Books, 1968.

Brown, Fredric. "Sentry" [1954]. In *From These Ashes: The Complete Short SF of Fredric Brown*, ed. Ben Yalow. Framingham, MA: NESFA Press, 2001.

Burton, Robert. *The Anatomy of Melancholy* [1624]. Ed. Floyd Dell and Paul Jordan-Smith. New York: Tudor, 1948.

Céline, Louis-Ferdinand. *Bagatelles pour un massacre*. Paris: Éditions Denoël, 1937.

Choniates, Niketas. *O City of Byzantium: Annals of Niketas Choniates*. Dayton, OH: Wayne State University Press, 1984.

Collodi, Carlo. *La avventure di Pinocchio* [1881]. 『피노키오의 모험』, 이승수 옮김(비룡소, 2010)

De Amicis, Edmondo, *Cuore (Heart): An Italian Schoolboy's Journal*. Trans. Isabel F. Hapgood. New York: Thomas Y. Crowell, 1887. 『쿠오레』, 안응렬 옮김(동서문화동판, 2020)

de Vitry, Jacques, *The Exempla or Illustrative Stories from the Sermones Vulgares of Jacques de Vitry*. Trans. Thomas Frederick Crane. London: David Nutt, 1890.

Dickens, Charles. *Hard Times*. London: Bradbury and Evans, 1854.

Encyclopædia Britannica, ed. 1798.

Fleming, Ian. *Dr. No*. London: Jonathan Cape, 1958.

Fleming, Ian. *From Russia with Love*. London: Jonathan Cape, 1957.

Fleming, Ian. *Goldfinger*. London: Jonathan Cape, 1959.

Fleming, Ian. *Live and Let Die*. London: Jonathan Cape, 1954.

Gozzano, Guido. "Grandmother Speranza's Friend." In *The Man I Pretend to Be: The Colloquies and Selected Poems of Guido Gozzano*, trans. Michael Palma. Princeton, NJ: Princeton University Press, 1981.

Gryphius, Andreas. *Notte, lucente notte. Sonetti* [17th century]. Venice: Marsilio, 1993.

Guerrini, Olindo [nom de plume Lorenzo Strecchetti]. *Postuma: Il canto dell'odio e altri versi proibiti*. Rome: Napoleone, 1981.

Hegel, G. W. F. *Aesthetics: Lectures on Fine Arts*. Trans. T. M. Knox. Oxford: Clarendon Press, 1975.

Hildegard of Bingen. *Scivias* [12th century]. Trans. Columba Hart and Jane Bishop. New York: Paulist Press, 1990.

Homeros, *Ilias*. 『일리아드』, 천병희 옮김(도서출판 숲, 2015)

Hugo, Victor. *Cromwell* [1827]. Trans. George Burnham Ives. Boston: Little, Brown, 1909.

Hugo, Victor. *L'Homme qui rit* [1869]. 『웃는 남자』, 이형식 옮김(열린책들, 2009)

Iamblichus. *Life of Pythagoras*. Trans. Thomas Taylor. Rochester, VT: Inner

Traditions / Bear, 1986.

Lautréamont, Comte de [Isidore Ducasse]. *The Songs of Maldoror*. Trans. Alexis Lykiard. New York: Thomas Y. Crowell, 1972. 『말도로르의 노래』, 황현산 옮김(문학동네, 2018)

Lombroso, Cesare. *L'Uomo delinquente* [1876]. *Criminal Man*. Trans. Mary Gibson and Nicole Hahn Rafter. Durham, NC: Duke University Press, 2006. 『범죄인의 탄생』, 이경재 옮김(법문사, 2010)

Marinetti, Filippo Tommaso. "Technical Manifesto of Futurist Literature" [1912]. In *Modernism: An Anthology*, ed. Lawrence Rainey. Malden, MA: Blackwell, 2005.

Marx, Karl. *Economic and Philosophic Manuscripts of 1844*. Trans. Martin Milligan. Amherst, NY: Prometheus Books, 1988.

Nietzsche, Friedrich. *The Gay Science* [1882/1886]. Mineola, NY: Dover, 2006.

Palazzeschi, Aldo. *Il controdolore* [1913]. Florence: Salimbeni, 1980.

Perrault, Charles. *Little Red Riding Hood* [1697]. London: Moorfields, 1810.

Rosenkranz, Karl. *The Aesthetics of Ugliness: A Critical Edition* [1853]. 『추의 미학』, 조경식 옮김(나남출판, 2008)

Rostand, Edmond. *Cyrano de Bergerac* [1897]. Trans. Christopher Fry. New York: Oxford University Press, 1975.

Sade, Donatien-Alphonse François de. *The 120 Days of Sodom* [1785]. 『소돔의 120일』, 김문운 옮김(동서문화동판, 2012)

Segneri, Paolo. *The Panegyrics of Father Segneri, of the Society of Jesus*. Trans. Rev. William Humphrey. London: Washbourne, 1877.

Shakespeare, William. *The Tempest* [1610]. 『폭풍우』, 박우수 옮김(열린책들, 2020)

Shakespeare, William. *Macbeth* [1605-1608]. 『맥베스』, 권오숙 옮김(열린책들, 2010)

Shelley, Mary. *Frankenstein* [1818]. 『프랑켄슈타인』, 오은숙 옮김(열린책들, 2011)

Sontag, Susan. *Against Interpretation*. New York: Farrar Straus and Giroux, 1966. 『해석에 반대한다』, 이민아 옮김(이후, 2002)

Spillane, Mickey. *One Lonely Night*. New York: E. P. Dutton, 1951.

Testamentum Domini [4th-5th century]. *The Testament of Our Lord*. Trans. from Syriac by James Cooper and Arthur John Maclean. Edinburgh: T. and T.

470

Clark, 1902.

Thomas Aquinas. *Summa Theologiae: Latin Text and English Translation*. New York: McGraw-Hill, 61 vols., 1964 – . Repr. New York: Cambridge University Press, 2006.

Wagner, Richard. "Judaism in Music" [1850]. In *Judaism in Music and Other Essays*, trans. William Ashton Ellis. Lincoln: University of Nebraska Press, 1995.

03 절대와 상대

Dante Alighieri. *La Divina Commedia*. 『신곡』, 김운찬 옮김(열린책들, 2022)

Hegel, G. W. F. *Hegel's Preface to the Phenomenology of Spirit*. Trans. Yirmiyahu Yovel. Princeton, NJ: Princeton University Press, 2005.

Jervis, Giovanni. *Contro il relativismo*. Rome-Bari: Laterza, 2005.

John Paul II, Pope. *Encyclical Letter Fides et Ratio of the Supreme Pontiff John Paul II to the Bishops of the Catholic Church on the Relationship between Faith and Reason.* September 14, 1998. Vatican City: Libreria editrice vaticana, 1998. http://w2.vatican.va/content/john-paul-ii/en/encyclicals/documents/hf_jp-ii_enc_14091998_fides-et-ratio.html.

Joyce, James. *A Portrait of the Artist as a Young Man* [1916]. 『젊은 예술가의 초상』, 성은애 옮김(열린책들, 2011).

Keats, John. "Ode on a Grecian Urn" [1819]. In *John Keats: The Complete Poems*, ed. John Barnard. London: Penguin Classics, 1977.

Lecaldano, Eugenio. *Un'etica senza Dio*. Rome-Bari: Laterza, 2006.

Lenin, Vladimir Ilich. *Materialism and Empirio-Criticism* [1909]. Moscow: Progress Publishers, 1970.

Nicholas of Cusa. *De docta ignorantia* [1440]. *On Learned Ignorance*. Trans. Germain Heron. London: Routledge and Kegan Paul, 1954.

Nietzsche, Friedrich. "On Truth and Lies in an Extra-Moral Sense" [1873]. In *Friedrich Nietzsche On Truth and Lying*, trans. Sander L. Gilman, Carole Blair, and David J. Parent. New York: Oxford University Press, 1989.

Peirce, Charles Sanders. "A Syllabus of Certain Topics of Logic." *In Collected Papers*. Cambridge, MA: Harvard University Press, 1965.

Pera, Marcello, and Joseph Ratzinger. *Senza radici: Europa, relativismo, cristianesimo, islam*. Milan: Mondadori, 2004.

Pseudo-Dionysius the Areopagite. *The Heavenly Hierarchy and The Ecclesiastical Hierarchy*. Trans. John Parker. London: James Parker and Co., 1899. 위 디오니시 우스, 『천상의 위계』, 김재현 옮김(키아츠, 2011).

Ratzinger, Joseph. *Doctrinal Note on Some Questions Regarding the Participation of Catholics in Political Life*. November 24, 2002. http://www.vatican.va/roman_curia/congregations/cfaith/documents/rc_con_cfaith_doc_20021124_politica_en.html.

Ratzinger, Joseph. *Il monoteismo*. Milan: Mondadori, 2002.

Thomas Aquinas. *De aeternitate mundi. On the Eternity of the World*. Trans. Cyril Vollert, Lottie Kendzierski, and Paul Byrne. Milwaukee, WI: Marquette University Press, 1965.

04 불

Anonymous. *History of Fra Dolcino, Heresiarch* [13th century].

Aristotle. *The Physics, Books I–IV*. Loeb Classical Library, no. 228. Cambridge, MA: Harvard University Press, 1957.

Artephius, *The Secret Book of the Blessed Stone Called the Philosopher's* [c. 1150]. London: Tho. Walkley, 1624.

Bachelard, Gaston, *La Psychanalyse Du Feu de Gaston Bachelard* [1938] 『불의 정신분석』, 김병욱 옮김(이학사, 2007).

Báez, Fernando. *Historia universal de la destruccion de libros* [2004] 『책 파괴의 세계사』, 조구호 옮김(시타델퍼블리싱, 2009).

Bhagavad-Gita: Krishna's Counsel in Time of War. Trans. Barbara Stoler Miller. New York: Columbia University Press, 1986. 『바가바드 기타』, 정창영 옮김(무지개다리너머, 2019).

Bonaventure of Bagnoregio. *Commentaria in quattuor libros sententiarum Magistri Petri Lombardi. Bonaventure on the Eucharist: Commentary on the 'Sentences.'* Trans. Junius Johnson. Wilsele, Belgium: Peeters, 2017.

Bradbury, Ray, *Fahrenheit 451*, Ballantine Books, 1953. 『화씨 451』, 박상준 옮김(황금가지, 2009).

Buddha. "Adittapariyaya Sutta: The Fire Sermon" (SN 35.28). Trans.

Ñanamoli Thera. Access to Insight (BCBS Edition), 2010, http://www. accesstoinsight.org/tipitaka/sn/sn35/sn35.028.nymo.html.

Canetti, Elias. *Auto-da-Fé* [1935]. Trans. C. V. Wedgwood. New York: Stein and Day, 1946.

Cellini, Benvenuto. *My Life* [1567]. Trans. Julia Conaway Bondanella. Oxford: Oxford University Press, 2002.

d'Annunzio, Gabriele. *Il Fuoco* [1900]. *The Flame.* Trans. Susan Bassnett. New York: Marsilio, 1995.

Dante Alighieri. *The Divine Comedy.* Trans. Robert Hollander and Jean Hollander. New York: Doubleday, 2000 – 2007. (*Inferno*, 2000; *Purgatorio*, 2003; *Paradiso*, 2007.)

Eco, Umberto. *Il nome della rosa.* Milan: Bompiani, 1980. 『장미의 이름』, 이윤기 옮김(열린책들, 2002).

Heraclitus. *Fragments.* In *The Art and Thought of Heraclitus: An Edition of the Fragments with Translation and Commentary*, trans. Charles H. Kahn. Cambridge: Cambridge University Press, 1979.

Hölderlin, Friedrich. *The Death of Empedocles* [1798]. Trans. David Farrell Krell. Albany, NY: SUNY Press, 2009.

John Scotus Eriugena. *Eriugena's Commentary on the Celestial Hierarchy.* Trans. Paul Rorem. Toronto: Pontifical Institute of Mediaeval Studies, 2005.

Joyce, James. *Portrait of the Artist as a Young Man.* New York: Viking and B. W. Huebsch, 1916.

Joyce, James. *Stephen Hero* [1944]. New York: Vintage/Ebury div. Random House, 1969.

Liguori, Alfonso M. de'. *Apparecchio alla morte, cioè considerazioni sulle massime eterne utili a tutti per meditare ed a' sacerdoti per predicare* [1758]. Cinisello Balsamo: Edizione San Paolo, 2007.

Malerba, Luigi. *Il fuoco greco* [1990]. Milan: Mondadori, 2000.

Mattioli, Ercole. *La pietà illustrata.* Venice: appresso Nicolò Pezzana, 1694.

Pater, Walter. *The Renaissance.* London: Boni and Liveright, 1873.

Pernety, Dom. *Dictionnaire Mytho-Hermétique* [1787]. Milan: Archè, 1980.

Platon. *Protagoras.* 『프로타고라스』, 최현 옮김(범우사, 2002).

Plotinus. *Enneades.* 『엔네아데스』, 조규홍 옮김(지만지, 2015).

Pseudo-Dionysius the Areopagite. *The Heavenly Hierarchy and The Ecclesiastical*

Hierarchy. Trans. John Parker. London: James Parker and Co., 1899. 『천상의 위계』, 김재현 옮김(키아츠, 2011).

Ratzinger, Joseph. *The Message of Fatima*. June 26, 2000. http://www.vatican. va/roman_curia/congregations/cfaith/documents/rc_con_cfaith_ doc_20000626_message-fatima_en.html.

Turba Philosophorum, Or Assembly of the Sagas [13th century]. Trans. Arthur Edward Waite. London: George Redway, 1896.

05 보이지 않는 것

Allen, Woody. "The Kugelmass Episode." *New Yorker*, April 24, 1977.

Doumenc, Philippe. *Contre-enquete sur la morte d'Emma Bovary* [Counter-investigation into the Death of Emma Bovary]. Paris: Actes Sud, 2009.

Doyle, Arthur Conan. *A Study in Scarlet* [1887]. New York: Random House, 2003. 『셜록 홈즈 전집1 — 주홍색 연구』, 시드니 파젯 그림, 백영미 옮김(황금가지, 2002).

Dumas, Alexandre. *Le Comte de Monte-Cristo* [1844]. 『몬테크리스토 백작』, 오증자 옮김(민음사, 2002).

Dumas, Alexandre. *Les Trois Mousquetaires* [1844]. 『삼총사』, 김석희 옮김(시공사, 2011).

Eco, Umberto. "On the Ontology of Fictional Characters." *Sign Systems Studies* 37, no. 1/2 (2009): 82 - 97.

Flaubert, Gustave. *Madame Bovary* [1856]. Trans. Eleanor Marx-Aveling. London: Jonathan Cape, 1930.

Gautier, Théophile. *Le capitaine Fracasse* [1863]. *Captain Fracasse*. Trans. F. C. de Sumichrast. New York: Collier, 1902.

Hugo, Victor. *Les misérables* [1862]. Trans. Lascelles Wraxall. London: Hurst and Blackett, 1862. 『레미제라블』, 정기수 옮김(민음사, 2012).

Isidore of Seville. *The Etymologies of Isidore of Seville*. Trans. Stephen A. Barney, W. J. Lewis, J. A. Beach, and Oliver Berghof. Cambridge: Cambridge University Press, 2006.

Manzoni, Alessandro, *I Promessi sposi* [1825-1827] 『약혼자들』, 김효정 옮김(문학과지성사, 2004).

Shakespeare, William. *A Winter's Tale* [1611]. New York: Simon and Schuster, 2005. 『겨울 이야기』, 김동욱 옮김(동인, 2015).

Tolstoy, Lev. *Anna Karenina* [1873 – 1877]. Trans. Constance Garnett. New York: Thomas Y. Crowell, 1899. 『안나 카레니나』, 이명현 옮김(열린책들, 2018).

06 역설과 아포리즘

Aristotle. *The Physics, Books I–IV*. Loeb Classical Library, no. 228. Cambridge, MA: Harvard University Press, 1957.

Chamfort, Nicolas de. *The Cynic's Breviary: Maxims and Anecdotes from Nicolas de Chamfort* [1795]. Trans. William G. Hutchison. London: Elkin Mathews, 1902.

Kraus, Karl. *From Half-Truths & One-and-a-Half-Truths: Selected Aphorisms*. Trans. Harry Zohn. Chicago: University of Chicago Press, 1990.

Isidore of Seville. *The Etymologies of Isidore of Seville*. Trans. Stephen A. Barney, W. J. Lewis, J. A. Beach, and Oliver Berghof. Cambridge: Cambridge University Press, 2006.

Lec, Stanisław J. *Unkempt Thoughts* [1957]. Trans. Clifton Fadiman. New York: St. Martin's Press, 1962.

Pitigrilli [Dino Segre]. *Dizionario antiballistico* [1953]. Milan: Sonzogno, 1962.

Pitigrilli [Dino Segre]. *L'esperimento di Pott*. Milan: Sonzogno, 1929.

Scusa l'anticipo ma ho trovato tutti verdi. Ed. A. Bucciante. Turin: Einaudi, 2010.

Smullyan, Raymond. *To Mock a Mockingbird: And Other Logic Puzzles*. New York: Alfred A. Knopf, 1985.

Wilde, Oscar. *The Importance of Being Ernest* [1895]. London: Leonard Smithers, 1899.

Wilde, Oscar. *The Picture of Dorian Gray* [1890]. 『도리언 그레이의 초상』, 윤희기 옮김(열린책들, 2010).

Wilde, Oscar. *The Writings of Oscar Wilde: Epigrams: Phrases and Philosophies for the Use of the Young*. London: A. R. Keller & Co., 1907.

07 거짓

Accetto, Torquato. *Della dissimulazione onesta* [1641; On Honest Dis-simulation]. Ed. S. S. Nigro. Turin: Einaudi, 1997.

Arendt, Hannah. "Lying in Politics: Reflections on The Pentagon Papers." *New York Review of Books*, November 18, 1971.

Aristoteles. *The Metaphysics*. 『아리스토텔레스의 형이상학』, 김진성 옮김(서광사, 2022).

Bacon, Francis. Essay 6: "Of Simulation and Dissimulation" [1625]. In *The Essays of Francis Bacon*. Ed. Clark S. Northrup. Boston: Houghton Mifflin, 1908.

Battista, Giuseppe. *Apologia della menzogna* [1673]. Palermo: Sellerio, 1990.

Bettetini, Maria. *Breve storia della bugia: Da Ulisse a Pinocchio*. Milan: Raffaello Cortina, 2010. 『거짓말에 관한 작은 역사』, 장춘섭 옮김(가람기획, 2006).

Constant, Benjamin. *Des réactions politique* [1797]. "On Political Reactions." In *Political Writings*, trans. Biancamaria Fontana. Cambridge: Cambridge University Press, 1988.

Descartes, René. *Le monde ou traité de la lumière* [1667]. "The Treatise on Light." In *The World and Other Writings*, trans. Stephen Graukroger. Cambridge: Cambridge University Press, 1998.

Eco, Umberto. *Il Cimitero di Praga*. Milan: Bompiani, 2010. 『프라하의 묘지』, 이세욱 옮김(열린책들, 2013).

Eco, Umberto. "Strategies of Lying." In *On Signs*, ed. Marshall Blonsky. Baltimore: Johns Hopkins University Press, 1985.

Eco, Umberto. *A Theory of Semiotics*. Bloomington: Indiana University Press, 1976. Eco, *Trattato di semiotica generale*. Milan: Bompiani, 1975.

Gracián y Morales, Baltasar. *The Art of Worldly Wisdom*. Trans. Christopher Maurer. New York: Doubleday, 1992. Facsimile edition: Gracián, *Oráculo manual y arte de prudencia* [1647]. Zaragoza: Institución Fernanto el Católico, 2001.

Kant, Immanuel. *Critique of Practical Reason and Other Works on the Theory of Ethics*, 4th ed., trans. Thomas Kingsmill Abbott. London: Kongmans, Green and Co., 1889.

Lucian of Samosata. *True History* [2nd century]. Trans. Francis Hickes. London: A. H. Bullen, 1902. 『루키아노스의 진실한 이야기』, 김태권 그림, 강대진 옮김(아모르문드, 2013).

Machiavelli, Niccolò. *Il Principe* [1532]. 『군주론』, 강정인, 김경희 옮김(까치, 2015).

Sartre, Jean-Paul. *L'Etre et le Neant* [1943]. 『존재와 무』, 정소성 옮김(동서문화 동판, 2009).

Scusa l'anticipo ma ho trovato tutti verdi. Ed. A. Bucciante. Turin: Einaudi, 2010.

Swift, Jonathan. *Gulliver's Travels into Several Remote Regions of the World* [1726]. 『걸리버 여행기』, 신현철 옮김(문학수첩, 1992).

Swift, Jonathan / John Arbuthnot. *The Art of Political Lying*. New York: Editions Dupleix, 2013.

Tagliapietra, Andrea. *Filosofia della bugia: Figure della menzogna nella storia del pensiero occidentale*. Milan: Bruno Mondadori, 2001.

Webster, Nesta. *Secret Societies and Subversive Movements*. London: Boswell, 1924.

Weinrich, Harald. *Metafora e menzogna: Sulla serenità dell'arte* [Metaphor and Lie: On the Serenity of Art]. Bologna: Il Mulino, 1983.

08 불완전성

Augustine. *De civitate Dei. The City of God. In The Works of Aurelius Augustine, Bishop of Hippo*, ed. Marcus Dods, vol. 1. Edinburgh: T. and T. Clark, 1871. 『신 국론』, 성염 옮김 (분도출판사, 2004).

Chateaubriand, François-René de. *Itinéraire de Paris à Jérusalem et de Jérusalem à Paris* [1811]. *Itinerary from Paris to Jerusalem*. Trans. Anthony S. Kline. CreateSpace Independent Publishing Platform, 2015.

Croce, Benedetto. *La poesia: Introduzione alla critica e storia della poesia e della letteratura* [1936]. Milan: Adelphi, 1994.

Diderot, Denis. *Oeuvres completes, vol. 16: Salon de 1767, Salon de 1769* (Beaux Arts III). Critical edition annotated by E. M. Bukdahl, M. Delon, and A. Larenceau. Paris: Hermann, 1990.

Dumas, Alexandre. *The Count of Monte Cristo* [1844]. New York: Random House / Modern Library, 1996.

Dumas, Alexandre. *The Three Musketeers* [1844]. London: Wordsworth Editions, 1997.

Greimas, Algirdas Julien. *De l'imperfection* [*On Imperfection*]. Périgueux: P. Fanlac, 1987.

John Scotus Eriugena. *De divisione naturae. Periphyseon: The Division of Nature.* Trans. I.-P. Sheldon-Williams and John J. O'Meara. Paris: Bellarmin, 1987.

Leopardi, Giacomo. *Zibaldone di pensieri* [1817 – 1832]. Critical edition, ed. G. Pacella. Milan: Garzanti, 1991.

Levi-Montalcini, Rita. *In Praise of Imperfection*. Trans. Luigi Attardi. New York: Basic Books, 1988. Levi-Montalcini. *Elogio dell'imperfezione*. Milan: Garzanti, 1987.

Montaigne, Michel Eyquem de. *Les Essais* [1580 – 1588]. 『에세』, 심민화, 최권행 옮김 (민음사, 2022).

Moravia, Alberto. *The Time of Indifference*. Trans. Angus Davidson. New York: Farrar, Straus and Young, 1953. Moravia. Gli indifferenti. Milan: Alpes, 1929.

Pareyson, Luigi. *Estetica* [1954]. Milan: Bompiani, 1988.

Proust, Marcel. *Les Plaisirs et les Jours* [1896]. 『쾌락과 나날』, 최미경 옮김 (미행, 2022).

Shakespeare, William. *Hamlet* [1600 – 1602]. New York: Simon and Schuster, 2012. 『햄릿』, 박우수 옮김 (열린책들, 2010).

Shakespeare, William. *Romeo and Juliet* [1594 – 1596]. 『로미오와 줄리엣』, 도해자 옮김 (열린책들, 2020).

Thomas Aquinas. *Summa Theologiae: Latin Text and English Translation*. New York: McGraw-Hill, 61 vols., 1964 – . Repr. New York: Cambridge University Press, 2006.

William of Auvergne. "De Bono et Malo" [13th century; "On Good and Evil"]. Transcription of Latin manuscript: J. Reginald O'Donnell. "Tractatus Magistri Guillelmi Alvernensis *De Bono Et Malo*." Medieval Studies 8 (1946): 245 – 299.

다니자키 준이치로, 『열쇠(鍵)』[1956]. 김효순 옮김 (민음사, 2018).

09 비밀

Ancient and Mystical Order Rosae Crucis (AMORC). *Manuel Rosicrucien*. Paris: Éd. rosicruciennes, 1984.

Baillet, Adrien. *La Vie de Monsieur Descartes*. Paris: Daniel Horthemels, 1691.

Barruel, Augustin. *Mémoires pour servir à l'histoire du jacobinisme*, 5 vols. Hamburg: P. Fauche libraire, 1798 – 1799.

Brown, Dan. *The Da Vinci Code*. New York: Doubleday, 2003.

Casanova, Giacomo. *The Story of My Life* [1789 – 1798]. Trans. Stephen Sartarelli and Sophie Hawks. London: Penguin Classics, 2001.

Di Bernardo, Giuliano. *Freemasonry and Its Image of Man*. Trans. Guy Aston and Giuliano di Bernardo. Tunbridge Wells, UK: Freestone, 1989. Di Bernardo. *Filosofia della massoneria*. Venice: Marsilio, 1987.

Eco, Umberto. *Il pendolo di Foucault*. Milan: Bompiano, 1988. 『푸코의 진자』, 이윤기 옮김 (열린책들, 2007).

Guénon, René. *Perspectives on Initiation*. Trans. Henry D. Fohr, ed. Samuel D. Fohr. Hillsdale, NY: Sophia Perennis, 2001. Guénon. *Aperçus sur l'Initiation*. Paris: Éditions Traditionelles, 1946.

Ibn Khaldūn. *The Muqaddimah: An Introduction to History*. Trans. Franz Rosenthal. Princeton: Princeton University Press, 1994. 『무깟디마』, 김정아 옮김 (소명출판, 2020).

Johannes Valentinus Andreae. *Fama fraternitatis* [1614]. In *Manifesti rosacroce: Fama fraternitatis, Confessio fraternitatis, Nozze chimiche*, ed. G. De Turris. Rome: Edizioni Mediterranee, 2016.

Luchet, Jean-Pierre-Louis de. *Essai sur la secte des illuminés*. Paris, 1789.

Maier, Michael. *Themis aurea* [1618]. Frankfurt am Main, 1624.

Mazarin, Jules. *The Politicians' Breviary* [1684].

Neuhaus, Henry. *Avertissement pieux et très utile des Frères de la Rose-Croix, à sçavoir s'il y en a? quels ils sont? d'où ils ont prins ce nom? Et a quelle fin ils ont espandu leur renommée?* [*Pious and Very Useful Warning about the Brothers of the Rose Cross; Namely, If There Are Any? What Are They? Where Did They Take This Name? And to What End Have They Sought Renown?*]. Paris: au palais, 1623.

Ratzinger, Joseph. *The Message of Fatima*. June 26, 2000. http://www.vatican. va/roman_curia/congregations/cfaith/documents/rc_con_cfaith_doc_20000626_message-fatima_en.html.

Simmel, Georg. "The Sociology of Secrecy and of Secret Societies." *American Journal of Sociology* 11 (1906): 441 – 498.

Yates, Frances. *The Rosicrucian Enlightenment*. London: Routledge and Kegan

Paul, 1972.

10 음모

Baigent, Michael, Richard Leigh, and Henry Lincoln. *The Holy Blood and the Holy Grail*. London: Jonathan Cape, 1982. 『성혈과 성배』, 이정임, 정미나 옮김 (자음과모음, 2005).

Brown, Dan. *The Da Vinci Code*. New York: Doubleday, 2003. 『다빈치 코드』, 안종설 옮김 (문학수첩, 2013).

Chiesa, Giulietto, and Roberto Vignoli, eds. *Zero. Perché la versione ufficiale sull'11/9 è un falso* [Zero: Why the Official Version about 9/11 Is a Fraud]. Casale Monferrato: Piemme, 2007.

Gioberti, Vincenzo. *Il gesuita moderno* [1846]. Milan: Bocca, 1942.

Hofstadter, Richard. *The Paranoid Style in American Politics and Other Essays*. London: Cape, 1964.

Jolley, Daniel, and Karen M. Douglas. "The Social Consequences of Conspiracism: Exposure to Conspiracy Theories Decreases Intentions to Engage in Politics and to Reduce One's Carbon Footprint." *British Journal of Psychology* 105, no. 1 (2014): 35 – 56.

Pascal, Blaise. *Lettres provinciales* [1656 – 1657]. The Provincial Letters. Trans. A. J. Krailsheimer. Harmondsworth, UK: Penguin, 1967. 『시골 친구에게 보내는 편지』, 안혜련 옮김 (나남출판, 2011).

Pipes, Daniel. *Conspiracy: How the Paranoid Style Flourishes and Where It Comes From*. New York: Free Press, 1997.

Polidoro, Massimo, ed. *11/9: La cospirazione impossibile*. Casale Monferrato: Piemme, 2007.

Popper, Karl. *Conjectures and Refutations: The Growth of Scientific Knowledge*, 3rd rev. ed. London: Routledge and K. Paul, 1969. 『추측과 논박』, 이한구 옮김 (민음사, 2006).

Popper, Karl. *The Open Society and Its Enemies*. London: G. Routledge and Sons, 1945. 『열린사회와 그 적들』, 이한구 옮김 (민음사, 2001).

Sède, Gérard de. *The Accursed Treasure of Rennes-le-Chateau*. Trans. Henry Lincoln. Paris: Éditions de l'Oeil du Sphinx, 2013. Sède. *Le trésor de Rennes-le-*

Chateau [1967]. Paris: J'ai lu, 1972.

Spinoza, Baruch. *Tractatus Theologico-Politicus* [1670]. *Theologico-Political Treatise*. Trans. A. H. Gosset. London: G. Bell, 1883.

Sue, Eugène. *The Mysteries of the People, Or, History of a Proletarian Family across the Ages*. Trans. Daniel De Leon and Solon De Leon. New York: NY Labor News, 1904. Sue. *Les Mystères de Paris*. Originally serialized in ninety parts in Journal des débats, June 1842 to October 1843.

Sue, Eugène. *The Wandering Jew*. London: Routledge, 1879/1880. Le Juif Errant, serialized 1844 – 1845.

William of Ockham. *In libros Sententiarum* [Commentary on the Sentences of Peter Lombard].

11 성스러움

Alacoque, Marguerite Marie. *The Autobiography of St. Margaret Mary Alacoque* [second half of 17th century]. Charlotte, NC: Tan Books, 1986.

Böhme, Jakob. *The Incarnation of Jesus Christ* [1620]. Trans. John Rolleston Earle. London: Constable, 1934. 『그리스도에 이르는 길』, 정남수 옮김 (누멘, 2018).

Firth, Raymond. *Symbols Public and Private*. Ithaca, NY: Cornell University Press, 1973.

John of the Cross, Saint. *The Ascent of Mount Carmel* [1618]. 『가르멜의 산길』, 최민순 옮김 (바오로딸, 1971).

Mary Magdalene [Maria Maddalena de'Pazzi]. *I quaranta giorni* [1598]. Palermo: Sellerio, 1996. Selections from *The Forty Days in Maria Maddalena de'Pazzi*. Trans. Armando Maggi. New York: Paulist Press, 2000.

Pseudo-Dionysius the Areopagite. *On the Divine Names and On the Mystical Theology*. Trans. C. E. Rolt. London: SPCK, 1920.

Ratzinger, Joseph. *The Message of Fatima*. June 26, 2000. http://www.vatican. va/roman_curia/congregations/cfaith/documents/rc_con_cfaith_ doc_20000626_message-fatima_en.html.

Tauler, Johannes. *Sermons* [1300 – 1361]. Trans. Maria Shrady. Mahwah, NJ: Paulist Press, 1985.

Teresa of Ávila, Saint. *The Book of My Life* [1562]. Trans. Mirabai Starr.

Boston: New Seeds, 2007.

William of Ockham. *Summa logicae*. In *Ockham: Philosophical Writings, A Selection*, trans. Philotheus Boehner. Edinburgh: Nelson, 1957.

adagp, Paris/Scala, Firenze: 111면, 124면, 244면, 251면, 297면 | Archivi Alinari, Firenze: 259면 | Authenticated News/Getty Images: p. 309면 | Beaux-Arts de Paris/rmn-Reunion des Musees Nationaux/distr. Alinari: 248면 | Bridgeman Images: 225면(위), 235면, 298면, 330면, 367면, 397면 | Cameraphoto/ Scala, Firenze: 432면 | Christie's Images/Bridgeman Images: 213면 | Christie's Images, Londo/Foto Scala, Firenze: 43면(우), 330면 | Collection Christophel/Mondadori Portfolio: 223면, 225면(아래) | De Agostini Picture Library, concesso in licenza ad Alinari: 193면 | De Agostini Picture Library/Bridgeman Images: 106면 | De Agostini Picture Library/Scala, Firenze: 88면, 197면, 257면, 287면, 332면, 371면(아래) | Erich Lessing/Contrasto, Milano: 57면, 411면 | Fine Art Images/Archivi Alinari, Firenze: 400면 | Foto Ann Ronan/Heritage Images/Scala, Firenze: 139면 | Foto Art Media/Heritage Images/ Scala, Firenze: 315면 | Foto Austrian Archives/Scala, Firenze: 459면(첫 번째-좌) | Foto Fine Art Images/Heritage Images/Scala, Firenze: 167면 | Foto Scala Firenze - su concessione dei Musei Civici Fiorentini: 84면 | Foto Scala, Firenze - su concessione dell'Opera del Duomo di Orvieto: 324면 | Foto Scala, Firenze - su concessione Ministero Beni e Attivita Culturali e del Turismo: 48면, 53면, 85면, 86면, 157면, 305면(좌), 307면(좌), 418면, 424면 | Foto Scala, Firenze: 61면, 204면, 386면, 419면, 425면, 436면, 455~456면 | Foto Scala, Firenze/Bildagentur fur Kunst, Kultur und Geschichte, Berlin: 133면,

지은이 **움베르토 에코** Umberto Eco 우리 시대에 커다란 영향력을 끼친 사상가 중 한 명. 중세학자, 철학자, 기호학자, 미학자, 언어학자, 소설가로서 명성을 떨쳤다. 토마스 아퀴나스의 철학에서부터 현대 대중문화에 이르기까지 전방위적인 주제를 탐구하며 경이로운 저술 활동을 펼쳤다. 1975년 볼로냐 대학교 정교수로 임명되었으며, 이듬해 자신의 이론을 제시한 〈기호학 이론〉을 출판해 학계에서 입지를 다졌다. 그는 기호학, 언어학, 철학에 관한 이론적 작업을 바탕으로 1980년 첫 소설 『장미의 이름』을 발표하며 소설가로서도 널리 이름을 알렸다. 전 세계 40개 대학교에서 명예박사 학위를 받았고, 하버드 대학교와 케임브리지 대학교를 비롯해 여러 나라의 대학에서 강의하는 등 전 세계를 무대로 활동했다. 독선과 광신을 경계하고 언제나 명석함과 유머를 잃지 않았던 그는 2016년 이탈리아 밀라노의 자택에서 암으로 별세했다. 지은 책으로 『장미의 이름』, 『푸코의 진자』, 『전날의 섬』, 『바우돌리노』, 『프라하의 묘지』, 『제0호』 등 베스트셀러 소설과 『논문 잘 쓰는 방법』, 『세상의 바보들에게 웃으면서 화내는 방법』, 『미의 역사』, 『추의 역사』, 『궁극의 리스트』, 『전설의 땅 이야기』, 『책의 우주』, 『가재걸음』 등이 있다.

옮긴이 **이세진** 서강대학교 철학과를 졸업하고 같은 학교 대학원에서 프랑스 문학을 공부했다. 현재 전문 번역가로 활동하고 있다. 『아노말리』, 『역사를 만든 음악가들』, 『아직 오지 않은 날들을 위하여』, 『고대 철학이란 무엇인가』, 『나는 생각이 너무 많아』, 『도덕적 인간은 왜 나쁜 사회를 만드는가』 등을 우리말로 옮겼다.

에코의 위대한 강연

발행일	2022년 10월 15일 초판 1쇄
	2022년 12월 15일 초판 3쇄

지은이	움베르토 에코
옮긴이	이세진
발행인	홍예빈 · 홍유진
발행처	주식회사 열린책들

경기도 파주시 문발로 253 파주출판도시
전화 031-955-4000 팩스 031-955-4004
www.openbooks.co.kr

ISBN 978-89-329-2287-4 03100